中国科学院发展规划局项目“2021 创新发展相关战略研究”（E1X12816）；
项目资助：国家杰出青年科学基金项目“创新管理与创新政策”（72025403）；
国家社会科学基金重大项目“创新引领发展的机制与对策研究”（18ZDA101）

2021 国家创新发展报告

The Report on National Innovation and Development

创新驱动绿色低碳转型

穆荣平 陈凯华◎主编

科 学 出 版 社

北 京

内 容 简 介

本报告是监测评估国家层面创新发展绩效的年度报告，包括主题报告和和技术报告两个部分。2021 年度报告中的主题报告聚焦“创新驱动绿色低碳转型”主题，系统分析了中国创新驱动绿色低碳转型的举措、成效与问题，提出我国创新驱动绿色低碳转型的总体思路和政策取向；技术报告从创新能力和创新发展水平两个方面构建国家创新发展绩效分析框架，遴选世界 40 个主要国家进行国际比较，特别是对中国与其他金砖国家、中国与世界主要国家的创新发展绩效进行比较分析，揭示了中国国家整体创新发展水平和能力演化及其国际地位演进。

本报告是面向决策和面向公众的年度发展报告，有助于政产学研和社会公众了解国家创新驱动发展战略实施成效和世界主要国家创新发展绩效格局，可供各级政府相关部门决策和政策制定参考。

图书在版编目(CIP)数据

2021国家创新发展报告：创新驱动绿色低碳转型 / 穆荣平, 陈凯华主编. --北京 : 科学出版社, 2023.4

ISBN 978-7-03-075245-1

Ⅰ. ①2… Ⅱ. ①穆… ②陈… Ⅲ. ①国家创新系统—研究报告—中国—2021 Ⅳ. ①F204②G322.0

中国国家版本馆CIP数据核字(2023)第047139号

责任编辑：牛 玲 刘巧巧 / 责任校对：贾伟娟
责任印制：徐晓晨 / 封面设计：有道文化

科学出版社 出版
北京东黄城根北街 16 号
邮政编码：100717
http://www.sciencep.com

北京建宏印刷有限公司 印刷

科学出版社发行 各地新华书店经销

*

2023年4月第 一 版 开本：720×1000 1/16
2023年4月第一次印刷 印张：14 1/2
字数：280 000

定价：108.00元

（如有印装质量问题，我社负责调换）

《2021 国家创新发展报告——创新驱动绿色低碳转型》

编　委　会

主　　编：穆荣平　陈凯华

成　　员：张　超　杨　捷　郭　锐　薛泽华　赵彬彬　冯　泽　朱浪梅　冯　卓　温　馨　杨一帆　寇明婷

前　言

国家创新发展监测与评估是实施创新驱动发展战略的重要举措。为加快推进创新型国家建设，2012 年中共中央、国务院颁布《关于深化科技体制改革加快国家创新体系建设的意见》，明确提出“建立全国创新调查制度，加强国家创新体系建设监测评估”；2016 年中共中央、国务院颁布《国家创新驱动发展战略纲要》，明确指出要加强监测评价，完善以创新发展为导向的考核机制，将创新驱动发展成效作为重要考核指标，引导广大干部树立正确的政绩观，加强创新调查，建立定期监测评估和滚动调整机制。

国家层面的创新监测与评估研究现已成为国内外政府、学术组织、智库普遍关注的议题。2001 年起，欧盟委员会发布“欧洲创新记分牌”（European Innovation Scoreboard，EIS）；2007 年起，世界知识产权组织（World Intellectual Property Organization，WIPO）、康奈尔大学（Cornell University）和欧洲工商管理学院（INSEAD）联合发布“全球创新指数”（Global Innovation Index，GII）；2011 年起，中国科学技术发展战略研究院发布《国家创新指数报告》，从不同角度展示了世界主要国家的创新成效与影响。2007 年 2 月，中国科学院创新发展研究中心研究出版《中国创新发展报告》，提出了国家创新发展指数、国家创新能力指数、中国制造业创新能力指数、中国区域创新能力指数等概念和测度理论方法，并于 2009 年 10 月发布了《2009 中国创新发展报告》。经过长期研究积累，中国科学院创新发展研究中心组织研究，并于 2020 年和 2022 年相继发布了《2019 国家创新发展报告》和《2020 国家创新发展报告》，旨在不断深化对创新能力与创新发展水平螺旋式演进动力机制和国家创新发展规律的认识，为监测国家创新发展绩效提供借鉴，为实施国家创新驱动发展战略和制定相关政策提供证据支撑。

《2021 国家创新发展报告——创新驱动绿色低碳转型》（以下简称本报告）保留了《2009 中国创新发展报告》、《2019 国家创新发展报告》以及《2020 国家创新发展报告》对国家创新能力指数从国家创新实力指数和国家创新效力指数两个维度分析的一级指标体系，以及从创新投入、创新产出、创新条件、创新影响四个维度分析的二级指标体系，在深化对创新能力内涵外延认识的基础上调整了部分三级指标。《2019 国家创新发展报告》和《2020 国家创新发展报告》在《2009 中国创新发展报告》所采用的工业化发展指数、信息化发展指数、城市化发展指数、教育卫生发展指数、科学技术发展指数五个维度基础上，从“创新是一个价值创造过程”的角度抽象凝练，从科学技术发展、创新条件发展、产业创新发展、社会创新发展、环境创新发展五个维度测度创新发展。本报告在《2019 国家创新发展报告》和《2020 国家创新发展报告》的基础上，从“创新发展在价值的体现上”的角度进一步抽象凝练，从科学技术发展、产业创新发展、社会创新发展、环境创新发展四个维度测度创新发展，对国家创新发展指数表征进行了调整，不再考虑创新条件维度。本报告综合考虑创新发展水平、创新能力和国家经济规模等因素，遴选世界40个主要国家进行国际比较。本报告对中国与其他金砖国家、中国与世界主要国家的创新发展绩效进行比较分析，揭示了中国国家整体创新发展水平和能力演化及其国际地位。

本报告由中国科学院创新发展研究中心组织研究出版，中国科学院科技战略咨询研究院、中国科学院大学公共政策与管理学院、北京科技大学相关研究人员研究撰写。主编穆荣平研究员负责本报告的总体设计以及重要概念、指数框架、指标体系的确定；主编陈凯华教授负责本报告组织撰写以及指数框架、指标体系、分析方法的确定和研究结果的呈现。具体分工如下：陈凯华、穆荣平负责第一章主题报告的内容设计、要点起草与最终统稿工作，其中第一节主要由郭锐和杨捷负责撰写，第二节主要由郭锐、杨捷和薛泽华负责撰写，第三节主要由杨捷、郭锐负责撰写，邓雨轩和曲冠楠参与了第一章的资料搜集；张超、赵彬彬负责第二章的撰写；赵彬彬、张超、冯泽、朱浪梅负责第三章的撰写；冯泽、李秋景、冯卓、薛泽华负责第四章的撰写；朱浪梅、杜晓明、冯泽、冯卓负责第五章的撰写；杨一帆、王硕、李秋景负责第六章的撰写；冯卓、温馨、薛泽华、张欣怡负责第七章的撰写；温馨、薛泽华、李秋景、张欣怡负责第八章的撰写。此外，张超主要负责数据搜集、整理、计算，附录一和附录二的撰写，以及技术报告的统稿工作。穆荣平和陈凯华负责本报告的统稿工作。国内外相关成果对本报告中指标框架、指标体系、分析方法等主要研究工作具有重要的启发与借鉴作用，在此表示感谢。

《国家创新发展报告》是中国科学院创新发展研究中心组织推出

的年度发展报告。鉴于国家创新发展理论和绩效评价研究涉及学科众多以及研究团队学识的局限性，本报告中一定存在许多理论方法问题值得进一步深入研究和探讨。我们衷心希望与国内外同行精诚合作，不断完善创新发展和创新能力测度理论方法研究，丰富创新发展理论，推动创新发展实践。

中国科学院创新发展研究中心主任

中国科学院大学国家前沿科技融合创新研究中心主任

穆荣平

2022 年 12 月

目　录

第一章
创新驱动绿色低碳转型

第一节 创新驱动绿色低碳转型已经成为高质量发展的必然选择

习近平总书记在党的第二十次全国代表大会上强调要进一步推动绿色发展，促进人与自然和谐共生，加快经济社会发展全面绿色低碳转型。绿色低碳转型是一场经济社会的系统性变革，不仅需要社会经济制度改革推动，更依赖于科学技术创新驱动。随着全球气候问题日益凸显，特别是在“碳中和”这一新的经济社会发展目标驱使下，世界各国关于创新驱动绿色低碳发展的共识不断加强，全球对于创新驱动绿色低碳转型的需求越来越迫切。然而，创新驱动绿色低碳转型是一项复杂的系统性工程，不仅要求在科技层面加强绿色低碳技术创新，还需要不断推动传统科学技术的绿色低碳化发展，同时在产业、社会和环境等多方面进行技术经济范式的绿色低碳变革，最终实现高质量发展（图 1-1）。为应对创新驱动绿色低碳转型面临的复杂性、系统性难题，新时期迫切需要深入思考重塑国家创新体系治理，加强创新引领，加快绿色低碳转型发展进程。

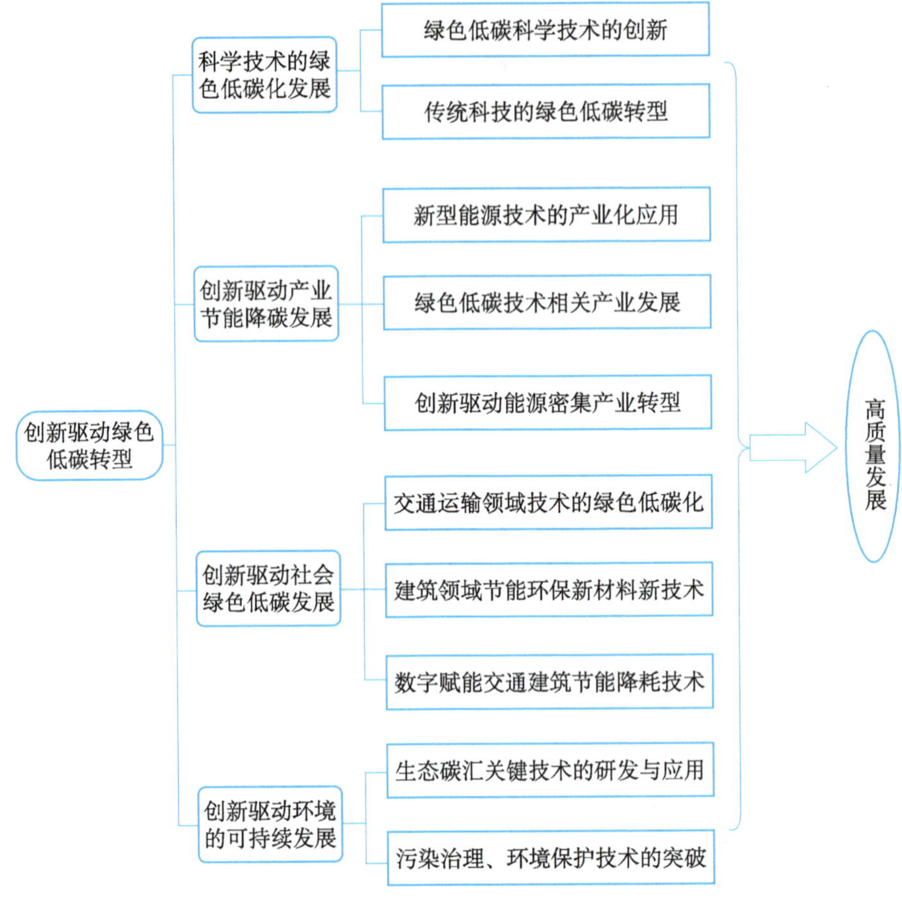

图 1-1 创新驱动绿色低碳转型的多维度分析框架

一、实现绿色低碳转型必须推进科学技术的绿色低碳化发展

(一)科学技术的绿色低碳化发展是实现绿色低碳转型的基础

经济社会的可持续发展需要破解资源依赖困境、提高资源利用效率、减少污染物排放，要求技术体系的系统性变革，从根本上需要通过科技创新实现。科学技术的绿色低碳化发展包括绿色低碳科学技术的创新和传统科技的绿色低碳化转型，是推动实现经济社会绿色低碳转型的关键基础。

一方面，通过强化绿色低碳技术创新，如开展绿色科技创新专项行动，围绕新能源利用，智慧能源互联网，新能源汽车，智慧交通系统，储能，新型建筑材料，碳捕集、利用与封存（CCUS），森林增汇等重点领域开展技术研发攻关，能够不断扩大清洁能源供给，减少废弃物排放，从源头上实现绿色低碳转型。例如，国际能源署（IEA）发布的《能源技术展望2020》（*Energy Technology Perspectives 2020*）报告指出，清洁能源技术创新在实现快速减少温室气体排放、推动促进联合国与能源有关的可持续发展目标（SDGs）方面发挥着至关重要的作用①。联合国政府间气候变化专门委员会（IPCC）发布的《IPCC 全球升温 1.5℃特别报告》[The Intergovernmental Panel on Climate Change (IPCC) Special Report on Global Warming of 1.5℃] 也强调应对全球变暖需要采用一系列新的、变革性的绿色低碳技术②。

另一方面，通过持续推进传统科学技术的绿色低碳化发展，如强化传统材料的高耐久度、高性能化与低能耗制备，加强传统高耗能技术的节能提效综合技术研发等，能够大幅度降低能源消耗，在不影响当前社会需求的基础上，加速推动实现“双碳”目标。例如，在传统材料技术低碳化方面，以传统钢筋混凝土材料为例，据刘加平③测算，若将混凝土服役寿命延长一倍，所导致的碳排放占全国的比重将降低 15.9%；若解决混凝土的组分分散问题，使其能在降低水泥用量的条件下维持强度和流动性，则 CO_2 直接排放可降低 34% 以上；若采用超早强技术可实现管桩泵送免压蒸生产，则可降低生产能耗约 70%，直接减少单位产品碳排放 86 千克 / 米^3。在高耗能技术的绿色低碳化方面，以石油化工技术为例，据张锁江等④测算，若大力发展原油催化裂解化学品生产技术，可将化学品收率由传统炼油的 15% ～ 20% 提高至 70% ～ 80%，同时可与绿电 / 绿氢等可再生能源技术相集成，大幅减少碳排放。

（二）世界主要国家的政策布局以及战略研究

世界主要国家积极推动科学技术绿色低碳化发展。美国 2021 年发布《美国长期战略：2050 年实现净零温室气体排放的路径》，规划了美国在 2050 年

---

① International Energy Agency. Energy Technology Perspectives 2020. https://www.iea.org/reports/energy-technology-perspectives-2020 [2022-11-07].

② Intergovernmental Panel on Climate Change (IPCC) Special Report on Global Warming of 1.5 ℃ . https://www. ipcc. ch/sr15/[2022-11-07].

③ 刘加平 . 混凝土低碳化的技术路径 . 中国建材报 , 2022-08-15(01).

④ 张锁江 , 张香平 , 葛蔚 , 等 . 工业过程绿色低碳技术 . 中国科学院院刊 , 2022, 37(4): 511-521.

前实现净零排放终极目标的长期规划和技术路线，重点推动太阳能、氢能、CCUS 等绿色低碳技术研发，同时推进燃煤、化工等相关技术的绿色低碳化改进①。欧盟于2020年出台《欧洲气候法》，以立法的方式为绿色转型指明了技术发展方向，强调要优化清洁能源技术部署，以新型复合材料取代能源密集型材料，发展钢铁、化工节能降耗新技术等②。英国 2020 年宣布开启“绿色工业革命”十点计划，力图将英国打造成绿色低碳技术的全球领导者，并提出包括海上风能、低碳氢能、核能、零排放汽车、绿色公共交通、零排放飞机和绿色航运、绿色建筑、CCUS、自然环境保护、绿色金融和创新在内的需要重点关注的 10 个领域③。同时，作为“绿色工业革命”的一部分，英国政府 2021 年宣布增加投入推动碳捕获、温室气体去除和氢能等关键绿色低碳技术发展，并强化高耗能技术的节能降耗转型。日本 2020 年发布的《2050 年碳中和绿色成长战略》明确对海上风电、氨燃料、氢能、核能、汽车和蓄电池、半导体和通信、船舶等 14 个产业提出了具体的绿色行动路线和重点技术发展任务，支撑日本 2050 年实现“碳中和”目标④。

二、实现绿色低碳转型必须推进产业节能降碳创新发展

（一）创新驱动产业节能降碳发展是实现绿色低碳转型的核心

产业是碳排放和环境污染的主要来源，如据丁仲礼等⑤测算，中国约 70% 的碳排放来自发电和工业（包括工业燃烧、工业过程和工业排废等）这两大高排放领域，因此，推动产业节能降碳发展是实现绿色低碳转型的核心。产业层面的节能降碳，要求对能源供应、利用和工业制造各方面进行全方位的技术体系变革，亟须通过科技创新推动能源供应产业和制造产业绿色低碳转型。

---

① The United States Department of State and the United States Executive Office of the President. The Long-term Strategy of the United States: Pathways to Net-zero Greenhouse Gas Emissions by 2050. https://www.whitehouse.gov/wp-content/uploads/2021/10/US-Long-Term-Strategy.pdf[2022-11-07].

② European Council. European Climate Law. https://climate.ec.europa.eu/eu-action/european-green-deal/european-climate-law_en[2022-11-07].

③ The UK Government. The Ten Point Plan for a Green Industrial Revolution. https://www.gov.uk/government/publications/the-ten-point-plan-for-a-green-industrial-revolution[2022-11-07].

④ The Ministry of Economy, Trade and Industry. Green Growth Strategy Through Achieving Carbon Neutrality in 2050. https://www.meti.go.jp/english/press/2020/1225_001.html[2022-11-07].

⑤ 丁仲礼，张涛，等. 碳中和：逻辑体系与技术需求. 2022. 北京：科学出版社.

首先，加快新型能源技术的产业化应用，如大力推动光伏、风力、水电、地热、生物质能、海洋能和潮汐能等绿色低碳电力生产技术产业发展，改造电力供应产业体系，是从源头处实现绿色低碳转型的基础支撑。其次，绿色低碳产业是“双碳”目标下绿色发展的新动能，推动相关产业如新材料、新能源汽车、储能等战略性新兴产业发展，持续推进绿色制造体系和绿色供应链体系建设等，能够加快形成有利于减污降碳的产业结构、生产体系和消费模式，是实现绿色低碳转型的关键环节。最后，创新驱动传统能源密集型产业转型，持续提升能源利用效率，是加速实现绿色低碳转型的重要途径。加快钢铁、有色金属、建材、石化化工等传统高耗能产业的绿色低碳化创新，提高产业电气化水平，能够大幅降低能耗水平和对环境的污染。同时，通过强化数字技术与产业绿色低碳化发展融合，也能够以新一代信息技术赋能产业绿色低碳转型，推动降本节能。例如，国际能源署《数字化与能源》[①] 报告预测，到 2040 年，数字技术的大规模应用将使油气生产成本减少 10% ～ 20%，并协助将太阳能光伏发电和风力发电的弃电率从 7% 降至 1.6%，从而减少约 3000 万吨 CO_2 排放。

（二）世界主要国家的政策布局以及战略研究

欧美主要经济体出台了一系列政策以支撑创新驱动绿色低碳技术相关产业发展和高耗能产业节能减排创新突破，推动产业绿色低碳转型。欧盟不断加大绿色低碳创新资金资助力度。欧洲碳排放交易体系（EU-ETS）资助的创新基金在 2020 ～ 2030 年将提供约 250 亿欧元用于支持绿色低碳技术创新的商业示范[②]，加快绿色低碳技术产业化进程。美国 2021 年提出《建设现代化的、可持续的基础设施与公平清洁能源未来计划》和《关于应对国内外气候危机的行政命令》等规划，拟投入 2 万亿美元加大对新型材料技术和清洁能源技术等多个领域的研发投入，并通过灵活的财政税收制度刺激企业对重点技术的研发和使用，支持新能源、新材料、新型基础设施建设等产业发

① International Energy Agency. Digitalisation and Energy. https://www.iea.org/reports/digitalisation-and-energy[2022-11-07].

② European Council. Boosting Europe's Green Transition: Commission Invests €1.5 Billion in Innovative Clean Tech Projects. https://ec.europa.eu/commission/presscorner/detail/en/ip_21_5473[2023-01-09].

展。同时出台《2021 财年综合拨款法》[①]将陆上风电生产、燃料电池汽车、生物燃料和替代燃料基础设施等多类别产业的税收抵免延长，以拓展和加大绿色低碳技术创新在相关产业的应用场景和使用力度，推动产业绿色低碳转型。

三、实现绿色低碳转型必须推进社会绿色低碳创新发展

（一）创新驱动社会绿色低碳发展是实现绿色低碳转型的保障

社会活动（包括交通运输、建筑等）是社会层面碳排放和环境污染的重要来源，例如，交通领域是我国第三大碳排放源，占全国碳排放总量的 10% 左右[②]，且汽车尾气是导致大气污染的主要原因之一。我国亟须对交通运输和建筑等领域进行系统性技术变革，降低交通和建筑能耗与污染物排放，以创新驱动社会节约低碳发展，为全面实现绿色低碳转型提供保障。

一方面，在交通运输领域，迫切需要通过科技创新突破交通运输绿色低碳化关键技术，扩大电力、氢能、天然气、先进生物液体燃料等新能源技术在交通运输领域的应用，进一步完善绿色交通基础设施建设技术体系，提升交通运输数字化、智能化发展水平，以提高交通出行方面的能源利用效率，降低对环境的影响。另一方面，建筑领域的碳排放量约占全国总量的 5%[③]，且建筑材料的制备过程也会产生大量污染，亟须加强适用于不同气候区、不同建筑类型的节能低碳建筑技术研发，突破节能环保新型材料关键技术，研发新型水泥原料和低碳锻造技术，推广太阳能光伏、光热和热泵技术与建筑技术融合，进行建筑供热系统低碳改造，以支撑社会建筑节能低碳转型。以水泥技术为例，2020 年建材行业中水泥碳排放量约 12.3 亿吨，占我国建材行业总碳排放的 83%[④]，若改善原料成分发展低碳水泥技术，碳排放将普遍降低 20%～30%[⑤]。同时，持续推动数字化技术赋能建筑行业发展，能够进一步降

① National Conference of State Legislatures. FY 2021 Omnibus Appropriations Bill. https://www.ncsl.org/state-federal/fy-2021-omnibus-appropriations-bill[2023-01-09].

②③ 丁仲礼，张涛，等. 碳中和：逻辑体系与技术需求. 2022. 北京：科学出版社.

④ 中国建筑材料联合会. 中国建筑材料工业碳排放报告（2020 年度）. 中国建材，2021, (4): 59-62.

⑤ 河北省绿色低碳循环发展协会. 水泥行业碳减排技术指南. http://www.lvsefazhan.cn/index.php/guozijianguan/954.html[2023-02-06].

低能源消耗水平。国际能源署发布的《数字化与能源》[①]报告测算，到2040年，数字化技术，如智能恒温器、智能传感器和智能照明等，可以使住宅和商业建筑的总能耗进一步减少约10%。

（二）世界主要国家的政策布局以及战略研究

世界主要国家纷纷布局发展绿色交通和低碳建筑技术，推广绿色低碳出行，建设绿色新型城市，推动社会节约低碳发展。欧盟2020年发布的《可持续和智能交通战略》指出，将加大部署包括车辆导航系统、智能停车系统、共享汽车、驾驶辅助系统等在内的智能交通系统技术突破，大力发展5G网络和无人机[②]，以数字化赋能社会交通，提高出行效率，降低交通运输消耗。英国2021年发布的“交通脱碳计划”[③]，将绿色公共交通、零排放飞机和绿色航运列为重要研究领域。美国国家环境保护局（USEPA）也发布多项报告，意在推动可持续生活、绿色交通、环保建材等方面创新突破，并对民众绿色低碳生活方式提供指导[④]。日本政府发布的《2050年碳中和绿色增长战略》[⑤]指出，在民生领域实现“碳中和”要引导人们改变出行方式，利用数字技术推动共享交通发展。同时，通过利用太阳能技术、建筑新材料等技术，部署建筑物智慧能源管理系统，开发先进节能的建筑材料，加快下一代光伏电池技术、温控换气等新材料技术在建筑物内的应用等方式，推动实现居民和商用建筑物的净零碳排放。

四、实现绿色低碳转型必须推进环境的可持续创新发展

（一）创新驱动环境的可持续发展是实现绿色低碳转型的支撑

经济社会的绿色低碳转型不仅需要以科技创新推动产业和社会层面减少

① International Energy Agency. Digitalization & Energy. https://iea.blob.core.windows.net/assets/b1e6600c-4e40-4d9c-809d-1d1724c763d5/DigitalizationandEnergy3.pdf[2022-11-07].

② European Commission. Sustainable and Smart Mobility Strategy. https://ec.europa.eu/info/law/better-regulation/have-your-say/initiatives/12438-Sustainable-and-Smart-Mobility-Strategy_en[2022-11-07].

③ The UK Government. Transport Decarbonisation Plan. https://www.gov.uk/government/publications/transport-decarbonisation-plan0[2022-11-07].

④ United States Environmental Protection Agency. Greener Living. https://www.epa.gov/environmental-topics/greener-living[2022-11-07].

⑤ The Ministry of Economy, Trade and Industry. Green Growth Strategy Through Achieving Carbon Neutrality in 2050. https://www.meti.go.jp/english/press/2020/1225_001.html[2022-11-07].

污染物和碳排放，更需要在环境层面通过减污降碳等技术协同解决污染物治理和处于碳排放治理末端的固碳难题，以创新驱动环境绿色可持续发展，为全面实现绿色低碳转型提供重要支撑。我国环境污染物和温室气体排放具有高度的同根同源性，几乎所有与人为活动相关的二氧化硫和氮氧化物排放源、50% 左右的挥发性有机物（VOCs）排放源和 85% 左右的一次 $PM_{2.5}$ 排放源都和 CO_2 排放源高度一致[①]，这对环境监测技术、污染物处理以及碳捕集与封存等减污降碳协同技术的研发应用提出了较高要求。此外，碳增汇技术也是实现“双碳”目标的决定因素之一。以生态碳汇技术为例，《自然综述：地球与环境》(*Nature Reviews Earth & Environment*) 在 2022 年刊发文章[②]指出，植树造林技术、“蓝碳”技术（利用海洋和沿海生态系统捕获和存储有机碳）等提高生态系统碳汇技术对于我国实现“碳中和”能够做出巨大贡献。例如，我国沿海地区红树林、盐沼和海草床的有机碳储存量为 130 万吨 CO_2/年，而在大陆架边缘海沉积有机碳储量则高达 7510 万吨 CO_2/年，大规模养殖藻类初级生产力也能够达到 1290 万吨 CO_2/年。因此，必须以减污降碳为导向，全面布局生态保护和修复技术、环境监测技术、污染治理技术，持续推进国土绿化、山水林田湖草沙一体化保护，加大对生物多样性保护和海洋生态修复，加强污染治理技术和生态碳汇技术协同突破，增强污染防治与气候治理的协调性以及大自然生态固碳能力，有效支撑绿色低碳转型。

（二）世界主要国家的政策布局以及战略研究

世界主要国家持续强化环境保护和提高生态系统碳汇功能相关科技突破，在空气、水、土壤污染管控和生态修复方面做了一系列部署。欧盟委员会于 2021 年通过了《欧洲绿色协议》的一项关键成果《欧盟行动计划：实现空气、水和土壤零污染》(EU Action Plan: Towards Zero Pollution for Air, Water and Soil)[③]，该计划致力于到2050年将空气、水和土壤污染降低至对人类健康

① 雷宇. 以减污降碳推动建设可持续的绿色未来. https://theory.gmw.cn/2022-08/04/content_35932200.htm[2022-08-04].

② Liu Z, Deng Z, He G, et al. Challenges and opportunities for carbon neutrality in China. Nature Reviews Earth & Environment, 2022, 3(2): 141-155.

③ European Commission. Zero Pollution Action Plan. https://eur-lex.europa.eu/legal-content/EN/TXT/?uri=CELEX%3A52021DC0400&qid=1623311742827[2022-11-07].

和自然生态系统不再有害的水平，强调加强污染治理和生态环境保护等相关技术的投入与推广，加快构建“零污染”的环境。此外，欧盟委员会发布的《欧盟 2030 生物多样性战略：自然回归生活》① 也逐步推进保护地连通、自然恢复计划，通过加强对现有立法的修订、提高主要污染物的排放标准等方式，促使相关产业和科研机构开发更高效的污染治理技术，降低工业、交通领域、能源产业和农业的有害物质排放，同时加强对生态多样性保护的技术研发，推动提高生态系统质量和稳定性。

第二节 我国创新驱动绿色低碳转型的举措、成效与问题

创新驱动绿色低碳转型需要在科技、产业、社会和环境多个方面不断推动技术经济范式的绿色低碳变革。我国始终坚持创新在现代化建设全局中的核心地位，针对创新驱动科技、产业、社会和环境各方面绿色低碳转型出台了一系列重要举措，取得了显著成效，有效推进了绿色低碳转型发展。然而，面对日益加剧的环境气候挑战和新时期“双碳”目标的约束，我国创新驱动绿色低碳转型仍存在诸多问题，全面实现低碳绿色转型仍面临严峻挑战（图 1-2）。亟须重塑国家创新体系治理，加速创新驱动绿色低碳转型的进程。

一、科学技术的绿色低碳化发展现状与问题

（一）科学技术的绿色低碳化发展举措

聚焦实现“双碳”目标的关键领域，我国抓紧推动科学技术的绿色低碳化发展，从能源技术、工业节能环保、固碳等方面开展关键技术攻关。在能源技术方面，我国持续加大对“绿氢”规模化应用、先进储能、高效光

① European Commission. Biodiversity Strategy for 2030. https://eur-lex.europa.eu/legal-content/EN/TXT/?qid=1590574123338&uri=CELEX%3A52020DC0380[2022-11-07].

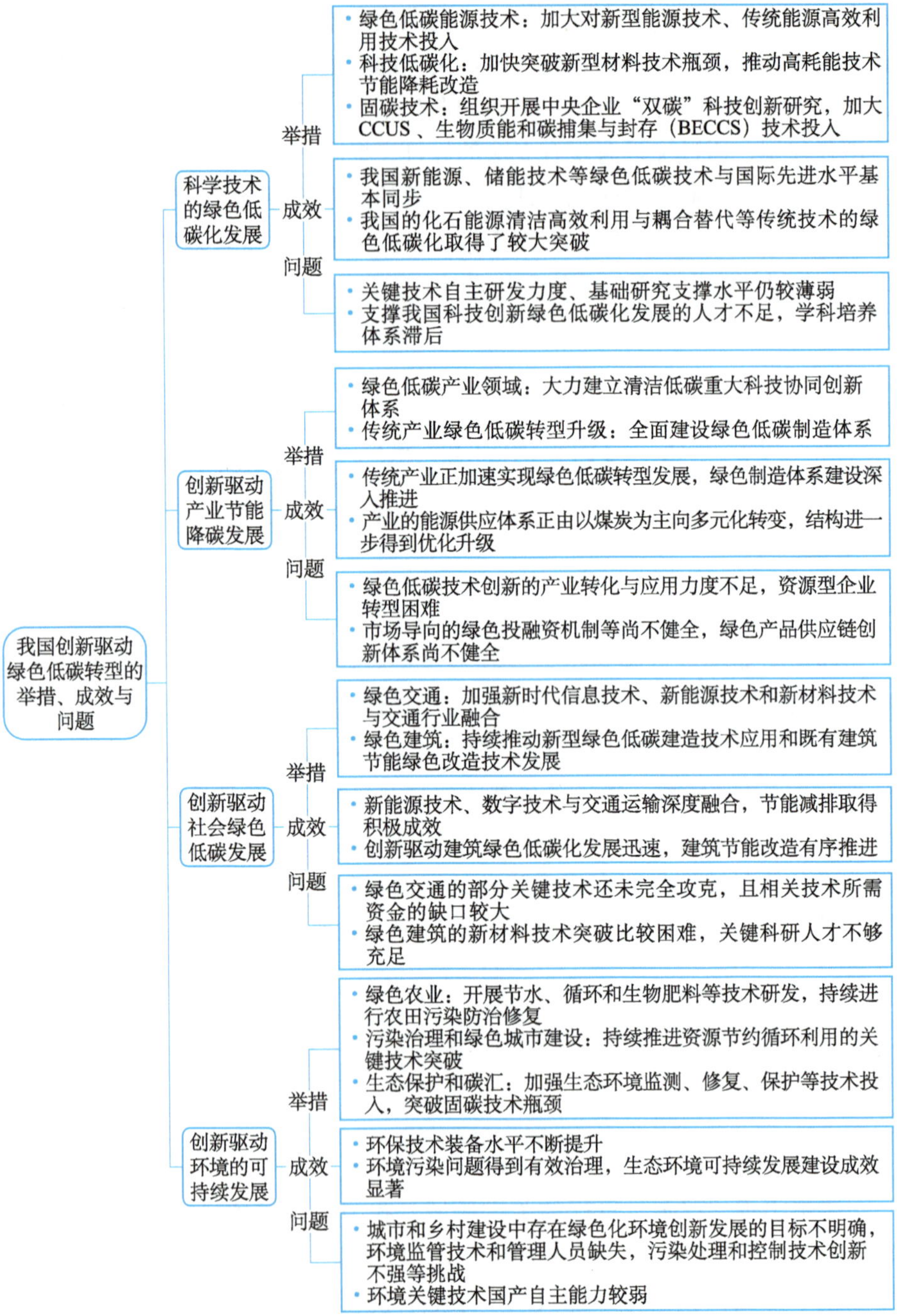

- 我国创新驱动绿色低碳转型的举措、成效与问题
  - 科学技术的绿色低碳化发展
    - 举措
      - 绿色低碳能源技术：加大对新型能源技术、传统能源高效利用技术投入
      - 科技低碳化：加快突破新型材料技术瓶颈，推动高耗能技术节能降耗改造
      - 固碳技术：组织开展中央企业“双碳”科技创新研究，加大CCUS、生物质能和碳捕集与封存（BECCS）技术投入
    - 成效
      - 我国新能源、储能技术等绿色低碳技术与国际先进水平基本同步
      - 我国的化石能源清洁高效利用与耦合替代等传统技术的绿色低碳化取得了较大突破
    - 问题
      - 关键技术自主研发力度、基础研究支撑水平仍较薄弱
      - 支撑我国科技创新绿色低碳化发展的人才不足，学科培养体系滞后
  - 创新驱动产业节能降碳发展
    - 举措
      - 绿色低碳产业领域：大力建立清洁低碳重大科技协同创新体系
      - 传统产业绿色低碳转型升级：全面建设绿色低碳制造体系
    - 成效
      - 传统产业正加速实现绿色低碳转型发展，绿色制造体系建设深入推进
      - 产业的能源供应体系正由以煤炭为主向多元化转变，结构进一步得到优化升级
    - 问题
      - 绿色低碳技术创新的产业转化与应用力度不足，资源型企业转型困难
      - 市场导向的绿色投融资机制等尚不健全，绿色产品供应链创新体系尚不健全
  - 创新驱动社会绿色低碳发展
    - 举措
      - 绿色交通：加强新时代信息技术、新能源技术和新材料技术与交通行业融合
      - 绿色建筑：持续推动新型绿色低碳建造技术应用和既有建筑节能绿色改造技术发展
    - 成效
      - 新能源技术、数字技术与交通运输深度融合，节能减排取得积极成效
      - 创新驱动建筑绿色低碳化发展迅速，建筑节能改造有序推进
    - 问题
      - 绿色交通的部分关键技术还未完全攻克，且相关技术所需资金的缺口较大
      - 绿色建筑的新材料技术突破比较困难，关键科研人才不够充足
  - 创新驱动环境的可持续发展
    - 举措
      - 绿色农业：开展节水、循环和生物肥料等技术研发，持续进行农田污染防治修复
      - 污染治理和绿色城市建设：持续推进资源节约循环利用的关键技术突破
      - 生态保护和碳汇：加强生态环境监测、修复、保护等技术投入，突破固碳技术瓶颈
    - 成效
      - 环保技术装备水平不断提升
      - 环境污染问题得到有效治理，生态环境可持续发展建设成效显著
    - 问题
      - 城市和乡村建设中存在绿色化环境创新发展的目标不明确，环境监管技术和管理人员缺失，污染处理和控制技术创新不强等挑战
      - 环境关键技术国产自主能力较弱

图 1-2　我国创新驱动绿色低碳转型的举措、成效与问题

伏、大容量风电等关键技术的研发投入①，大力发展可再生能源、核能发电技术、储能技术、智能电网与分布式能源等新技术，加快传统化石能源技术的低碳化转型，不断提高能源利用效率，全面构建以非化石能源为主体的近零碳能源新结构。在工业节能环保方面，我国加快突破绿色合成、功能－结构一体化高分子材料制造和智能仿生材料等绿色低碳技术瓶颈，推动减少工业碳排放，加速推动钢铁、水泥、化工、有色冶金等高碳工业科学技术和生产流程的绿色低碳再造，降低环境污染和碳排放②。同时大力支持数字技术与工业设计、生产、商业化等全过程深度融合，利用数字技术创新推动碳管理更加高效，实现精准控碳。在固碳方面，我国组织开展了中央企业“碳达峰、碳中和”科技创新路径研究，鼓励支持中央企业瞄准世界先进水平，加强对CCUS 和 BECCS 等负碳技术的重大科技攻关③。

（二）科学技术的绿色低碳化发展成效

我国在绿色低碳技术和科学技术的绿色低碳化发展等多个方面的技术均取得了长足进步。一方面，我国新能源、储能技术等绿色低碳技术与国际先进水平基本同步。例如，国际能源署发布的《2021 年可再生能源报告》（*Renewables 2021*）④统计，中国在可再生能源的很多细分领域，如太阳能、氢能等，技术水平都处于领先地位，可控核聚变领域的工作也创造了 1.2 亿摄氏度 101 秒和 1056 秒长脉冲高参数等离子体运行等多项世界纪录，目前正在向建设紧凑型核聚变能实验堆方向发展⑤。此外，我国的低成本规模化储能新技术，如锂离子电池、钠离子电池、压缩空气储能技术等已初步具备产业化准入条件，为“双碳”目标的实现奠定了基础。另一方面，我国的化石能源清洁高效利用与耦合替代等传统技术的绿色低碳化也取得了较大突破。以燃煤发电技术的绿色低碳化为例，我国燃煤发电技术和装备不断向高

---

① 六部门联合印发关于“十四五”推动石化化工行业高质量发展的指导意见 . http://www.gov.cn/zhengce/zhengceku/2022-04/08/content_5683972.htm[2022-11-07].

② 中华人民共和国国务院新闻办公室 . 新时代的我国能源发展 . http://www.scio.gov.cn/ztk/dtzt/42313/44537/index.htm [2022-11-07].

③ 中共中央 国务院关于完整准确全面贯彻新发展理念做好碳达峰碳中和工作的意见 . http://www.gov.cn/zhengce/2021-10/24/content_5644613.htm[2022-11-07].

④ International Energy Agency. Renewables 2021. https://www.iea.org/reports/ renewables-2021 [2022-11-07].

⑤ 常河 . 我国“人造太阳”实现 1056 秒长脉冲高参数等离子体运行 . https://news.gmw.cn/2022-01/04/content_35424206.htm[2022-01-04].

参数、大容量及低排放方向发展，在超超临界燃煤发电技术、循环流化床燃烧技术、常规烟气污染物超低排放技术等方面，已达世界先进水平[①]。同时，我国已建成世界上最大的清洁燃煤发电体系，并已积累了超超临界发电机组设计、制造和运行等方面的丰富经验，相关技术整体上与国际先进水平同步，部分机组的供电煤耗和发电效率等技术指标实现世界领先。国际能源署《2050 年净零排放：全球能源行业路线图》（*Net Zero by 2050: A Roadmap for the Global Energy Sector*）[②]报告统计，2020年我国各类发电技术成本较低，约为美国的 50%、欧盟的 40%，也反映出我国发电技术处于世界前列。

（三）科学技术的绿色低碳化发展面临的问题

我国的科学技术绿色低碳化发展已经取得了历史性成就，但与国际先进技术水平相比，我国低碳、零碳、负碳等关键技术自主研发力度、基础研究支撑水平仍比较薄弱。我国部分绿色低碳技术装备缺乏配套技术和装备，关键零部件、专用软件、核心材料仍大幅依赖进口，自主研发能力不强。国际能源署统计指出，绿色低碳技术专利申请主要集中在欧美及日本、韩国等国家，其中欧美等国家 2014 ～ 2018 年合计申请占所有专利的 90%[③]。此外，据统计，2021 年我国仅有 19.7% 的绿色低碳技术达到国际领先水平，54.4% 的技术与国际平均水平持平，25.9% 的技术仍落后于国际平均水平[④]。此外，支撑我国科技创新绿色低碳化发展的人才不足，学科培养体系滞后。我国“双碳”相关人才培养模式尚处于探索阶段，还无法满足在经济社会发展与绿色低碳转型的双重压力下实现“碳中和”目标的需求。例如，目前虽然我国已将绿色低碳相关的职业，如碳排放管理员、碳汇计量评估师、建筑节能减排咨询师等新纳入职业分类，但“双碳”专业技术人才尚未形成统一的评价标准和规范，对“双碳”相关技术人员的正向激励作用还有待提高，难以支撑绿色低碳关键科技突破。

---

① 吕清刚，柴祯．“双碳” 目标下的化石能源高效清洁利用．中国科学院院刊，2022, 37(4): 541-548.

② International Energy Agency. Net Zero by 2050: A roadmap for the Global Energy Sector. https://www.iea.org/reports/net-zero-by-2050[2022-11-07].

③ International Energy Agency. Net Zero by 2050: A roadmap for the Global Energy Sector. https://www.iea.org/reports/net-zero-by-2050[2022-11-07].

④ 刘仁厚，杨洋，丁明磊，等．“双碳” 目标下我国绿色低碳技术体系构建及创新路径研究．广西社会科学，2022, 4: 8-15.

二、创新驱动产业节能降碳发展现状与问题

产业是我国低碳科技成果转化与应用的重要扩展，创新驱动产业节能降碳转型发展是推动“碳达峰、碳中和”实现的核心。以科技创新推动能源、化工等传统产业全面绿色转型，推动节能环保、新能源、电动汽车等新兴产业的快速发展，推进产业结构高端化、绿色化、智能化，打造新型产业结构，能够为实现全面绿色低碳发展目标提供有力保障。

（一）创新驱动产业节能降碳发展举措

我国不仅加快部署绿色低碳产业关键技术攻关，也大力支持创新驱动传统产业转型升级。在绿色低碳产业领域，大力建立清洁低碳重大科技协同创新体系。重点围绕新型绿色能源领域相关基础零部件及元器件、基础软件、基础材料、基础工艺等关键技术开展联合攻关，实施能源重大科技协同创新研究①。加强新型储能相关安全技术研发，完善设备设施、规划布局、设计施工、安全运行等方面技术标准规范。加快纤维素等非粮生物燃料乙醇、生物航空煤油等先进可再生能源燃料关键技术协同攻关及产业化示范。推动能源电子产业高质量发展，促进信息技术及产品与清洁低碳能源融合创新，加快智能光伏创新升级。在传统产业绿色低碳转型升级方面，全面建设绿色低碳制造体系。我国持续推进煤电、钢铁、有色金属、建材、石化化工、造纸等工业行业绿色低碳工艺革新和数字化转型，不断提高工业电气化水平，促进绿色电力消费，提高能源资源利用效率②。加快实施重点行业清洁生产提升改造、绿色化改造，鼓励建设厂房集约化、原料无害化、生产洁净化、废物资源化、能源低碳化的绿色工厂等，逐步构建绿色低碳制造和产业链体系③。

---

① 中华人民共和国国家发展和改革委员会．国家发展改革委 国家能源局关于完善能源绿色低碳转型体制机制和政策措施的意见．https://www.ndrc.gov.cn/xxgk/zcfb/tz/202202/t20220210_1314511.html[2022-11-07].

② 工业和信息化部 财政部 商务部 国务院国有资产监督管理委员会 国家市场监督管理总局关于印发加快电力装备绿色低碳创新发展行动计划的通知．http://www.gov.cn/zhengce/zhengceku/2022-08/29/content_5707333.htm[2022-11-07].

③ 中共中央 国务院关于完整准确全面贯彻新发展理念做好碳达峰碳中和工作的意见．http://www.gov.cn/zhengce/2021-10/24/content_5644613.htm[2022-11-07].

（二）创新驱动产业节能降碳发展成效

我国制造业绿色化转型步伐加快，能源产业结构得到进一步优化。一方面，传统产业正加速实现绿色低碳转型发展，绿色制造体系建设深入推进。工业和信息化部统计，2021 年我国单位 GDP 能耗持续下降，一季度万元国内生产总值（GDP）能耗同比下降 2.3%，主要原因在于重要领域工业企业的绿色化改造得到加速推进，钢铁、石油化工、纺织等重点用能行业能效水平大幅提升。同时，截至 2021 年，我国共推动建设了 2783 家绿色工厂、223 家绿色工业园区、296 家绿色供应链企业，推广了 2 万余种绿色产品和 2000 多项节能技术及装备产品，打造绿色典型，引领产业绿色低碳转型发展。另一方面，产业的能源供应体系正由以煤炭为主向多元化转变，结构进一步得到优化升级。国家统计局数据显示①，我国煤炭占能源消费总量的比重由 2012 年的 68.5% 降低到 2021 年的 56.0%，天然气、水电、核电、新能源发电等清洁能源占比大幅提高，天然气占比由 4.8% 上升到 8.9%，一次电力及其他能源占比由 9.7% 上升到 16.6%。同时，相关产业对清洁能源的利用水平不断提高。目前，我国已是全球风电和光伏发电规模最大、增速最快的国家。同时，2021 年非化石能源发电装机首次超过煤电，装机容量达到 11.2 亿千瓦，占发电总装机容量的比重为 47.0%，其中水电、风电、太阳能发电装机均超过 3 亿千瓦，连续多年稳居世界首位。

（三）创新驱动产业节能降碳发展面临的问题

我国创新驱动产业绿色低碳转型已经取得了显著成效，但全面实现绿色低碳转型仍面临着巨大挑战。一是绿色低碳技术创新的产业转化与应用力度不足，资源型企业转型困难。我国目前尚未构建完善的低碳科技商业化转型的体系，缺少多样化的低碳技术应用场景和使用驱动，同时各区域差异化的科技推动方式可能造成市场隔阂，增加了相关低碳科技成果商业转化的困难。二是市场导向的绿色投融资机制等尚不健全，难以支撑全产业链创新绿色低碳转型。我国绿色金融发展起步较晚，绿色金融产品和服务发展较慢，法律法规制度尚不健全，且现阶段绿色金融产业政府补贴占主导地位，市场自主运营能力不足，很难支撑全行业绿色转型。《中国绿色金融发展研究报告

① 国家统计局 . 能源转型持续推进 节能降耗成效显著——党的十八大以来经济社会发展成就系列报告之十四 . http://www.gov.cn/xinwen/2022-10/08/content_5716734.htm[2022-11-07].

2021》[①]指出，我国债务类融资占绿色融资总量的95%以上，其中绿色信贷占比在90%左右，而绿色股权、基金、保险等基本处于起步阶段，难以满足创新驱动产业绿色低碳转型的多类型资金需求。三是绿色产品供应链创新体系尚不健全。我国面向绿色产品设计、绿色材料、绿色工艺、绿色设备、绿色回收、绿色包装等全流程的工艺技术创新并未得到充分应用，低碳产品成本过高，无法有效满足公众对绿色产品的消费需求。

三、创新驱动社会绿色低碳发展现状与问题

经济社会的可持续发展不仅要求实现便捷生活，更强调与自然和谐共存。社会交通、建筑的碳排放是社会活动碳排放的主要来源，实现社会活动的绿色低碳转型，亟须推动交通、建筑等领域的科技创新突破，为绿色低碳发展提供持久动力。

（一）创新驱动社会绿色低碳发展举措

我国始终坚持创新驱动，不断提高交通绿色化水平，提升绿色建筑发展质量，推动公众出行、居住绿色化，加快社会绿色低碳转型。在绿色交通方面，持续强化绿色交通科技支撑。进一步加强新时代信息技术、新能源技术和新材料技术等与交通行业深度融合，推进先进技术装备应用，构建泛在互联、柔性协同、具有全球竞争力的智能交通系统，优化出行效率，减少交通污染和碳排放。同时，构建市场导向的绿色技术创新体系，支持新能源运输装备和设施设备、氢燃料动力车辆及船舶、液化天然气和生物质燃料船舶等应用研究[②]。修订绿色交通标准体系，加强新技术、新设备、新材料、新工艺等方面标准的有效供给。在绿色建筑方面，持续推动新型绿色低碳建造技术应用和既有建筑节能绿色改造技术发展。我国重点开展建筑用能电力替代行动，稳抓建筑电气化工程。加大绿色建材产品和关键技术研发投入，鼓励发展性能优良的预制构件和部品部件，显著提高城镇新建建筑中绿色建材应用比例，推广新型功能环保建材产品与配套技术，促进绿色建材技术应用于绿色城市建设。同时加快既有居住建筑节能改造，推进建筑光伏行动，推动可

---

① 朱信凯，周月秋，王文．中国绿色金融发展研究报告 2021. 北京：中国金融出版社，2022.

② 交通运输部关于印发《绿色交通“十四五”发展规划》的通知．http://www.gov.cn/zhengce/zhengceku/2022-01/21/content_5669662.htm[2022-11-07].

再生能源技术应用于绿色建筑，逐步完善太阳能光伏建筑应用标准体系和技术体系[①]。

（二）创新驱动社会绿色低碳发展成效

创新驱动社会交通绿色低碳转型成效显著。近年来，我国不断推广应用新能源和清洁能源运输装备，加强数字技术与交通运输深度融合，交通运输行业节能减排取得积极成效。公安部和交通运输部统计，截至 2021 年底，我国新能源汽车保有量达 784 万辆，占汽车总量的 2.60%，同比增长 59.25%；新能源城市公交车比例超过 66%，国家铁路电气化率达到 74.9%，为降低碳排放强度做出了有力贡献。此外，绿色交通基础设施建设方面，截至 2021 年 9 月，我国高速公路配置充电桩服务区达到了 2318 个，充电桩总保有量达到了 10 836 个，交通运输领域新型基础设施建设取得了重要进展，极大地满足了绿色出行的需求。创新驱动建筑绿色低碳化发展迅速，建筑节能改造有序推进。据统计，截至 2020 年底，全国获得绿色建筑标识项目累计达到 2.47 万个，全国累计建成绿色建筑面积超 66 亿平方米，累计建成节能建筑面积超过 238 亿平方米，节能建筑占城镇民用建筑面积比例超过 63%；全国城镇完成既有居住建筑节能改造面积超过 15 亿平方米[②]，为减少碳排放、逐步实现“双碳”目标贡献了重要力量。

（三）创新驱动社会绿色低碳发展面临的问题

尽管我国针对创新驱动社会绿色低碳转型已经做出了大量努力，但现阶段在绿色交通、绿色建筑等方面还面临较多挑战。一方面，我国绿色交通的部分关键技术还未完全攻克，且相关技术所需资金的缺口较大。例如，交通运输工具节能降耗所需的新型能源技术，如生物燃料、氢能等不仅产能较低，且短期内难以突破大规模商业应用的技术瓶颈。中高端新能源汽车车型对算力和电子架构的要求比较高，然而我国电控系统中硬件的控制器技术和国外仍有差距。此外，新能源车辆的应用和推广对充电技术和能源补给基础设施的发展提出了更高的要求，但相关技术支持行业资金需求密集，投资回

① 住房和城乡建设部 . 关于印发“十四五”建筑节能与绿色建筑发展规划的通知 . http://www.gov.cn/zhengce/zhengceku/2022-03/12/content_5678698.htm[2022-11-07].

② 陈娅楠 . 碳达峰碳中和“1+N”政策体系已构建“双碳”工作取得良好开局（经济新方位）. http://paper.people.com.cn/rmrb/html/2022-09/23/nw.D110000renmrb_20220923_1-02.htm[2022-09-23].

报周期长，持续稳定的资金供给成为制约相关技术突破的重要因素。另一方面，绿色建筑的新材料技术突破比较困难，关键科研人才不够充足。绿色建筑的建造需要对生物可降解材料、绿色保温材料、节水技术、可持续室内环境技术和自供电建筑技术等一系列技术进行突破创新，然而现阶段我国针对建筑物绿色低碳关键材料和技术的研发投入较低、关键科研人才较少，制约了创新驱动绿色建筑发展的进程。此外，碳减排效果不明确、全过程创新技术标准体系尚未充分建立、治理体系创新水平较弱、重新建轻既改等现象也导致绿色建筑质量和数量发展水平较低。

四、创新驱动环境的可持续发展现状与问题

创新驱动环境的可持续发展是实现绿色高质量发展的重要手段，迫切需要突破环境保护相关技术瓶颈，从环境技术创新和生态结构优化等方面推动实现环境绿色低碳转型。

（一）创新驱动环境的可持续发展举措

近年来，我国大力支持绿色农业技术、污染治理技术、环境监测技术、生态保护和碳汇提升技术等科技创新突破，推动环境绿色低碳转型。在绿色农业方面，深入开展节水农业、循环农业、有机农业、现代林业和生物肥料等技术研发，持续推广农药技术监测、农田重金属污染综合防治与修复技术，促进农业提质增效和可持续发展①。在污染治理和绿色城市建设方面，持续推进资源节约循环利用的关键技术突破，建立城镇生活垃圾资源化利用、再生资源回收利用、工业固体废物综合利用等技术体系。实施水体污染控制与治理国家科技重大专项，开展大气污染成因与控制技术研究，推广区域环境质量提升创新科技工程，支持重点行业危险废物污染特性与环境效应、危险废物溯源及快速识别、全过程风险防控、信息化管理技术等领域研究，加快建立危险废物技术规范体系②。在生态保护和碳汇提升技术方面，持续推进典型脆弱生态修复与保护研究，研发生态环境监测预警、生态修复、生物多

① 中共中央 国务院印发《乡村振兴战略规划（2018—2022 年）》. http://www.gov.cn/zhengce/2018-09/26/content_5325534.htm[2022-11-07].

② 国务院关于印发“十三五”生态环境保护规划. http://www.gov.cn/zhengce/content/2016-12/05/content_5143290.htm[2022-11-07].

样性保护、生态保护红线评估管理、生态廊道构建等关键技术，持续突破高新生物固碳技术、人工模拟光合作用新技术和生物 / 生态固碳技术等技术瓶颈[①]，不断提升生态系统碳汇能力。

（二）创新驱动环境的可持续发展成效

环境治理技术和生态保护科技发展迅速，创新推动环境得到不断改善。一方面，我国环保技术装备水平不断提升。例如，据《2021 中国环保产业发展状况报告》[②]，我国在电除尘、袋式除尘、脱硫脱硝等烟气治理领域，相关技术已达到国际先进水平；城镇污水和常规工业废水处理，已形成多种成熟稳定的成套工艺技术和装备；污水深度处理、挥发性有机物治理、固废处理和资源化以及土壤修复领域技术装备水平快速提升；环境监测技术在自动化、成套化、智能化、立体化和支撑精准监管方面进步显著。另一方面，环境污染问题得到有效治理，生态环境可持续发展建设成效显著。例如，据《2021 中国生态环境状况公报》，2021 年我国 339 个城市环境空气质量达标比例为 64.3%，平均优良天数比例提高到 87.5%。此外，通过结合传统的农林业减排增汇技术、重大生态工程建设，以及新型生物 / 生态碳捕集、利用与封存技术等技术创新，不断提高我国的森林与草原等多生态系统固碳能力。例如，据国际能源署 2021 年发布的《中国能源体系碳中和路线图》（An Energy Sector Roadmap to Carbon Neutrality in China）[③]，在 CCUS 技术创新方面，我国有 21 个试点、示范或商业项目在运行，总捕获能力超过 200 万吨 / 年。此外，2021 年森林普查数据显示，我国森林生物量在过去 40 年间增加了 1.4×10^{10} 亿吨 CO_2，天然草原每年约能固碳 5.2×10^8 吨，等同于每年减少 2.76×10^9 吨二氧化碳当量，为全国碳排量的 30% ～ 50%，对我国生态系统固碳能力提升起到了重要作用。

（三）创新驱动环境的可持续发展面临的问题

尽管我国针对环境绿色低碳转型已经做出了大量努力，但现阶段仍面临诸

---

① 于贵瑞，朱剑兴，徐丽，等 . 中国生态系统碳汇功能提升的技术途径：基于自然解决方案 . 中国科学院院刊，2022, 37(4): 490-501.

② 中华人民共和国生态环境部，中国环境保护产业协会 . 2021 中国环保产业发展状况报告 . http://www.caepi.org.cn/epa/resources/pdfjs/web/viewer.html?file=/epa/platform/file/filemanagecontroller/downloadfilebyid/1642558930100037466112[2022-11-07].

③ International Energy Agency. An Energy Sector Roadmap to Carbon Neutrality in China. https://www.iea.org/reports/an-energy-sector-roadmap-to-carbon-neutrality-in-china [2022-11-07].

多挑战。一是我国城市和乡村建设中存在绿色化环境创新发展的目标不明确、环境监管技术和管理人员缺失、污染处理和控制技术创新不强等挑战。例如，在土壤污染控制方面，相关技术开发起步较晚，仍处于进口替代阶段，主要通过引进、消化、吸收进行相关创新。在水污染防治方面，高盐有机废水深度处理技术与装备等方面发展水平较低[①]。对于固废处理处置技术，在小型农村垃圾处理装备等领域，尚未形成成熟的技术装备，与发达国家相比差距较大。二是我国环境关键技术国产自主能力较弱。近年来，虽然我国环保技术和装备水平显著提高，但是环境科技方面的关键技术自主创新能力不足，尤其是在部分新材料、监测设备技术和模拟软件等领域高度依赖进口。例如，《2021 中国环保产业发展状况报告》[②] 指出，在新材料领域，聚砜（PSF）原料、聚乙烯（PE）无纺布等膜材料技术供应链被德国、美国等控制。环境监测领域中的质谱仪、色谱仪组件以及采样设备主要从美国、日本等国进口。对于包括 ArcGIS 在内的土壤和地下水模拟软件，则完全依赖进口，国内没有替代技术和产品。此外，部分国产产品技术性能与国际相比还有一定差距。例如，大气污染防治中的脉冲阀膜片材料、对位芳纶帆布，土壤修复设备和环境监测仪器仪表等在性能和使用寿命上与进口产品还存在差距。

第三节　我国创新驱动绿色低碳转型的总体思路与政策取向

一、我国创新驱动绿色低碳转型的总体思路与发展目标

绿色低碳转型是一场广泛而深刻的经济社会系统性变革，具有全球技术系统变革性突出、涉及技术领域范围广、前瞻性基础研究水平高、引领国家高质量可持续发展作用强等特征。创新驱动绿色低碳转型是一项复杂的系

① 工业和信息化部 科学技术部 生态环境部关于印发环保装备制造业高质量发展行动计划（2022—2025 年）的通知 . http://www.gov.cn/zhengce/zhengceku/2022-01/22/content_5669858.htm[2022-11-07].

② 生态环境部科技与财务司，中国环境保护产业协会 . 2021 中国环保产业发展状况报告 . http://www.caepi.org.cn/epa/resources/pdfjs/web/viewer.html?file=/epa/platform/file/filemanagecontroller/downloadfilebyid/1642558930100037466112[2022-11-07].

统性工程。要强化顶层设计，把能源绿色低碳转型和能源高效率利用放在首位，要坚持政府和市场两手发力，要发挥科技创新和制度创新双轮驱动，推动绿色低碳科技和科技绿色低碳化同步发展，重塑国家创新体系。

（一）我国创新驱动绿色低碳转型的总体思路

实现我国创新驱动绿色低碳转型的关键是构建国家绿色低碳创新体系，通过不断强化在以绿色低碳为新约束条件下的创新主体之间的协同互动，以制度变革和科技进步为转型动力，推动实现绿色低碳转型。建立国家绿色低碳创新体系需要推动国家创新体系的绿色低碳转型，推动传统的以提高经济水平和提升国际竞争力为主的发展目标向实现绿色低碳可持续发展的目标转变，最终实现经济目标和社会目标双赢。建立国家绿色低碳创新体系需要在国家、区域、技术、产业等多层次进行创新体系的绿色低碳化变革，加强科技、产业、社会、环境和治理体系创新发展，驱动实现绿色低碳转型。

（二）我国创新驱动绿色低碳转型的发展目标

我国创新驱动绿色低碳转型 2030 年发展目标是：我国建设成为创新驱动绿色低碳转型强国，创新驱动绿色低碳转型理念深刻融入经济社会各界，绿色低碳关键核心技术实现重大突破，传统技术绿色低碳化转型升级取得显著变化，绿色低碳技术在我国不断涌现；全社会形成大力应用绿色低碳技术的创新氛围，经济社会发展全面绿色转型取得显著成效，人民广泛形成绿色生产生活方式，碳排放达峰后稳中有降，生态环境根本好转，美丽中国建设目标基本实现。

我国创新驱动绿色低碳转型 2060 年发展目标是：我国建设成为创新驱动绿色低碳引领性国家，绿色低碳技术已经成为社会的主导技术，绿色低碳循环发展的经济体系和清洁低碳安全高效的能源体系全面建立，我国已经形成全方位的绿色生产生活方式，“碳中和”目标顺利实现，生态文明建设取得丰硕成果，开创人与自然和谐共生新境界。

二、2035 年我国创新驱动绿色低碳转型的政策取向

（一）深入推进科学技术的绿色低碳化发展

（1）推动能源绿色低碳技术系统性突破。重点发展可再生能源利用技术，发展高效率高可靠光伏发电、太阳能高效热利用技术，开发核能技术，推动储能技术突破，加大对我国在国际上领先的能源关键核心技术的投入等。

（2）大力开展技术体系绿色化转型。一是推动化石能源高效清洁利用，发展煤炭高效燃烧技术、煤炭高效转化技术，开发煤炭高效利用催化剂。二是加快推进传统制造技术绿色低碳转型，在技术开发过程中考虑绿色因素，进一步加强高耗能技术的提效降耗改进，如在建材技术领域可提高传统建筑材料的高性能化与低能耗制备，在有色工业技术领域研发绿色材料取代电解槽中的碳素阳极等，提高对能源的高效利用，持续推动降碳减排。

（二）深入推进创新驱动产业节能低碳发展

（1）丰富绿色低碳产业的应用场景，促进绿色低碳技术蓬勃发展和新兴业态持续涌现。加强场景驱动绿色低碳技术突破与应用，充分利用绿色低碳技术推动工业低碳转型，推进用能端绿色技术取代，推动工业流程重塑，加快数字化赋能绿色技术创新，推动产业持续升级。

（2）加速产业技术体系绿色再造工程。梳理关键技术领域绿色低碳化变革难题，制定技术发展路线图；创新产学研协同体制机制，加快推进传统产业技术体系的绿色低碳化转型。发挥国有企业在我国“双碳”技术创新体系中的示范引领作用，优化创新发展面布局，构建开放的创新生态。

（三）深入推进创新驱动社会绿色低碳发展

（1）加快绿色交通技术突破，倡导绿色低碳出行生活方式。在全社会倡导简约适度、绿色低碳的生活方式，鼓励使用节能减排的绿色产品。加快交通基础设施的智能化改造，推动城市交通协同化管理，助力车路技术协同发展，推动智能网联汽车产业发展。

（2）推广绿色科技创新应用，鼓励全民参与节能环保发展。大力发展建筑新材料等技术，实现居民和商用建筑物的净零碳排放。部署建筑物智慧能

源管理系统，建造零排放住宅和商业建筑。开发先进的资源回收技术，提高居民对废水、废物的再利用水平。培育低碳清洁“能源文化”，将节能减排融入普通百姓生活。

（四）深入推进创新驱动环境的可持续发展

（1）推进生态综合治理技术攻关，提高生态系统质量和稳定性。大力发展荒漠化、石漠化、水土流失综合治理技术，进一步优化废弃矿山、采煤沉陷区受损土地、已封场的垃圾填埋场、污染地块的再利用技术等。

（2）加强生态系统碳汇基础支撑，提升生态系统碳汇增量。建立生态系统碳汇监测核算技术体系，开展森林、草原、湿地、海洋、土壤、冻土、岩溶等碳汇本底调查、碳储量评估、潜力分析，实施生态保护修复碳汇成效监测评估。加强陆地和海洋生态系统碳汇基础理论、基础方法、前沿颠覆性技术研究。

（五）强化创新驱动绿色低碳转型的支撑能力建设

（1）持续开展对绿色低碳转型关键技术的预见，引导颠覆性技术创新。构建有利于颠覆性技术创新的体制机制，鼓励跨学科、跨领域交流，推动互联网、大数据、人工智能、5G 等新兴技术与绿色低碳产业深度融合。

（2）加强相关资源平台建设与合作交流。推动建立能源技术创新合作平台，支持跨国企业在华设立清洁低碳能源技术联合研发中心，促进关键技术领域联合攻关创新与示范应用。加大绿色技术合作力度，推动开展可再生能源、储能、氢能等领域科研合作和技术交流。深化与主要国家在绿色技术、绿色装备、绿色服务、绿色基础设施建设等方面的交流与合作，优化与主要国家的贸易结构，大力发展高质量、高技术、高附加值绿色产品贸易，推动我国新能源等绿色低碳技术和产品“走出去”。

（六）深化创新驱动绿色低碳发展的治理体系建设

（1）健全国家创新驱动绿色低碳发展的新型举国体制。发挥国家大引导作用，推动多部门联合，系统部署面向“双碳”目标的整体性政策，全面推进绿色低碳转型。建立国家能源委员会统筹的多部门联合机制，系统谋划以金融、价格、财税、土地、政府采购、标准等多类型政策推动绿色低碳发展。同时，各地由于自身能源禀赋和产业结构不同，所制定的“碳达峰、碳中和”行动方案各有侧重，要避免“一刀切”和“攀高峰”。

（2）积极参与全球碳市场规则制定，加强绿色低碳技术标准制定研究，提升我国在全球绿色低碳治理中的影响力。依托国家共建“一带一路”倡议，积极参与全球环境治理，提供我国在碳市场管理、交易架构、减排技术标准制定等方面的经验，积极争取引导国际“行业减排”的碳价机制建设，加强国际航空和航海领域碳排放相关规则的研究，不断扩大我国在全球绿色低碳转型的激励和约束制度建设过程中的话语权和引导力。

（3）强化绿色低碳领域科技创新的法规、激励、产权支撑，加强监管能力建设。借鉴发达国家经验，从贸易、知识产权、标准等多个方面构建促进绿色低碳发展的法律体系；建立突出需求导向和市场导向的科研评价体系，探索建立适用于产业界和学术界融合发展的科技评价机制；加强知识产权保护，鼓励企业自主创新；加强科技创新体系监管能力建设。

第二章 国家创新发展绩效评估与格局分析方法

第一节　国家创新发展绩效的内涵和外延

2012 年 11 月，党的十八大将“创新驱动发展”确立为国家战略，标志着创新发展已成为国家发展政策议程的重大问题。2020 年，《中共中央关于制定国民经济和社会发展第十四个五年规划和二〇三五年远景目标的建议》中进一步明确了“坚持创新驱动发展，全面塑造发展新优势”，指出坚持创新在我国现代化建设全局中的核心地位。2003 年 12 月，中国科学院向中央提交了《创新促进发展　科技引领未来——关于我国科技发展的战略思考》[①]报告，厘清了创新与发展的关系。2009 年，中国科学院创新发展研究中心发布了《2009 中国创新发展报告》，提出创新发展的定义[②]：创新发展是指创新驱动的发展，既体现了创新促进经济、社会发展的结果，也体现了科技创新能力自身的演进。

创新发展绩效内涵通常是指创新驱动发展的绩效，主要包括创新作为发展动力驱动经济、社会、环境发展以及科学技术自身发展所取得的绩效。本报告认为，创新发展绩效还应该从创新驱动发展的“动力机制”角度思考，将创新发展绩效内涵从注重创新驱动发展的结果拓展到兼顾创新驱动发展动力提升，将创新能力建设绩效纳入创新发展绩效，体现了对创新发展动力源

① 该报告题目由本报告主编穆荣平提出，该报告后被收录至《2005 科学发展报告》中。

② 该定义由《2009 中国创新发展报告》的主要执笔人穆荣平提出。

的可持续性关注。因此，国家创新发展绩效既体现在国家创新驱动经济、社会和环境发展水平以及科学技术发展水平的提升上，也体现在国家创新能力建设的绩效上。

创新发展内涵外延。一方面，创新发展的内涵随着我们对于“创新”的内涵认识的深化而不断丰富，从创新是一个经济发展过程拓展到一个价值（包括科学价值、技术价值、经济价值、社会价值和环境价值）创造过程，体现了创新增值循环的系统观的形成。另一方面，创新发展的内涵随着我们对于“发展”内涵认识的深化而不断拓展，从创新驱动经济发展拓展到创新驱动社会发展和创新驱动环境发展以及科学技术自身的发展，体现了对创新在解决社会发展和环境发展问题中的重要作用的关注。

创新能力内涵外延。国家创新能力是指一个国家在一定发展环境和条件下，从事科学价值、技术价值、经济价值、社会价值和环境价值创造的能力，涉及科学发现、技术发明、科技成果商业化和产业化以及在社会服务和环境建设中的影响。一方面，从创新能力结构上看，创新能力可以从创新实力和创新效力两个方面予以表征：创新实力主要体现创新活动规模的影响，创新效力主要体现创新活动效率的影响。另一方面，从创新能力形成过程上看，创新能力可以从创新投入、创新条件、创新产出和创新影响等四个方面予以表征：创新投入能力、创新条件能力表征了包括人财物等创新资源的动员能力，是创新能力形成的必要基础，创新产出能力表征了科学价值和技术价值创造的能力，创新影响能力表征了创新驱动经济价值和社会价值创造的能力，涉及产业创新、社会服务创新和环境创新活动。值得指出的是，区分国家创新实力和效力有利于判断创新发展政策取向，区分创新投入、创新条件、创新产出和创新影响等四个方面能力演进有利于把握创新政策问题。

本报告认为，创新型国家是指国家创新发展水平高和国家创新能力强的国家。创新发展绩效是判断创新型国家发展阶段的重要依据，即创新型国家的发展阶段不仅决定于国家创新能力建设水平，也取决于国家创新发展水平的高低。历史经验表明，一个国家的创新能力可以通过高强度增加创新投入在相对短的时间内得到显著提升，一个国家创新发展水平的提升则是一个渐进积累的过程，需要长期不懈地努力。后发国家向创新型国家成功转型的过程，通常是“创新能力快速提升，创新发展水平逐步提高”的历史过程，常常表现为创新能力绩效好于创新发展绩效，或者说创新能力提升快于创新发展水平提升。

第二节　国家创新发展绩效评估思路

一、国家创新发展绩效评估程序

本报告延续《2020 国家创新发展报告》的设计，在测度国家创新发展水平和国家创新能力时，依次采用了评估问题界定、评估框架构建、指标体系构建、基础数据收集与样本选择、缺失数据处理、指标度量、数据标准化、权重确定、指数集成、结果分析等十步骤来评估，如图 2-1 所示。每一个步骤都经过反复交流、精心设计，最后确定每一步骤重点工作以及解决方法（具体介绍详见附录一）。

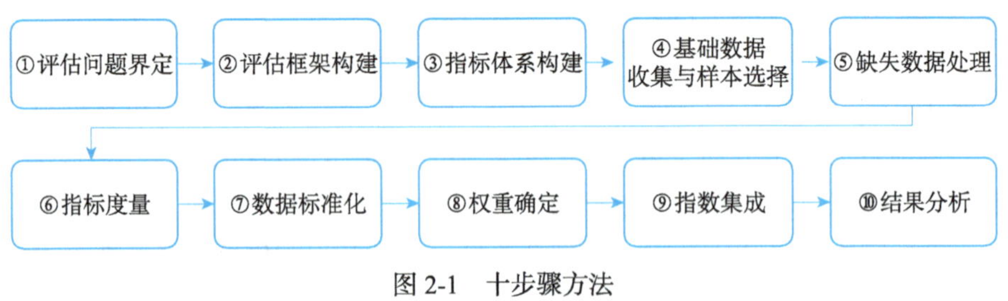

图 2-1　十步骤方法

二、国家创新发展绩效评估框架

加强国家创新发展绩效的监测评估对支撑创新驱动发展战略的实施具有重要的实践价值。由于国家创新发展绩效是一个综合性的概念，认清一国的创新发展绩效有利于综合把握国家创新发展水平和创新能力，具有很强的现实意义和政策参考价值。

想要科学、全面测度国家创新发展绩效，必须综合评估国家创新发展水平和国家创新能力，与时俱进地建立一套科学的国家创新发展绩效评价指标体系与评价方法。根据创新发展的内涵，本报告采用多维创新指数的方法进行分析。本报告在《2020 国家创新发展报告》的基础上，在国家创新能力指数方面，从国家创新实力指数和国家创新效力指数两个方面进行考量，并分别从投入－条件－产出－影响四个角度构建创新投入实力指数、创新条件实力指数、创新产出实力指数、创新影响实力指数，以及创新投入效力指数、创新条件效力指数、创新产出效力指数、创新影响效力指数共八个子指数，从不同维度评价创新能力；在国家创新发展指数方面，对创新发展在价值的体现进一步抽象凝练，从科学技术的发展、产业创新的发展、社会创新的发展、环境创新的发展等四个方面，构建科学技术发展指数、产业创新发展指数、社会创新发展指数、环境创新发展指数，评估框架见图 2-2。

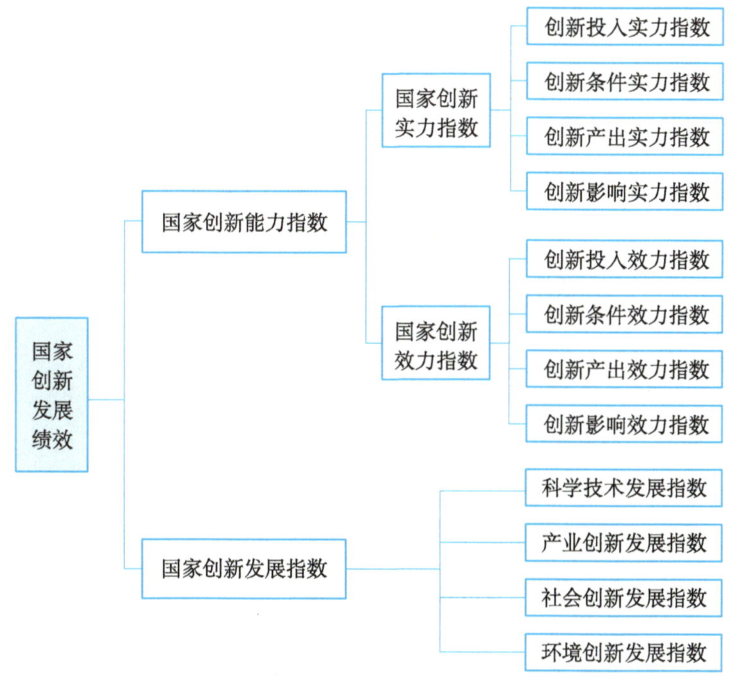

图 2-2　国家创新发展绩效监测评估框架

三、国家创新发展能力评价指标体系

国家创新能力评价指标体系由国家创新实力评价指标体系和国家创新效力评价指标体系两部分构成。指标体系中各子指标的含义、度量方式和资料来源请详见附录二。

1. 国家创新实力指数值演进

本报告选取规模和总量指标度量国家创新实力。从经费投入和人员投入两方面进行考虑，选取 R&D 经费支出额和研究人员数度量创新投入实力指数；根据可应用的政府教育支出总额、专利总数、通信发展水平，选取教育公共开支总额、有效专利拥有量和 ICT 用户数度量创新条件实力指数；从科学研究和技术应用研究两个产出方面进行考虑，选取国际期刊论文被引量、被引次数排名前 1% 的论文数、本国居民专利授权量和 PCT 专利申请量度量创新产出实力指数；从知识成果转化等方面选取知识产权使用费收入和高技术产品出口额度量创新影响实力指数，如表 2-1 所示。

表 2-1　国家创新实力评价指标体系

一级指数	二级指数	三级指标	单位
国家创新实力指数	创新投入实力指数	R&D 经费支出额	百万美元
		研究人员数	人·年
	创新条件实力指数	教育公共开支总额	%
		有效专利拥有量	项
		ICT 用户数	百万人
	创新产出实力指数	国际期刊论文被引量	次
		被引次数排名前 1% 的论文数	篇
		本国居民专利授权量	项
		PCT 专利申请量	项
	创新影响实力指数	知识产权使用费收入	百万美元
		高技术产品出口额	百万美元

资料来源：世界银行、世界知识产权组织、科睿唯安 InCites 数据库

2. 国家创新效力指数值演进

本报告选取比值型指标来度量国家创新效力指数，选取 R&D 经费投入强度、每百万人口中研究人员数、研究人员人均 R&D 经费度量创新投入效力指数；选取教育公共开支总额占 GDP 的比重、每百万人有效专利拥有量、每百人互联网用户数度量创新条件效力指数；选取每百万研究人员被引次数排名前 10% 的论文数、每百万美元 R&D 经费被引次数排名前 10% 的论文数、每百万研究人员本国居民专利授权量、每百万美元 R&D 经费本国居民专利授权量、每百万研究人员 PCT 专利申请量、每百万美元 R&D 经费 PCT 专利申请量对创新产出效力指数进行度量；选取知识产权使用费收支比、单位能耗对应的 GDP 产出、高技术产品出口额占制成品出口额的比重对创新影响效

力指数进行度量，如表 2-2 所示。

表 2-2　国家创新效力评价指标体系

一级指数	二级指数	三级指标	单位
国家创新效力指数	创新投入效力指数	R&D 经费投入强度	%
		每百万人口中研究人员数	人·年 / 百万人
		研究人员人均 R&D 经费	百万美元 /（人·年）
	创新条件效力指数	教育公共开支总额占 GDP 的比重	%
		每百万人有效专利拥有量	项 / 百万人
		每百人互联网用户数	户 / 百人
	创新产出效力指数	每百万研究人员被引次数排名前 10% 的论文数	次 /（百万人·年）
		每百万美元 R&D 经费被引次数排名前 10% 的论文数	次 / 百万美元
		每百万研究人员本国居民专利授权量	项 /（百万人·年）
		每百万美元 R&D 经费本国居民专利授权量	项 / 百万美元
		每百万研究人员 PCT 专利申请量	项 /（百万人·年）
		每百万美元 R&D 经费 PCT 专利申请量	项 / 百万美元
	创新影响效力指数	知识产权使用费收支比	%
		单位能耗对应的 GDP 产出	美元 / 千克石油当量
		高技术产品出口额占制成品出口额的比重	%

资料来源：世界银行、世界知识产权组织、科睿唯安 InCites 数据库

四、国家创新发展评价指标体系

本报告选取均量和强度指标用于度量国家创新发展水平，同时为了从质量上更好地体现创新的价值创造过程，对国家创新发展指数的三级指标进行了适当调整，调整后的指标体系如下：选取每百万人 R&D 经费支出额、每百万人口中研究人员数、被引次数排名前 1% 的论文百分比、每百万研究人

员本国居民专利授权量、每百万研究人员 PCT 专利申请量和知识产权使用费收入占 GDP 的比重共计 6 项指标度量科学技术发展指数；选取能反映产业发展情况的高技术产品出口额占制成品出口额的比重、服务业附加值占 GDP 的比重、服务业从业人员占就业总数的比重和就业人口人均 GDP 共计 4 项指标度量产业创新发展指数；选取城镇人口占总人口的比重、医疗卫生总支出占 GDP 的比重、公共医疗卫生支出占医疗总支出的比重、出生人口预期寿命和高等教育毛入学率共计 5 项指标度量社会创新发展指数；选取单位能耗对应的 GDP 产出、单位 CO_2 对应的 GDP 产出和人均 CO_2 排放量共计 3 项指标度量环境创新发展指数，如表 2-3 所示。

表 2-3　国家创新发展指数评价指标体系

<table>
<tr><th>一级指数</th><th>二级指数</th><th>三级指标</th><th>单位</th></tr>
<tr><td rowspan="18">国家创新发展指数</td><td rowspan="6">科学技术发展指数</td><td>每百万人 R&D 经费支出额</td><td>百万美元 / 百万人</td></tr>
<tr><td>每百万人口中研究人员数</td><td>人 · 年 / 百万人</td></tr>
<tr><td>被引次数排名前 1% 的论文百分比</td><td>%</td></tr>
<tr><td>每百万研究人员本国居民专利授权量</td><td>项 /（百万人 · 年）</td></tr>
<tr><td>每百万研究人员 PCT 专利申请量</td><td>项 /（百万人 · 年）</td></tr>
<tr><td>知识产权使用费收入占 GDP 的比重</td><td>%</td></tr>
<tr><td rowspan="4">产业创新发展指数</td><td>高技术产品出口额占制成品出口额的比重</td><td>%</td></tr>
<tr><td>服务业附加值占 GDP 的比重</td><td>%</td></tr>
<tr><td>服务业从业人员占就业总数的比重</td><td>%</td></tr>
<tr><td>就业人口人均 GDP</td><td>美元</td></tr>
<tr><td rowspan="5">社会创新发展指数</td><td>城镇人口占总人口的比重</td><td>%</td></tr>
<tr><td>医疗卫生总支出占 GDP 的比重</td><td>%</td></tr>
<tr><td>公共医疗卫生支出占医疗总支出的比重</td><td>%</td></tr>
<tr><td>出生人口预期寿命</td><td>岁</td></tr>
<tr><td>高等教育毛入学率</td><td>%</td></tr>
<tr><td rowspan="3">环境创新发展指数</td><td>单位能耗对应的 GDP 产出</td><td>美元 / 千克石油当量</td></tr>
<tr><td>单位 CO_2 对应的 GDP 产出</td><td>美元 / 吨</td></tr>
<tr><td>人均 CO_2 排放量</td><td>吨 / 人</td></tr>
</table>

第三节 国家创新发展绩效格局分析方法

国家创新能力是国家创新发展水平提升的推动力，国家创新发展水平提升是国家创新能力作用的结果。因此，国家创新发展绩效主要体现在国家创新发展水平和国家创新能力两个方面的变化。本报告从国家格局内涵外延及分析方法分类研究出发，结合国家创新发展指数和国家创新能力指数的相关研究，提出国家创新发展绩效格局的分析方法。

一、国家格局内涵外延及分析方法分类

按照《辞海》的解释，“格局”意为“结构和式样”，“结构”意为“各组织成分的搭配、排列或构造”。全球格局是指全球范围内主体之间某些特征量所表征的结构及相互之间的关系。本报告所讨论的“国家格局”是指一个国家某些特征量在一定空间范围或者系统内所表征的系统结构中的位置，“国家格局分析方法”是将国家作为分析主体，对某些特征量在一定范围（如全球、亚洲、经济合作与发展组织等）内所形成的结构及国家之间关系进行分析的方法，包括选择不同时间点数据对国家格局进行分析，有助于识别国家格局的演化方向。国家格局分析方法可以归纳概括为国家格局一维分析方法和国家格局二维分析方法两类。

国家格局一维分析方法是指只基于一个特征量（复合指数或者单项指标）对国家进行分类的方法，呈现形式可以是柱状图、条形图。例如，“2018欧洲创新记分牌”（European Innovation Scoreboard 2018）采用柱状图分析国家创新格局，所有欧盟成员国基于2017年创新总指数值与欧盟国家2017年创新总指数平均值比值的大小被分为四类。其中，总指数高出欧盟创新总指数平均值120%以上的国家，称为创新领先者；总指数在欧盟创新总指数平均值90%～120%的国家，称为强创新者；总指数在欧盟创新总指数平均值50%～90%的国家，称为中等创新者；总指数低于欧盟创新总指数平均值50%的国家，称为一般创新者。

国家格局二维分析方法是指基于两个特征量（两个复合指数或者两个单项指标等）对国家进行分类的方法，呈现形式可以是散点图、气泡图，气泡图中气泡大小作为辅助特征量有助于格局的深度分析。例如，《2018全球创

新指数（GII）》（*Global Innovation Index 2018*）采用气泡图分析经济体创新格局，所有经济体落在以 GII 得分为纵坐标、人均 GDP 为横坐标的坐标系中。报告基于所有经济体 GII 得分和人均 GDP 拟合了一条有五个节点的三次样条插值分段曲线，并以该拟合线为基准将所有经济体分为四类：一是创新领先经济体，包括总指数排名前 25 位的经济体；二是创新表现与预期一致的经济体，包括落在该拟合曲线上及其周围的经济体；三是创新成功经济体，包括落在拟合曲线上方与预期表现相比至少高出 10% 的经济体；四是创新表现低于预期的经济体，包括落在拟合曲线下方与预期表现相比至少低于 10% 的经济体。值得一提的是，报告将人口规模作为辅助特征量用于创新格局与人口规模关系的分析。

国家格局分析方法与国家格局分析选取的特征量数量密切相关，国家格局特征量数量直接决定国家格局可视化形式。因此，国家格局一维分析的呈现形式通常是一维图，如柱状图（条形图），国家格局二维分析的呈现形式通常是二维图，如散点图。为了丰富分析内容，还可以增加其他辅助特征量，国家格局一维分析的呈现形式也可以采用二维的散点图和三维的气泡图，国家格局二维分析的呈现形式也可以采用三维气泡图。国家格局一维分析方法的本质是要将所有国家在某个方面表现的区间根据一种标准划分为 N 段（$N \geqslant 2$），并据此将国家分为 N 类。国家格局二维分析方法的本质是要综合考虑所有国家在某两个方面的表现，并据此将国家分为 M 类（$M \geqslant 2$）。

二、国家创新发展绩效格局二维分析方法

国家创新发展绩效格局二维分析方法是基于创新发展两个特征量对国家进行分析并在一定范围内对国家进行分类的方法，包括基于创新发展指数和创新能力指数的创新发展绩效格局二维分析方法、基于创新能力指数的子指数创新实力和创新效力的创新能力格局二维分析方法等。从政策分析的角度，可以增加辅助特征量如人均 GDP 或者 GDP 进行分析，采用气泡图呈现，有利于分析各类国家创新发展的本质特征。下面以基于国家创新发展指数和国家创新能力指数的国家创新发展绩效格局为例进行说明。

本报告采用的聚类算法是指根据一定的聚类算法，对所有国家基于两个特征量表现进行分类的方法。K 均值聚类算法是最经典的聚类算法。用户给定所有国家相应的两个特征量，以及想要分成的类别数 K，就可以直接获得

分类结果，如图 2-3 所示。*K* 值一般根据直观上的类别数和分析需求确定，可稍作调整。在实际使用过程中，存在有的样本（个体）虽然根据聚类算法被归为某一类，但是根据实际情况被归为另一类更合适的情形，这需要人为调整。

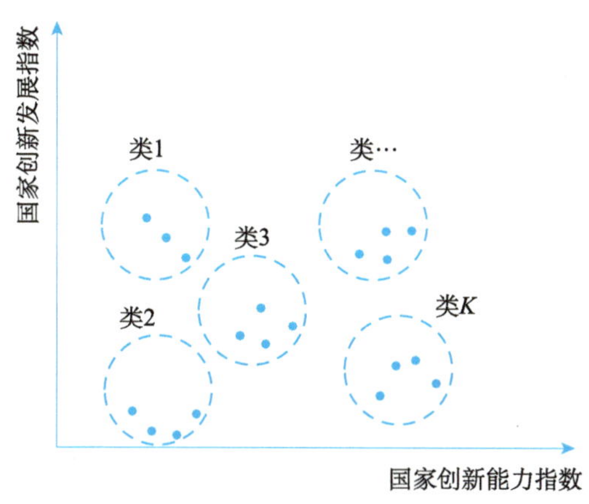

图 2-3 聚类算法示意图

第三章

世界主要国家创新发展格局与绩效评估

第一节　中国与典型国家创新能力概况

一、中国与典型国家创新能力指数排名变化

2012 ～ 2021 年，中国创新能力指数排名有较大提升，由 2012 年的第 13 位稳步上升至 2021 年的第 4 位，并于 2013 年超过了法国和英国，于 2016 年超过了德国，于 2020 年超过了日本。中国一直是金砖国家中创新能力指数排名表现最好的国家。其他金砖国家中，巴西和南非的创新能力指数排名在 10 年间出现了一定程度的下降，俄罗斯、印度的排名保持相对稳定且有所上升，但均远低于中国。发达国家的创新能力指数排名普遍表现较好，美国、日本、韩国、德国等创新型国家的创新能力排名总体稳定在前 10 位，除日本、德国和法国排名有所下降外，其他主要发达国家在 10 年间未出现明显下降趋势（图 3-1）。

中国创新能力指数排名的提升在很大程度上得益于中国创新实力指数名列前茅且稳中有升。资料表明，中国创新能力快速提升主要依靠中国创新活动规模快速扩大，特别是创新经费和创新人员投入的快速扩张。

国家创新实力指数方面，2012 ～ 2021 年，中国创新实力指数排名始终保持在前 2 的位置，且从 2020 年开始排名第一。2021 年，中国创新实力指数值为 48.75，与 2012 年的 24.36 相比提升了 100.12%。2012 ～ 2021 年，中国创新实力指数年均增长率达到 8.01%。其中，中国创新投入实力指

数、创新条件实力指数、创新产出实力指数和创新影响实力指数全面改善。2012～2021年，创新投入实力指数值从38.66上升至69.87，从名列第2位上升至第1位；创新条件实力指数值从26.14增加到52.10，名次保持在第2位；创新产出实力指数值从21.36提升至69.06，排名从第3位上升至第1位；创新影响实力指数值虽然从16.64下降至12.14，但排名始终保持在第1位。

国家创新效力指数方面，2012～2021年，中国的创新效力指数排名从第29位波动上升至第25位。2021年中国创新效力指数值为16.08，与2012年的12.07相比提升了33.22%。2012～2021年，中国创新效力指数年均增长率达到3.24%。其中，创新投入效力指数与创新产出效力指数进步相对较大。创新投入效力指数值从21.68上升至28.33，排名由第23位上升至第16位；创新产出效力指数值从9.58增加到14.38，排名由第26位上升至第20位。创新条件效力指数与创新影响效力指数则相对进步较小。创新条件效力指数值从15.88提升至19.91，排名从第36位上升至第35位；创新影响效力指数值从5.60上升至7.06，排名在10年间有较小波动，基本保持在第30位。

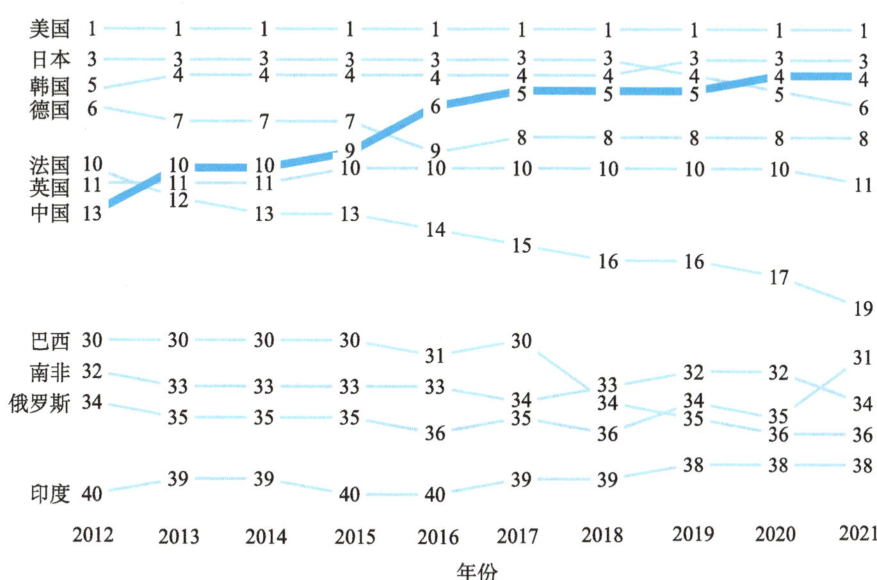

图3-1 中国与典型国家创新能力指数排名

二、世界主要国家创新能力指数排名比较

2021 年创新能力指数排名前 10 的国家是美国、瑞士、韩国、中国、丹麦、日本、瑞典、德国、荷兰、挪威；中国排第 4 位，俄罗斯、南非、巴西和印度等其他金砖国家分别排第 31、第 34、第 36 和第 38 位，如图 3-2 所示。

2012 ～ 2016 年，创新能力指数排名前 10 的国家排名波动相对较小，仍然以美国、瑞士、日本、瑞典、韩国、德国、丹麦、荷兰等发达国家为主，如图 3-2 所示。中国创新能力指数排名从 2012 年的第 13 位上升至 2016 年的第 6 位，进步了 7 位。其他金砖国家中，巴西从 2012 年的第 30 位跌落至 2016 年的第 31 位；南非从 2012 年的第 32 位跌落至 2016 年的第 33 位；俄罗斯从 2012 年的第 34 位跌落至 2016 年的第 36 位；印度在 2012 年和 2016 年均处于第 40 位。

2017 ～ 2021 年，创新能力指数排名前 10 位的国家中，英国从 2017 年的第 10 位下降至 2021 年的第 11 位，跌出前 10 位；日本也有明显下降，从 2017 年的第 3 位下降至 2021 年的第 6 位。同期，中国创新能力指数排名持续进步，从 2017 年的第 5 位上升至 2021 年的第 4 位，仅次于美国、瑞士和韩国。其他金砖国家中，俄罗斯和印度排名均有小幅上升，分别从 2017 年的第 35 位和第 39 位上升至 2021 年的第 31 位和第 38 位；南非从 2017 年至 2021 年仍保持在第 34 位；巴西从 2017 年的第 30 位跌落至 2021 年的第 36 位，如图 3-2 所示。

三、世界主要国家创新能力指数结构分析

国家创新能力指数由国家创新实力指数和国家创新效力指数表征。不同国家两个分指数呈现不同的发展趋势，如表 3-1 所示。部分发达国家创新能力二级指数之间存在一定的不均衡，例如美国，创新实力指数在 2021 年排在第 2 位，但创新效力指数在 2021 年排在第 9 位；美国得益于其较强的创新实力，创新实力指数和创新效力指数构成的创新能力指数在 2012 年和 2021 年均排在第 1 位。部分发达国家创新能力的两个分指数表现较为均衡，创新实力指数和创新效力指数均表现较好，例如韩国，2012 年与 2021 年其创新能力指数、创新实力指数和创新效力指数均排在前 5 位。部分新兴国家创新

排名	2012年	2016年
1	美国	美国
2	瑞士	瑞士
3	日本	日本
4	瑞典	韩国
5	韩国	丹麦
6	德国	中国
7	丹麦	瑞典
8	荷兰	荷兰
9	芬兰	德国
10	法国	英国
11	英国	奥地利
12	奥地利	挪威
13	中国	芬兰
14	比利时	法国
15	挪威	比利时
16	爱尔兰	以色列
17	以色列	新加坡
18	新加坡	爱尔兰
19	新西兰	澳大利亚
20	意大利	加拿大
21	加拿大	意大利
22	澳大利亚	新西兰
23	西班牙	西班牙
24	捷克	智利
25	葡萄牙	葡萄牙
26	智利	捷克
27	墨西哥	希腊
28	希腊	匈牙利
29	匈牙利	墨西哥
30	巴西	波兰
31	马来西亚	巴西
32	南非	马来西亚
33	波兰	南非
34	俄罗斯	土耳其
35	斯洛伐克	斯洛伐克
36	阿根廷	俄罗斯
37	土耳其	罗马尼亚
38	罗马尼亚	阿根廷
39	泰国	泰国
40	印度	印度

排名	2017年	2021年
1	美国	美国
2	瑞士	瑞士
3	日本	韩国
4	韩国	中国
5	中国	丹麦
6	丹麦	日本
7	瑞典	瑞典
8	德国	德国
9	荷兰	荷兰
10	英国	挪威
11	挪威	英国
12	比利时	比利时
13	奥地利	以色列
14	以色列	爱尔兰
15	法国	奥地利
16	芬兰	芬兰
17	新加坡	新加坡
18	爱尔兰	意大利
19	澳大利亚	法国
20	意大利	澳大利亚
21	加拿大	加拿大
22	新西兰	智利
23	西班牙	新西兰
24	智利	捷克
25	葡萄牙	西班牙
26	捷克	葡萄牙
27	希腊	土耳其
28	匈牙利	希腊
29	波兰	匈牙利
30	巴西	罗马尼亚
31	土耳其	俄罗斯
32	墨西哥	波兰
33	马来西亚	马来西亚
34	南非	南非
35	俄罗斯	斯洛伐克
36	罗马尼亚	巴西
37	斯洛伐克	墨西哥
38	阿根廷	印度
39	印度	泰国
40	泰国	阿根廷

图 3-2　2012 ～ 2021 年主要国家创新能力指数排名

能力分指数之间存在一定的不均衡。中国是典型的高实力、低效力国家，创新实力指数和创新效力指数排名差距较大，较低的创新效力影响了创新能力总体表现。金砖国家中，中国、巴西、印度和俄罗斯均为高实力、低效力国家，而南非在创新实力和创新效力方面均表现较差。

表 3-1 国家创新能力指数、国家创新实力指数和国家创新效力指数的值与排名

国家	国家创新能力指数		国家创新实力指数				国家创新效力指数			
	2012年	2021年	2012年		2021年		2012年		2021年	
	排名	排名	值	排名	值	排名	值	排名	值	排名
阿根廷	36	40	0.62	30	0.62	36	9.47	35	8.10	39
澳大利亚	22	20	2.04	15	3.60	12	17.17	19	19.73	18
奥地利	12	15	1.16	22	1.61	23	21.60	9	22.48	12
比利时	14	12	1.40	20	2.24	20	20.39	13	23.91	6
巴西	30	36	2.41	12	3.47	13	11.08	32	10.55	36
加拿大	21	21	3.22	9	4.14	10	16.90	21	18.61	21
瑞士	2	2	2.06	14	3.07	15	32.64	1	33.25	1
智利	26	22	0.19	39	0.48	39	13.21	24	19.46	20
中国	13	4	24.36	2	48.75	1	12.07	29	16.08	25
捷克	24	24	0.70	28	1.11	29	13.24	23	16.46	23
德国	6	8	10.17	4	12.60	4	21.62	8	22.33	13
丹麦	7	5	0.91	24	1.51	24	24.46	4	28.83	2
西班牙	23	25	2.40	13	3.35	14	14.88	22	15.59	26
芬兰	9	16	0.88	26	0.96	31	23.31	7	22.11	14
法国	10	19	6.38	6	7.60	7	19.70	15	19.56	19
英国	11	11	6.13	7	8.82	6	19.64	16	22.08	15
希腊	28	28	0.36	36	0.65	35	12.64	26	15.47	28
匈牙利	29	29	0.48	33	0.73	34	12.29	27	14.65	30

续表

国家	国家创新能力指数		国家创新实力指数				国家创新效力指数			
	2012年	2021年	2012年		2021年		2012年		2021年	
	排名	排名	值	排名	值	排名	值	排名	值	排名
印度	40	38	1.96	16	4.72	9	6.68	40	9.28	38
爱尔兰	16	14	0.66	29	1.21	28	20.51	12	22.61	11
以色列	17	13	0.90	25	1.40	26	20.07	14	23.79	8
意大利	20	18	3.24	8	4.75	8	17.17	20	20.89	17
日本	3	6	18.54	3	18.35	3	24.67	3	23.04	10
韩国	5	3	8.11	5	12.36	5	23.70	5	27.92	3
墨西哥	27	37	1.75	18	2.65	18	12.26	28	9.89	37
马来西亚	31	33	1.37	21	2.87	16	11.23	31	11.98	35
荷兰	8	9	2.74	11	3.92	11	23.35	6	23.88	7
挪威	15	10	0.55	31	0.97	30	20.65	11	24.74	5
新西兰	19	23	0.31	37	0.54	38	18.42	18	17.52	22
波兰	33	32	0.99	23	2.14	22	10.70	33	12.77	32
葡萄牙	25	26	0.46	34	0.78	33	13.20	25	16.24	24
罗马尼亚	38	30	0.26	38	0.54	37	8.69	38	14.68	29
俄罗斯	34	31	3.13	10	2.84	17	8.87	37	12.95	31
新加坡	18	17	1.40	19	2.14	21	19.19	17	21.68	16
斯洛伐克	35	35	0.13	40	0.20	40	9.77	34	12.05	34
瑞典	4	7	1.75	17	2.47	19	26.48	2	26.61	4
泰国	39	39	0.55	32	1.36	27	7.54	39	7.89	40
土耳其	37	27	0.84	27	1.40	25	9.24	36	15.57	27
美国	1	1	35.01	1	47.44	2	21.09	10	23.52	9
南非	32	34	0.46	35	0.78	32	11.36	30	12.58	33

第二节　中国与典型国家创新发展概况

一、中国与典型国家创新发展指数排名变化

创新发展指数总体格局呈现出中小型规模的发达国家领先，发达型大国相对领先，发展中国家相对落后的局面。2012 ～ 2021 年，中国创新发展指数排名稳中有升，由 2012 年的第 39 位稳步上升至 2021 年的第 37 位，在 2015 年排名超过了南非，但中国在 40 个国家中创新发展指数排名依然落后。金砖国家的创新发展指数排名普遍靠后，巴西和南非的创新发展指数排名在 10 年间出现了一定程度的下降，俄罗斯和印度的排名相对保持稳定。发达国家的创新发展指数排名相对靠前，英国、韩国等创新型国家的创新发展指数排名 10 年间有一定程度的上升，日本、美国、法国排名有一定幅度的下降，但整体排名依然较为靠前，如图 3-3 所示。

中国创新发展水平持续提升，但依旧低于世界平均水平。2012 ～ 2021 年，中国创新发展指数值从 20.19 上升至 27.79，与 40 个国家的平均值 36.26 仍然有一定差距；中国创新发展指数排名从第 39 位上升至第 37 位，且创新发展指数值年均增长率（3.61%）名列 40 个国家之首，可见中国未来创新发展水平提升潜力巨大。对于具体分指数而言，虽然均在 40 个国家中排名靠后，但都保持稳中有升的态势。2012 ～ 2021 年，中国科学技术发展指数值从 7.51 上升至 14.24，排名从第 25 位上升至第 20 位；中国产业创新发展指数值从 13.23 上升至 23.32，排名从第 39 位上升至第 38 位；中国社会创新发展指数值从 28.44 上升至 39.90，排名从第 38 位上升至第 34 位；中国环境创新发展指数值从 31.58 上升至 33.68，排名从第 38 位上升至第 37 位。

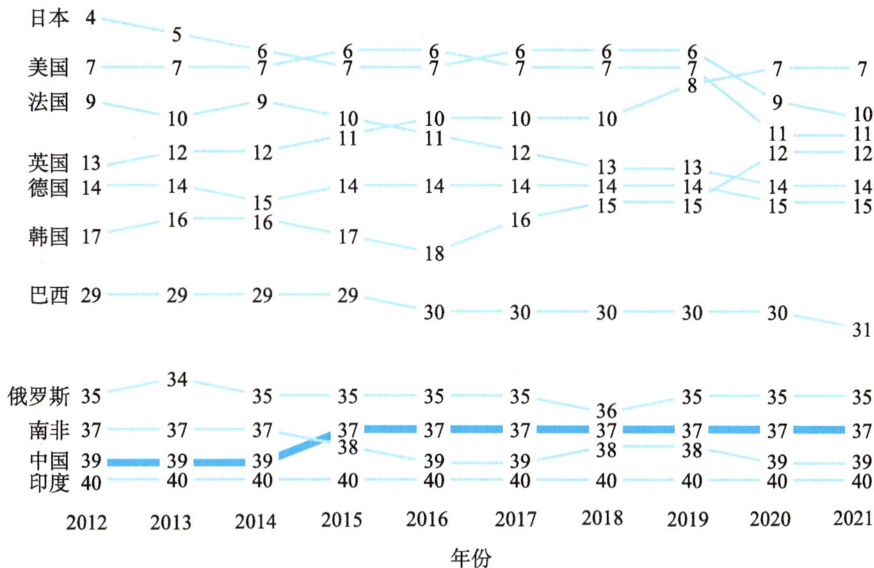

图 3-3　中国与典型国家创新发展指数排名

二、世界主要国家创新发展指数排名比较

2021 年创新发展指数排名前 10 的国家是丹麦、瑞士、新加坡、挪威、瑞典、荷兰、英国、以色列、比利时、日本；中国排第 37 位，巴西、俄罗斯、南非和印度等其他金砖国家分别排第 31、第 35、第 39 和第 40 位，如图 3-4 所示。

2012 ～ 2016 年，创新发展指数排名前 10 的国家排名波动相对较小，仍然以瑞士、丹麦、新加坡、瑞典、荷兰、美国、日本、比利时、以色列等发达国家为主，如图 3-4 所示。同期，中国创新发展指数排名从 2012 年的第 39 位上升至 2016 年的第 37 位，进步了 2 位。其他金砖国家中，巴西和南非排名有所下降，分别从 2012 年的第 29 位与第 37 位下降至 2016 年的第 30 位与第 39 位，俄罗斯与印度则在 2012 年和 2016 年排名未发生变化，分别处于第 35 位和第 40 位。

2017 ～ 2021 年，创新发展指数排名前 10 的国家中，仅有美国跌出前 10 位，从 2017 年的第 7 位下降至 2021 年的第 11 位。同期，中国创新发展指数排名保持稳定，均排在第 37 位。其他金砖国家中，巴西排名有小幅降低，从 2017 年的第 30 位下降至 2021 年的第 31 位，俄罗斯、南非、印度在 2017 年和

2021 年排名均未发生变化，分别处于第 35、第 39、第 40 位，如图 3-4 所示。

排名	2012 年	2016 年	排名	2017 年	2021 年
1	瑞士	瑞士	1	瑞士	丹麦
2	丹麦	丹麦	2	新加坡	瑞士
3	新加坡	新加坡	3	丹麦	新加坡
4	日本	瑞典	4	瑞典	挪威
5	瑞典	荷兰	5	荷兰	瑞典
6	荷兰	美国	6	日本	荷兰
7	美国	日本	7	美国	英国
8	比利时	比利时	8	比利时	以色列
9	法国	以色列	9	以色列	比利时
10	以色列	英国	10	英国	日本
11	芬兰	法国	11	挪威	美国
12	爱尔兰	挪威	12	法国	韩国
13	英国	爱尔兰	13	爱尔兰	爱尔兰
14	德国	德国	14	德国	法国
15	挪威	芬兰	15	芬兰	德国
16	奥地利	奥地利	16	韩国	芬兰
17	韩国	澳大利亚	17	奥地利	澳大利亚
18	西班牙	韩国	18	澳大利亚	奥地利
19	澳大利亚	西班牙	19	西班牙	新西兰
20	新西兰	新西兰	20	新西兰	意大利
21	意大利	意大利	21	意大利	西班牙
22	加拿大	加拿大	22	希腊	希腊
23	希腊	希腊	23	加拿大	加拿大
24	阿根廷	葡萄牙	24	阿根廷	智利
25	葡萄牙	阿根廷	25	葡萄牙	土耳其
26	捷克	智利	26	智利	捷克
27	匈牙利	捷克	27	捷克	葡萄牙
28	智利	匈牙利	28	土耳其	阿根廷
29	巴西	土耳其	29	匈牙利	匈牙利
30	墨西哥	巴西	30	巴西	马来西亚
31	波兰	墨西哥	31	波兰	巴西
32	土耳其	波兰	32	墨西哥	波兰
33	斯洛伐克	马来西亚	33	马来西亚	墨西哥
34	马来西亚	斯洛伐克	34	斯洛伐克	罗马尼亚
35	俄罗斯	俄罗斯	35	俄罗斯	俄罗斯
36	罗马尼亚	罗马尼亚	36	罗马尼亚	斯洛伐克
37	南非	中国	37	中国	中国
38	泰国	泰国	38	泰国	泰国
39	中国	南非	39	南非	南非
40	印度	印度	40	印度	印度

图 3-4　2012 ～ 2021 年主要国家创新发展指数排名

三、世界主要国家创新发展指数结构分析

国家创新发展指数由科学技术发展指数、产业创新发展指数、社会创新发展指数、环境创新发展指数表征。不同国家的分指数会呈现不同的发展趋势，如表 3-2 所示。部分发达国家的分指数之间存在一定的不均衡。例如瑞士，创新发展指数在 2021 年排在第 2 位，科学技术发展指数、产业创新发展指数、环境创新发展指数在 2021 年分别排在第 2、第 3、第 1 位，但社会创新发展指数在 2021 年排在第 30 位，较低的社会创新发展排名影响了创新发展总体表现，创新发展指数 10 年间整体变化幅度较小。部分发达国家创新发展的分指数表现较为均衡，各分指数均表现较好。例如荷兰，2021 年荷兰的创新发展指数排在第 6 位，科学技术发展指数、产业创新发展指数、社会创新发展指数、环境创新发展指数分别排第 10、第 6、第 5、第 10 位。部分新兴国家创新发展分指数之间存在一定的不均衡。其他金砖国家中，俄罗斯、南非、巴西和印度在科学技术发展、产业创新发展、社会创新发展、环境创新发展方面均表现较差。中国的科学技术发展指数相对其他分指数表现较好。

表 3-2　国家创新发展指数、科学技术发展指数、产业创新发展指数、社会创新发展指数、环境创新发展指数的值与排名

国家	国家创新发展指数				科学技术发展指数		产业创新发展指数		社会创新发展指数		环境创新发展指数	
	2012 年		2021 年		2012 年	2021 年	2012 年	2021 年	2012 年	2021 年	2012 年	2021 年
	值	排名	值	排名	排名	排名	排名	排名	排名	排名	排名	排名
阿根廷	32.46	24	32.33	28	34	38	29	30	11	10	14	34
澳大利亚	36.09	19	38.89	17	16	16	14	11	10	8	35	31
奥地利	36.92	16	38.40	18	11	9	20	21	25	23	7	18
比利时	39.68	8	42.78	9	13	12	9	9	1	2	24	21
巴西	27.98	29	30.49	31	38	37	31	29	32	29	16	27
加拿大	35.13	22	36.02	23	17	21	13	13	13	14	37	39
瑞士	43.62	1	46.51	2	1	2	3	3	27	30	1	1

续表

国家	国家创新发展指数				科学技术发展指数		产业创新发展指数		社会创新发展指数		环境创新发展指数	
	2012 年		2021 年		2012 年	2021 年	2012 年	2021 年	2012 年	2021 年	2012 年	2021 年
	值	排名	值	排名	排名	排名	排名	排名	排名	排名	排名	排名
智利	29.83	28	34.67	24	32	31	34	28	21	16	23	19
中国	20.19	39	27.79	37	25	20	39	38	38	34	38	37
捷克	30.36	26	33.35	26	23	26	30	27	23	24	29	26
德国	37.66	14	40.12	15	10	11	18	18	19	18	13	14
丹麦	42.61	2	46.77	1	6	6	11	14	2	7	3	2
西班牙	36.50	18	37.28	21	22	27	15	19	12	13	9	17
芬兰	38.86	11	39.23	16	5	13	22	24	3	4	30	30
法国	39.08	9	40.28	14	15	15	5	8	16	19	11	16
英国	38.74	13	43.35	7	19	18	7	7	17	17	8	4
希腊	34.58	23	36.82	22	27	23	16	22	14	25	17	7
匈牙利	29.99	27	30.83	29	26	24	26	33	28	31	20	25
印度	12.98	40	16.22	40	40	39	40	40	40	40	33	33
爱尔兰	38.76	12	41.30	13	18	19	6	5	24	26	2	3
以色列	39.04	10	43.27	8	8	5	8	4	15	20	22	11
意大利	35.51	21	37.72	20	21	22	19	20	22	22	5	5
日本	41.75	4	42.63	10	2	4	12	15	4	6	25	15
韩国	36.70	17	41.91	12	3	1	23	17	18	9	36	35
墨西哥	27.28	30	29.44	33	37	40	28	32	34	33	18	12
马来西亚	26.23	34	30.52	30	33	29	24	16	36	36	31	32
荷兰	40.67	6	44.20	6	9	10	4	6	8	5	21	10
挪威	37.41	15	44.77	4	14	14	17	10	9	1	19	6
新西兰	35.57	20	37.99	19	20	17	21	23	7	11	27	24

续表

国家	国家创新发展指数				科学技术发展指数		产业创新发展指数		社会创新发展指数		环境创新发展指数	
	2012 年		2021 年		2012 年	2021 年	2012 年	2021 年	2012 年	2021 年	2012 年	2021 年
	值	排名	值	排名	排名	排名	排名	排名	排名	排名	排名	排名
波兰	27.26	31	30.01	32	31	28	35	35	29	32	26	23
葡萄牙	32.41	25	33.26	27	24	25	25	25	26	27	6	22
罗马尼亚	23.86	36	29.08	34	36	35	38	36	35	37	15	9
俄罗斯	26.16	35	28.30	35	28	34	33	34	30	28	40	38
新加坡	42.46	3	46.14	3	12	7	1	1	20	12	4	20
斯洛伐克	26.55	33	27.96	36	29	33	32	31	33	35	28	29
瑞典	41.70	5	44.43	5	4	3	10	12	5	3	12	13
泰国	21.41	38	25.10	38	39	32	37	37	37	38	32	36
土耳其	26.75	32	33.54	25	35	30	36	39	31	21	10	8
美国	40.61	7	42.15	11	7	8	2	2	6	15	34	28
南非	22.71	37	24.46	39	30	36	27	26	39	39	39	40

第三节 世界主要国家创新发展格局分析

本报告从国家创新发展指数和国家创新能力指数两个维度监测评估国家创新发展绩效。静态地看，国家创新发展指数反映的是创新驱动经济、社会、环境发展和科学技术自身发展的结果；动态地看，国家创新能力指数反映的是创新驱动经济、社会和环境发展的动力强弱。国家创新发展绩效主要体现在国家创新发展指数和国家创新能力指数两个方面的变化。国家创新发展体现在科学技术、产业创新、社会创新、环境创新等 4 个方面；国家创新能力指数包括国家创新实力指数和国家创新效力指数。

一、世界主要国家创新发展格局稳中有变

本报告从国家创新发展指数和国家创新能力指数两个维度监测国家创新发展绩效，选择40个国家（GDP占世界各国GDP总量的比例在87%以上，人口共占世界总人口的比例为61%）分析这40个世界主要国家创新发展格局演进。

（一）2021年世界主要国家创新发展格局

综合考虑国家创新发展指数和国家创新能力指数的排名，如表3-3所示，世界创新发展总体格局可以分为创新引领型国家、创新先进型国家、创新追赶型国家、非常规创新追赶型国家等四类。2012年和2021年世界主要国家创新发展绩效格局分别如图3-5和图3-6所示。

表3-3　2012年和2021年世界主要国家创新能力指数和创新发展指数的值与排名及变化

国家	国家创新能力指数				排名变化	国家	国家创新发展指数				排名变化
	2012年		2021年				2012年		2021年		
	值	排名	值	排名			值	排名	值	排名	
美国	60.78	1	61.96	1	→	美国	40.61	7	42.15	11	↓4
瑞士	57.33	2	55.16	2	→	瑞士	43.62	1	46.51	2	↓1
韩国	43.33	5	49.64	3	↑2	韩国	36.70	17	41.91	12	↑5
中国	32.31	13	47.11	4	↑9	中国	20.19	39	27.79	37	↑2
丹麦	38.81	7	44.89	5	↑2	丹麦	42.61	2	46.77	1	↑1
日本	54.36	3	43.05	6	↓3	日本	41.75	4	42.63	10	↓6
瑞典	43.85	4	40.81	7	↓3	瑞典	41.70	5	44.43	5	→
德国	40.63	6	38.02	8	↓2	德国	37.66	14	40.12	15	↓1
荷兰	37.97	8	35.95	9	↓1	荷兰	40.67	6	44.20	6	→
挪威	30.33	15	35.93	10	↑5	挪威	37.41	15	44.77	4	↑11
英国	32.94	11	35.18	11	→	英国	38.74	13	43.35	7	↑6
比利时	30.49	14	34.97	12	↑2	比利时	39.68	8	42.78	9	↓1
以色列	29.38	17	34.20	13	↑4	以色列	39.04	10	43.27	8	↑2

续表

国家	国家创新能力指数				排名变化	国家	国家创新发展指数				排名变化
	2012 年		2021 年				2012 年		2021 年		
	值	排名	值	排名			值	排名	值	排名	
爱尔兰	30.11	16	31.61	14	↑ 2	爱尔兰	38.76	12	41.30	13	↓ 1
奥地利	32.87	12	31.58	15	↓ 3	奥地利	36.92	16	38.40	18	↓ 2
芬兰	36.31	9	30.40	16	↓ 7	芬兰	38.86	11	39.23	16	↓ 5
新加坡	27.93	18	30.22	17	↑ 1	新加坡	42.46	3	46.14	3	→
意大利	25.16	20	30.16	18	↑ 2	意大利	35.51	21	37.72	20	↑ 1
法国	33.28	10	29.12	19	↓ 9	法国	39.08	9	40.28	14	↓ 5
澳大利亚	24.14	22	27.01	20	↑ 2	澳大利亚	36.09	19	38.89	17	↑ 2
加拿大	24.56	21	25.00	21	→	加拿大	35.13	22	36.02	23	↓ 1
智利	14.04	26	24.53	22	↑ 4	智利	29.83	28	34.67	24	↑ 4
新西兰	25.34	19	20.49	23	↓ 4	新西兰	35.57	20	37.99	19	↑ 1
捷克	14.56	24	18.60	24	→	捷克	30.36	26	33.35	26	→
西班牙	19.53	23	18.15	25	↓ 2	西班牙	36.50	18	37.28	21	↓ 3
葡萄牙	14.25	25	17.93	26	↓ 1	葡萄牙	32.41	25	33.26	27	↓ 2
土耳其	6.10	37	16.91	27	↑ 10	土耳其	26.75	32	33.54	25	↑ 7
希腊	12.98	28	16.23	28	→	希腊	34.58	23	36.82	22	↑ 1
匈牙利	12.32	29	14.56	29	→	匈牙利	29.99	27	30.83	29	↓ 2
罗马尼亚	4.42	38	14.50	30	↑ 8	罗马尼亚	23.86	36	29.08	34	↑ 2
俄罗斯	7.26	34	12.27	31	↑ 3	俄罗斯	26.16	35	28.30	35	→
波兰	9.36	33	11.47	32	↑ 1	波兰	27.26	31	30.01	32	↓ 1
马来西亚	10.82	31	10.26	33	↓ 2	马来西亚	26.23	34	30.52	30	↑ 4
南非	10.32	32	10.22	34	↓ 2	南非	22.71	37	24.46	39	↓ 2
斯洛伐克	6.62	35	8.75	35	→	斯洛伐克	26.55	33	27.96	36	↓ 3
巴西	11.39	30	7.61	36	↓ 6	巴西	27.98	29	30.49	31	↓ 2
墨西哥	13.36	27	5.71	37	↓ 10	墨西哥	27.28	30	29.44	33	↓ 3

续表

国家	国家创新能力指数				排名变化	国家	国家创新发展指数				排名变化
	2012 年		2021 年				2012 年		2021 年		
	值	排名	值	排名			值	排名	值	排名	
印度	1.57	40	5.69	38	↑ 2	印度	12.98	40	16.22	40	→
泰国	2.20	39	0.71	39	→	泰国	21.41	38	25.10	38	→
阿根廷	6.39	36	0.70	40	↓ 4	阿根廷	32.46	24	32.33	28	↓ 4

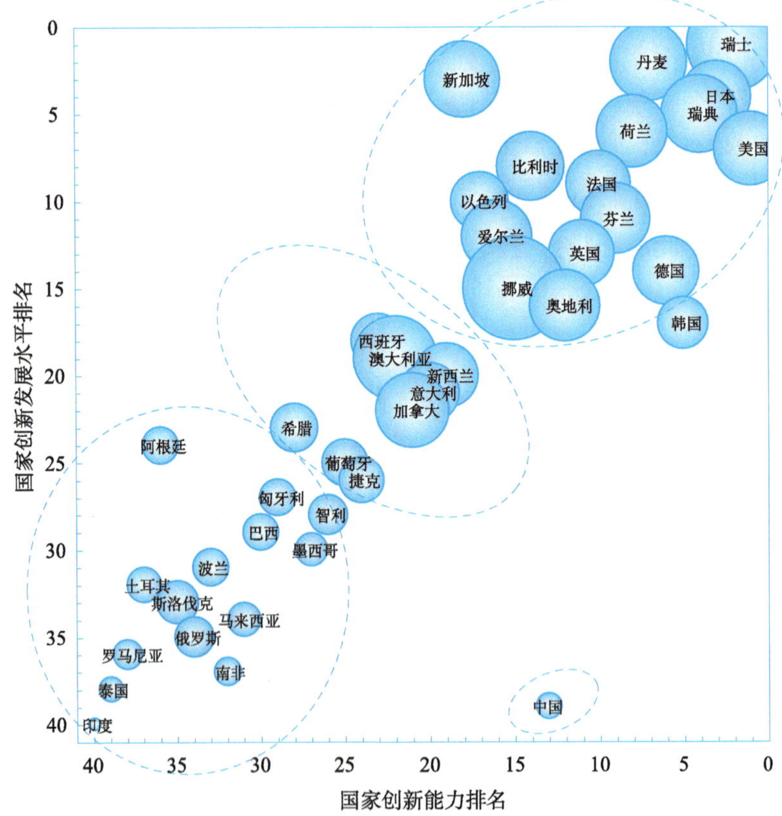

图 3-5 2012 年世界主要国家创新发展绩效格局
（气泡大小表征国家人均 GDP 多少）

注：每一个国家均处于每个气泡的中心位置，对应横纵坐标相应的指标排名。气泡大小反映国家人均 GDP（图 3-5、图 3-6 和图 3-10）或 GDP（图 3-7、图 3-8 和图 3-9），故存在部分重叠现象

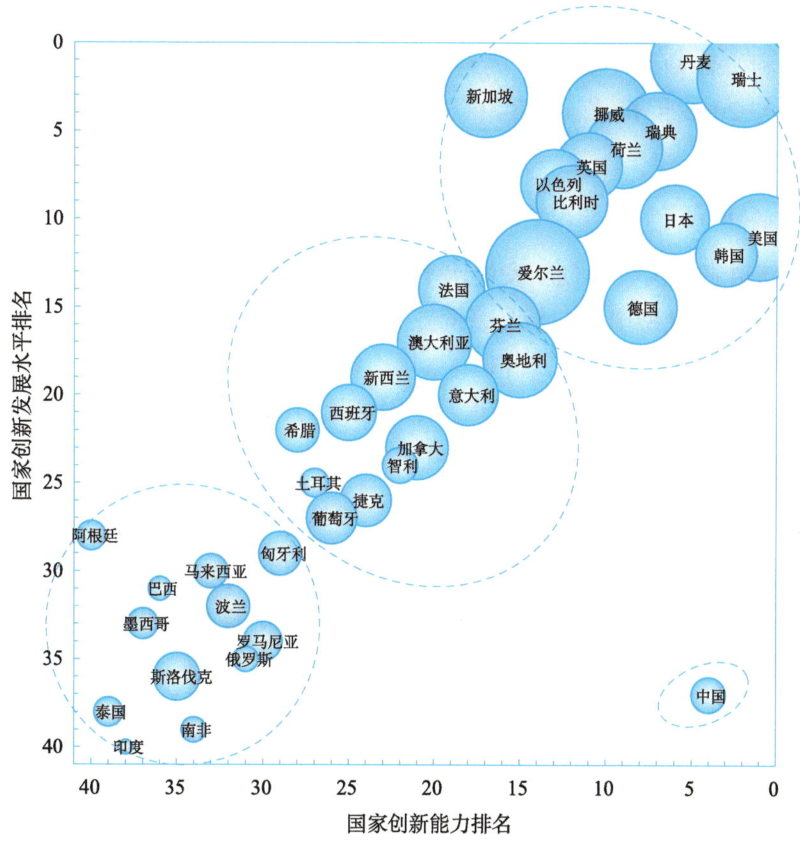

图 3-6 2021 年世界主要国家创新发展绩效格局
（气泡大小表征国家人均 GDP 多少）

1. 创新引领型国家

创新引领型国家具有创新发展水平高、创新能力强的基本特征，也包括创新能力超强、创新发展水平中上水平的国家。2021 年共有 14 个国家进入创新引领型国家行列，不仅包括美国、英国、德国和日本等世界创新型经济大国，还包括瑞士、瑞典、韩国、新加坡、挪威、荷兰、以色列、爱尔兰、丹麦和比利时等经济规模不大但高度发达的经济体。与 2012 年相比，2021 年并无其他国家新进入创新引领型国家行列，法国、奥地利和芬兰反而退出了创新引领型国家行列。

2. 创新先进型国家

创新先进型国家为创新发展水平较高和创新能力较强的国家。2021

年创新先进型国家包括新西兰、澳大利亚、加拿大、西班牙、意大利、希腊、智利、葡萄牙、法国、奥地利、芬兰、捷克和土耳其等13个国家。其中，与2012年相比，智利和土耳其是新进入创新先进型国家行列的国家。

3. 创新追赶型国家

创新追赶型国家为创新发展水平相对较低和创新能力相对较弱的国家。2021年创新追赶型国家包括马来西亚、波兰、斯洛伐克、俄罗斯、阿根廷、巴西、墨西哥、罗马尼亚、南非、泰国、匈牙利和印度等12个国家。其中，智利和土耳其从2012年的创新追赶型国家行列进入2021年的创新先进型国家行列。

4. 非常规创新追赶型国家

非常规创新追赶型国家为创新发展指数排名和创新能力指数排名严重偏离的国家，只有中国一个国家。2021年，中国创新能力指数排名第4位，创新发展指数排名第37位，足足相差了33位。

（二）世界主要国家创新发展格局演化

2012～2021年，主要国家创新发展格局相对稳定，个别国家创新发展位势发生变化，如图3-5和图3-6所示。

1. 从国家类型变化来看，四种类型的国家数量基本稳定，只有5个国家发生了变化

法国、奥地利和芬兰这3个国家都从创新引领型国家行列跌至创新先进型国家行列。智利和土耳其从创新追赶型国家行列进入了创新先进型国家行列。

2. 从国家创新能力指数来看，创新能力强的国家数量基本稳定

2021年国家创新能力指数名列前10位的国家（美国、瑞士、韩国、中国、丹麦、日本、瑞典、德国、荷兰、挪威）总体比较稳定，只有中国和挪威是新进入前10位的国家。国家创新能力指数名列第11～15位的国家（英国、比利时、以色列、爱尔兰、奥地利）总体也比较稳定，其中以色列和爱尔兰是新进入国家。2012～2021年，土耳其的创新能力指数值提升速度位

列40个国家的第1，上升了10位；中国的创新能力指数值提升速度位居第2，上升了9位。

3. 从国家创新发展指数来看，创新发展水平高的国家数量基本稳定

2021年国家创新发展指数名列前10的国家（丹麦、瑞士、新加坡、挪威、瑞典、荷兰、英国、以色列、比利时、日本）总体比较稳定，挪威和英国为新进入前10位的国家。国家创新发展指数名列第11～15位的国家（美国、韩国、爱尔兰、法国、德国）中，只有韩国是新进入国家。2012～2021年，挪威的创新发展指数值提升速度位居第一，上升了11位，土耳其的创新发展指数值提升速度排名第二，英国的创新发展指数值提升速度排名第三。

二、创新发展引领高质量发展的总体方向

创新发展是指创新驱动经济、社会、环境发展和科学技术自身发展。创新发展是创新成为发展主要驱动力的一种发展阶段（水平），也是一个以实现创新成为发展主要驱动力为目标的一种发展方式。创新发展绩效既体现在创新驱动经济、社会、环境发展和科学技术自身发展水平的变化，也体现在科技、产业、社会和环境发展协调程度的变化。

从目标角度看，高质量发展是指经济、社会和环境系统发展达到相对高的水平。从过程角度看，高质量发展是指以实现经济、社会和环境系统高水平发展为目标的一种发展方式。从创新角度看，创新是引领发展的第一动力，创新发展是一个发展动力变革过程，在实现经济、社会和环境系统高水平发展目标的同时，实现国家科学技术发展能力、财富可持续创造能力、普惠可持续公共服务能力、生态环境可持续发展能力的系统提升，其中人均GDP水平是发展质量评价的重要指标。从创新发展指数和创新能力指数两个维度监测创新发展绩效，可以发现：一个国家的人均GDP与其创新发展绩效成正比，即创新发展指数和创新能力指数排名高的国家通常人均GDP排名也高。

1. 创新引领型国家属于高质量发展国家

创新引领型国家不仅具有创新发展水平高、创新能力强两个基本特征，

而且具有人均GDP高的特征，属于高质量发展的国家。2021年创新引领型国家中，爱尔兰、瑞士、挪威、美国、丹麦、新加坡、荷兰和瑞典的人均GDP水平均高于5万美元，领先于创新先进型国家（2021年创新先进型国家中人均GDP最高的国家为澳大利亚，为47 982.27美元）。值得关注的是，韩国人均GDP低于4万美元，为33 777.56美元，处于创新引领型国家的最后一位。

2. 创新先进型国家属于较高质量发展的国家

创新先进型国家不仅具有创新发展水平较高和创新能力较强两个基本特征，而且具有人均GDP较高的特征，属于较高质量发展的国家。2021年，澳大利亚、芬兰、奥地利、法国、新西兰、加拿大、意大利、西班牙、捷克和葡萄牙这10个创新先进型国家人均GDP普遍高于创新追赶型国家。值得关注的是，澳大利亚、芬兰和奥地利这3个国家人均GDP超过4万美元。此外，土耳其、智利和希腊这3个国家人均GDP低于创新追赶型国家中的斯洛伐克。

3. 创新追赶型国家属于向高质量发展方向转型的国家

创新追赶型国家不仅创新发展水平较低、创新能力较弱，而且人均GDP也相对较低，属于需要向高质量发展方向转型的国家。2021年，马来西亚、波兰、斯洛伐克、俄罗斯、阿根廷、巴西、墨西哥、罗马尼亚、南非、泰国、匈牙利和印度等12个创新追赶型国家中，马来西亚、墨西哥、阿根廷、泰国、俄罗斯、南非、巴西和印度这8个国家的人均GDP不足1万美元，斯洛伐克、匈牙利、波兰和罗马尼亚这4个国家的人均GDP均高于智利这个创新先进型国家。

4. 非常规创新追赶型国家属于非对称转型发展国家

非常规创新追赶型国家具有创新发展指数排名和创新能力指数排名严重偏离的特征。2021年中国创新能力指数排名第4位，创新发展指数排名第37位，指数排名位差为33。2021年中国人均GDP为12 551美元，突破1万美元大关，与创新追赶型国家经济发展水平相当。

三、创新能力与创新发展水平螺旋式上升

国家创新能力决定了国家创新发展水平演进的方向，创新能力强意味着创新驱动经济、社会、环境发展的力度大。同等经济规模条件下，创新能力强的国家带动创新发展水平提升的速度快、空间大。

1. 创新能力与创新发展水平协调发展趋势明显

创新引领型、创新先进型和创新追赶型国家的数据表明，创新发展指数和创新能力指数排名总体呈现趋于协调的螺旋式上升趋势，经济规模相对小的发达经济体创新发展指数排名总体高于创新能力指数排名，经济规模较大的发达经济体创新能力指数排名总体高于创新发展指数排名，如图 3-7 和图 3-8 所示。

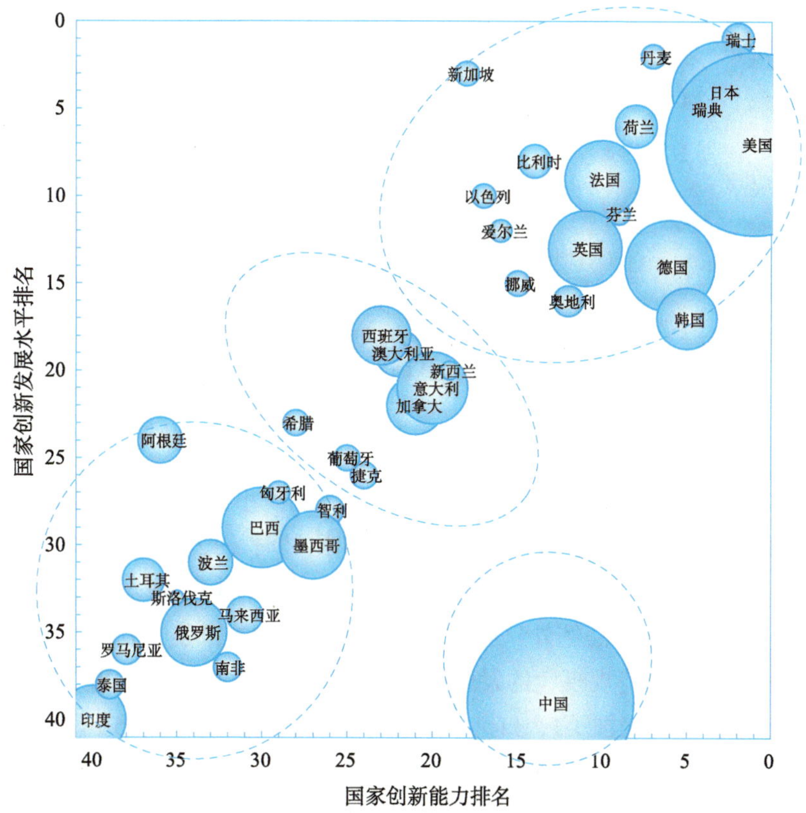

图 3-7 2012 年世界主要国家创新发展绩效格局
（气泡大小表征国家 GDP 多少）

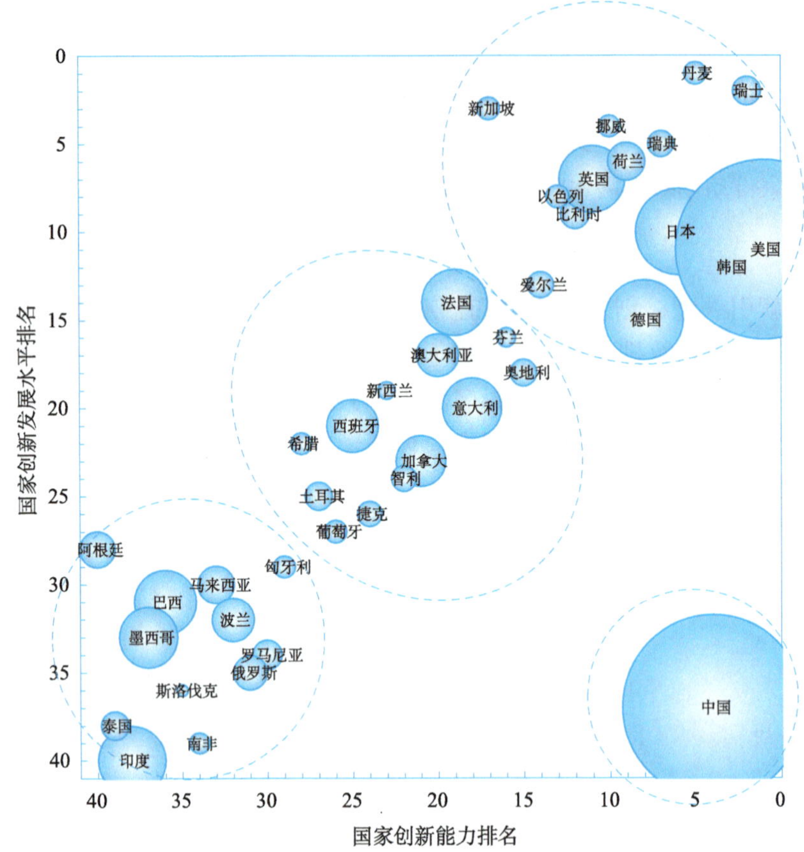

图 3-8　2021 年世界主要国家创新发展绩效格局
（气泡大小表征国家 GDP 多少）

2. 创新引领型国家中创新发展指数排名与经济规模排名负相关

2021 年，14 个创新引领型国家中，经济规模小的发达国家创新能力指数排名通常低于国家创新发展指数排名，如比利时（12，9）、瑞典（7，5）、爱尔兰（14，13）、以色列（13，8）、新加坡（17，3）、丹麦（5，1）和挪威（10，4）；但瑞士是例外，创新能力指数排名和国家创新发展指数排名均处于世界第二。经济规模大的发达国家创新能力指数排名通常高于国家创新发展指数排名，如美国（1，11）、日本（6，10）、德国（8，15）和韩国（3，12）；但英国（11，7）是例外，国家创新能力指数排名低于国家创新发展指数排名。14 个创新引领型国家中，国家创新能力指数和国家创新发展指数排名位差小于 4 的有 5 个国家（瑞士、瑞典、爱尔兰、荷兰和比利时）。

3. 创新先进型和追赶型国家创新能力指数与创新发展指数排名正相关

2021 年 13 个创新先进型国家中，国家创新能力指数排名和国家创新发展指数排名之间总体上呈现协调发展态势，其中 9 个国家两个指数排名位差小于 4，包括意大利（18，20）、加拿大（21，23）、澳大利亚（20，17）、土耳其（27，25）、奥地利（15，18）、智利（22，24）、捷克（24，26）、葡萄牙（26，27）和芬兰（16，16）。2021 年 12 个创新追赶型国家中，创新能力指数排名和创新发展指数排名总体上也呈现出协调发展态势，11 个国家创新发展指数排名与国家创新能力指数排名差距均不大于 5，包括印度（38，40）、巴西（36，31）、墨西哥（37，33）、波兰（32，32）、马来西亚（33，30）、俄罗斯（31，35）、罗马尼亚（30，34）、泰国（39，38）、匈牙利（29，29）、南非（34，39）和斯洛伐克（35，36）；只有阿根廷（40，28）的指数排名位差大于 5。

4. 中国是创新追赶势能和潜力最大的国家

2021 年，在所选的 40 个国家中，只有 3 个国家的创新能力指数排名和创新发展指数排名位差大于等于 10。其中，中国的创新能力指数排名和创新发展指数排名位差超过 30，创新能力指数排名远高于创新发展指数排名，显示出较大的创新追赶势能和较大的创新追赶潜力。

四、大国创新效力演进决定全球竞争格局

创新能力取决于创新实力和创新效力，前者取决于创新活动规模，后者取决于创新活动的效率与效益。一个国家的创新活动规模通常与该国家的经济规模成正比，一个国家的创新活动效率与效益通常与该国家的经济、社会和环境发展的系统化发达程度成正比。在国家版图不变的条件下，一个国家的创新效力将决定该国家的创新发展方式和创新能力变化的方向。因此，大国创新效力快速提升将引领全球创新发展格局的演进方向，大国创新效力决定全球竞争格局。

综合考察创新实力和创新效力两个因素，发现美国、日本、德国、英国、韩国、法国、意大利、荷兰、澳大利亚和加拿大这 10 个国家创新实力和创新效力表现都很强劲，创新能力突出。瑞士、瑞典、比利时、丹麦、挪

威、以色列、爱尔兰、奥地利、芬兰和新加坡这 10 个国家创新实力和创新效力表现较为强劲，创新能力较为突出。智利、新西兰、葡萄牙、捷克、土耳其、希腊、罗马尼亚、匈牙利、斯洛伐克、南非、阿根廷和泰国这 12 个国家创新实力和创新效力表现相对较差，创新能力尚需进一步提升。西班牙、波兰、墨西哥、马来西亚，以及中国、俄罗斯、巴西和印度这 4 个金砖国家的创新实力和创新效力表现呈现不均衡，创新实力较为突出，创新效力相较不足，体现了明显的偏离特征。

经济规模大（以国家 GDP 衡量）的国家，创新实力指数排名通常较高，2021 年，创新实力前 10 位的国家中有 6 个国家为创新引领型国家，2 个国家为创新先进型国家，只有中国和印度例外（图 3-9）。2021 年，中国、美国、日本、德国、韩国、英国、法国、意大利、印度和加拿大位居创新实力指数

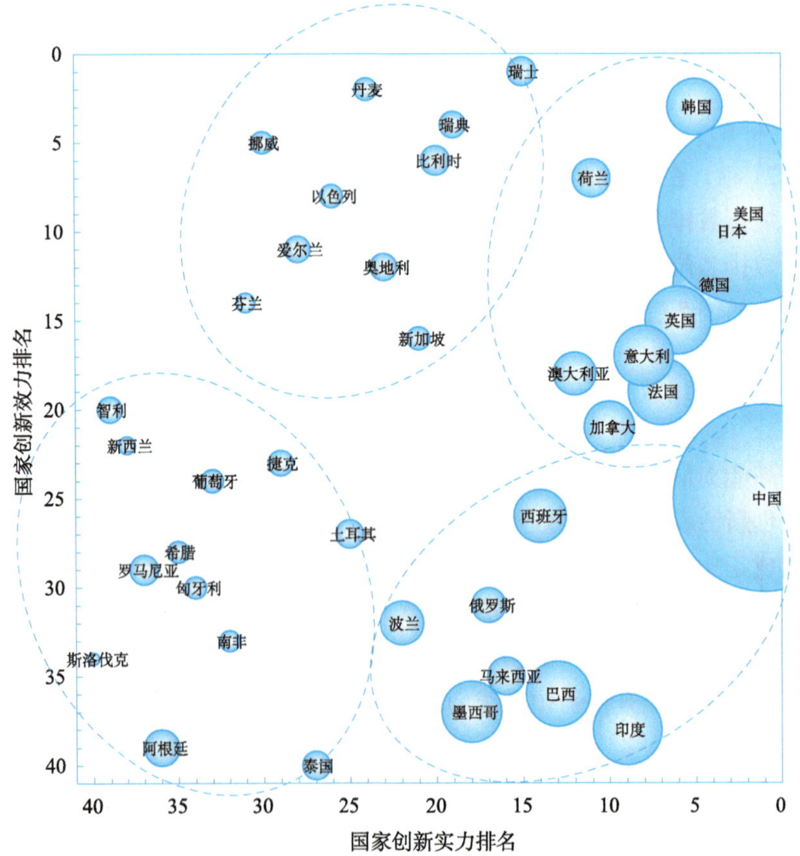

图 3-9 2021 年世界主要国家创新能力格局
（气泡大小表征国家 GDP 多少）

排名前 10 位，其中，中国、美国、日本、德国、英国和法国这 6 个国家创新实力指数排名与经济规模排名基本一致；印度的创新实力指数排名低于其经济规模排名；韩国、意大利和加拿大的创新实力指数排名高于其经济规模排名，韩国创新实力指数排名低于其创新效力指数排名。经济发达（以国家人均 GDP 衡量）的国家，通常其创新效力指数排名较高，创新效力指数排名前 10 位国家均为创新引领型国家（图 3-10）。2021 年，瑞士、丹麦、韩国、瑞典、挪威、比利时、荷兰、以色列、美国和日本位居国家创新效力指数排名前 10 位，其中，瑞士、丹麦、瑞典、荷兰和以色列这 5 个规模相对小且发达的国家创新效力指数排名远高于其经济规模排序；美国和挪威均属于经济规模大且发达的国家，但美国国家创新效力指数排名低于创新实力指数排名，而挪威国家创新效力指数排名明显高于创新实力指数排名；韩国的国家创新

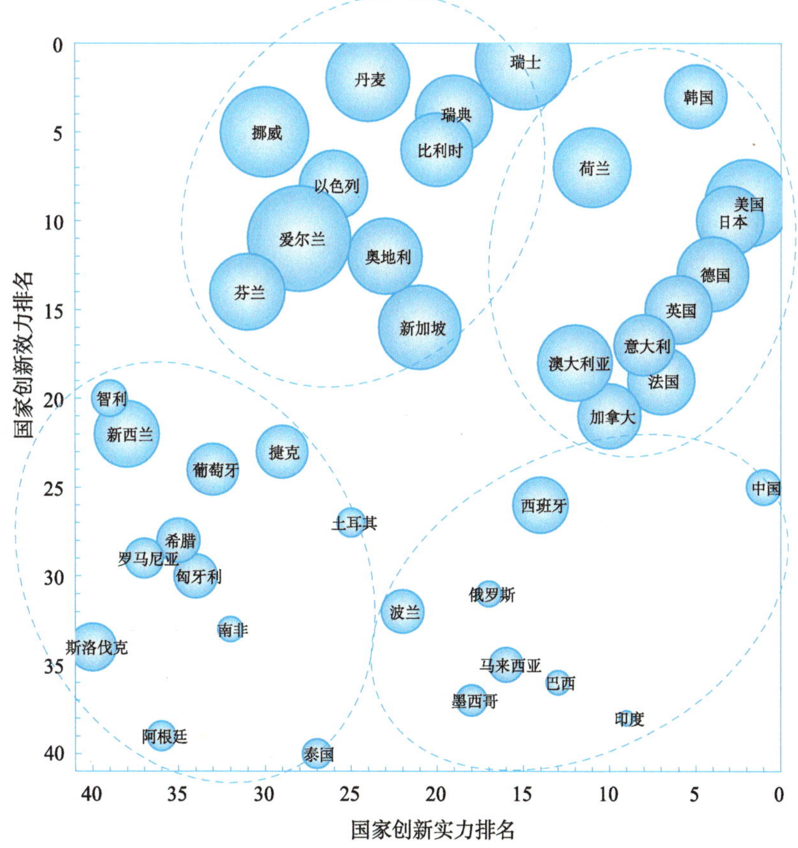

图 3-10　2021 年世界主要国家创新能力格局
（气泡大小表征国家人均 GDP 多少）

效力指数排名略高于创新实力指数排名。创新追赶型国家创新效力指数排名普遍比较低。2021 年，中国、巴西、印度、俄罗斯和南非等金砖国家创新效力指数分别排在第 25、第 36、第 38、第 31 和第 33 位。可见，金砖国家呈现出创新实力指数较高而创新效力指数较低的不协调特征，主要因为自身经济规模体量较大，但创新活动效率与效益依然有待提高。

值得指出的是，虽然 2021 年中国创新实力指数排名已经超过美国，但是创新效力指数与美国仍存在较大差距。

第四章

国家创新实力指数

第一节　中国创新实力分析

一、中国创新实力指数分析

如图 4-1 所示，2012 ～ 2021 年，40 个国家创新实力指数平均值基本保持稳定，中国创新实力指数值持续上升，相比于 40 个国家创新实力指数平均值的优势不断扩大，与 40 个国家创新实力指数最大值的差距也不断缩小，并于 2020 年开始成为 40 个国家中的最大值。2012 ～ 2014 年，中国创新实力指数增长率逐渐下降，2014 ～ 2016 年有所回升，但仍低于 2012 年的增长率。此后，2016 ～ 2020 年，中国创新实力指数增长率再次经历了一个先下降再小幅回升的波动，至 2021 年下降至 10 年间的最低值（3.22%）。2021 年中国创新实力指数值为 48.75，与 2012 年相比提高了 100.12%，2012 ～ 2021 年的年均增长率达到 8.01%，2017 ～ 2021 年，中国创新实力指数值从 37.69 上升至 48.75，年均增长率为 6.64%。

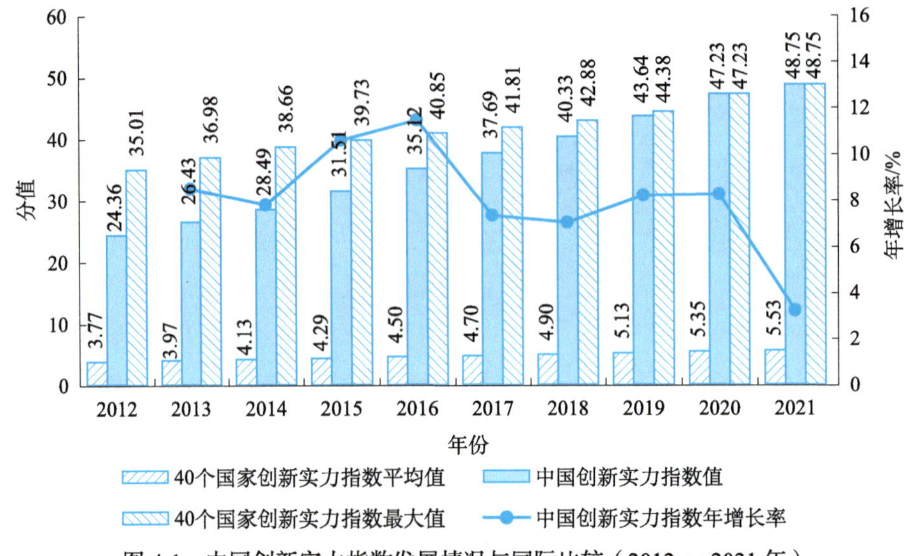

图 4-1　中国创新实力指数发展情况与国际比较（2012 ～ 2021 年）

二、中国创新实力分指数分析

创新实力指数由创新投入实力指数、创新条件实力指数、创新产出实力指数、创新影响实力指数构成。2021 年和 2012 年中国创新实力分指数值与 40 个国家的最大值、平均值比较分别如图 4-2 和图 4-3 所示。

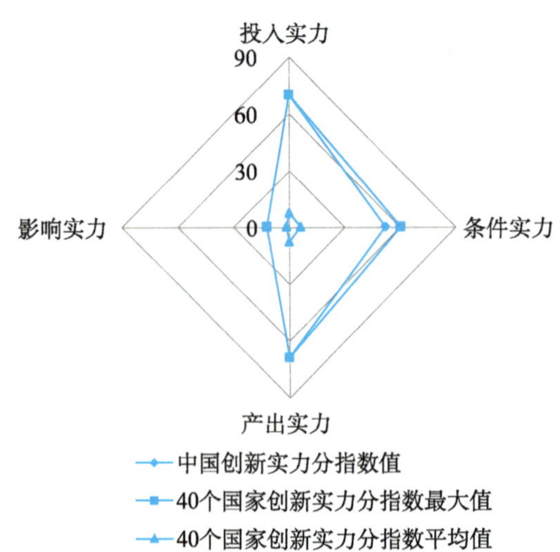

图 4-2　中国创新实力分指数值与 40 个国家的最大值、平均值比较（2021 年）

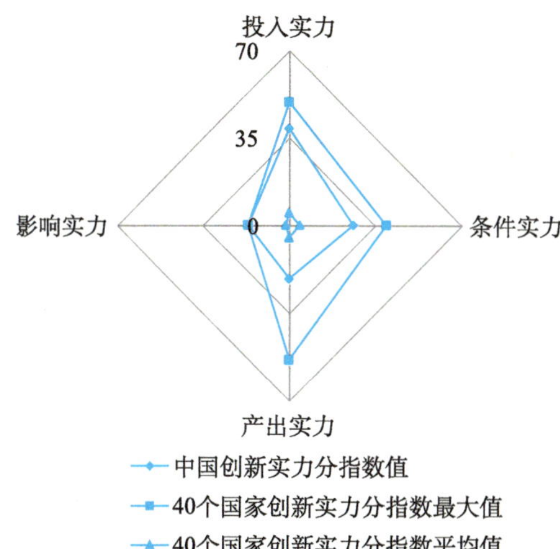

图 4-3 中国创新实力分指数值与 40 个国家的最大值、平均值比较（2012 年）

2021 年，中国创新投入实力指数排名第 1 位，指数值为 69.87，远超 40 个国家的平均值（7.25），相较其 2012 年创新投入实力指数值（38.66）有显著提升。美国 2021 年创新投入实力指数排名第 2 位，指数值为 69.33。2012 年，美国创新投入实力指数排名第 1 位，指数值为 49.14，且在 2013 ～ 2020 年创新投入实力指数排名一直稳居第一，直到 2021 年被中国反超。10 年间，中国在创新投入实力上不断缩小与美国的差距并最终赶超美国，中美两国创新投入实力指数值比值已从 2012 年的 0.79 上升至 2021 年的 1.01。

2021 年，中国创新条件实力指数排名第 2 位，指数值为 52.10，远超 40 个国家的平均值（6.23），相较于 2012 年（指数值 26.14）进步十分显著；美国 2021 年创新条件实力指数排名第 1 位，指数值为 60.51。2012 年，美国创新条件实力指数排名第 1 位，指数值为 39.50，且在 2013 ～ 2020 年美国创新条件实力指数排名稳居第一。10 年间，中国在创新条件实力上不断缩小与美国的差距，中美两国创新条件实力指数值比值已从 2012 年的 0.66 上升至 2021 年的 0.86。

2021 年，中国创新产出实力指数排名第 1 位，指数值为 69.06，远超 40 个国家的平均值（7.92），相较于 2012 年（指数值 21.36）有显著提升。2012 年，美国创新产出实力指数排名第 1 位，指数值为 53.67；2021 年，美国创新产出实力指数排名第 2 位，指数值为 67.96。10 年间，中美之间在创新产出实力上的差距在逐年缩小，中美两国创新产出实力指数值比值已从 2012 年的 0.40 上升至 2021 年的 1.02。

2021 年，中国创新影响实力指数排名第 1 位，指数值为 12.14，高于 40 个国家的平均值（1.52），相较于 2012 年（指数值 16.64）有小幅下降，但排名未变，中国在 2012 ～ 2021 年一直是创新影响实力指数排名最高的国家；美国 2021 年创新影响实力指数值为 3.61。10 年间，中国创新影响实力指数值有缓慢下降的趋势，但排名始终保持在第 1 位。

（一）创新投入实力指数值演进

如图 4-4 所示，2012 ～ 2021 年，中国创新投入实力指数值稳步上升，远高于 40 个国家的平均值；同时，与 40 个国家的最大值的差距逐年缩小，并且在 2021 年成为 40 个国家中创新投入实力指数值最大的国家。2021 年中国创新投入实力指数值为 69.87，与 2012 年创新投入实力指数值（38.66）相比提高了 80.73%。2012 ～ 2021 年，中国创新投入实力指数年均增长率为 6.80%。其中，2021 年的增长率为 10 年间的最低值（4.86%）。2017 ～ 2021 年，中国创新投入实力指数值从 54.79 上升至 69.87，年均增长率为 6.27%。

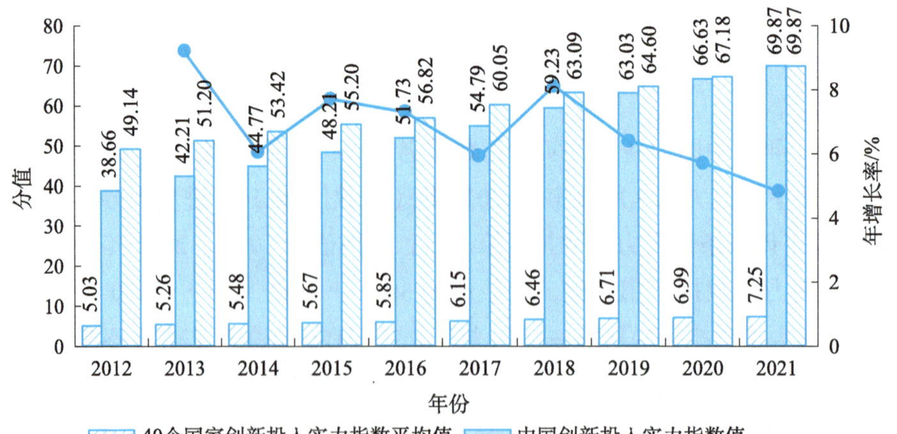

图 4-4 中国创新投入实力指数发展情况与国际比较（2012 ～ 2021 年）

（二）创新条件实力指数值演进

如图 4-5 所示，2012～2021 年，中国创新条件实力指数值稳步上升，远高于 40 个国家的平均值，并且与 40 个国家的最大值的差距不断缩小。2012～2021 年，中国创新条件实力指数年均增长率为 7.96%。其中，2021 年的增长率为 10 年间的最低值（3.87%）。2021 年，中国创新条件实力指数值为 52.10，与 2012 年（指数值为 26.14）相比提升了 99.31%。2017～2021 年，中国创新条件实力指数年均增长率为 5.72%。

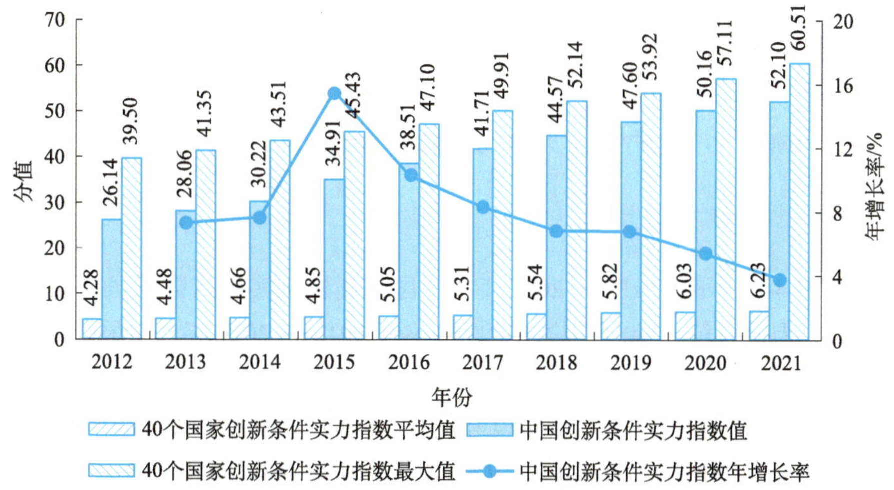

图 4-5　中国创新条件实力指数发展情况与国际比较（2012～2021 年）

（三）创新产出实力指数值演进

如图 4-6 所示，2012～2021 年，中国创新产出实力指数值持续上涨，相对于 40 个国家的平均值的优势不断扩大，与 40 个国家的最大值的差距不断缩小；并在 2020 年，成为 40 个国家中创新产出实力指数值最大的国家，2021 年仍保持第一。2012～2021 年，中国创新产出实力指数增长率整体呈波动下降趋势，2021 年达到 10 年间的最低值（3.32%），10 年间年均增长率为 13.93%。2021 年，中国创新产出实力指数值为 69.06，与 2012 年（指数值为 21.36）相比增长了 223.31%。2017～2021 年，中国创新产出实力指数年均增长率为 10.86%。

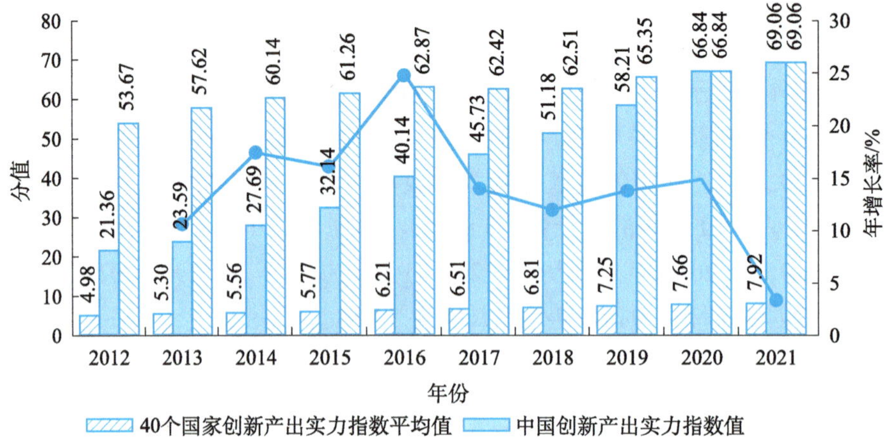

图 4-6　中国创新产出实力指数发展情况与国际比较（2012 ～ 2021 年）

（四）创新影响实力指数值演进

如图 4-7 所示，2012 ～ 2021 年，中国创新影响实力指数值虽呈整体下降趋势，但始终位于 40 个国家中的第一位。2012 ～ 2021 年，中国创新影响实力指数年均增长率为 −3.44%。其中，2018 年的增长率为 10 年间的最低值（−9.52%），2013 年的增长率为 10 年间的最高值（6.13%）。2021 年中国创新影响实力指数值为 12.14，与 2012 年指数值（16.64）相比下降了 27.04%。2017 ～ 2021 年，中国创新影响实力指数年均增长率为 −6.00%。

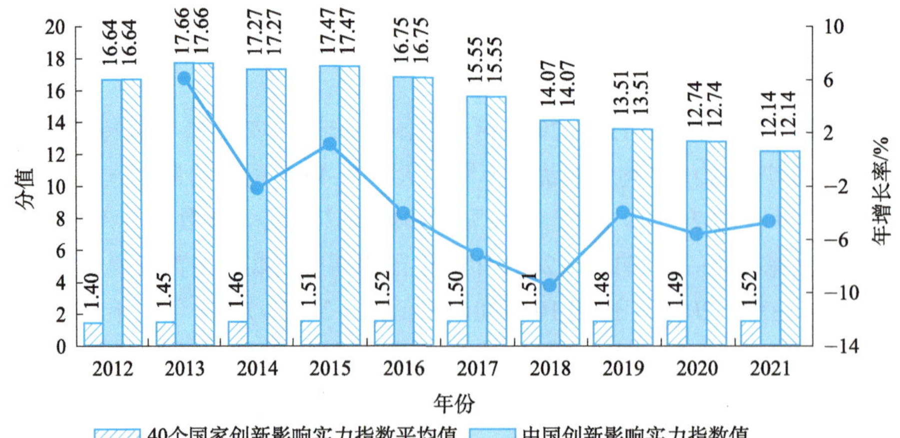

图 4-7　中国创新影响实力指数发展情况与国际比较（2012 ～ 2021 年）

第二节　世界主要国家创新实力分析与比较

一、世界主要国家创新实力指数分析

（一）创新实力指数值比较

1. 世界主要国家创新实力指数值比较

如图 4-8 所示，国家创新实力指数排名呈现出“两极争霸”的基本格局。2021 年中国创新实力最强，创新实力指数值为 48.75；美国名列第 2 位，创新实力指数值为 47.44；日本名列第 3 位，创新实力指数值为 18.35。分列第 4 位到第 10 位的国家依次为德国、韩国、英国、法国、意大利、印度、加拿大，指数值依次为 12.60、12.36、8.82、7.60、4.75、4.72、4.14。对比 2012 年和 2021 年的指数值可以看出，中国创新实力指数上升幅度排名第 1 位，2021 年超过美国名列第 1 位，创新实力指数值为美国的 102.76%。

2. 世界主要国家创新实力指数及其分指数值排名

如表 4-1 所示，2021 年创新实力指数排名前 10 的国家分别是中国、美国、日本、德国、韩国、英国、法国、意大利、印度、加拿大。其中，以发达国家为主，中国和印度两国虽然不是发达国家，但由于人口和经济体量的相对优势，在创新实力指数的排名中也有良好的表现。

中国创新实力指数排名相对较好，2021 年居第 1 位，相较于 2012 年上升了 1 位；各项分指数（包括创新投入实力指数、创新条件实力指数、创新产出实力指数和创新影响实力指数）的排名在 2021 年均进入前 3 位，其中创新投入实力指数、创新产出实力指数、创新影响实力指数均位列第一。

排名		2021年指数值
1	中国	48.75
2	美国	47.44
3	日本	18.35
4	德国	12.60
5	韩国	12.36
6	英国	8.82
7	法国	7.60
8	意大利	4.75
9	印度	4.72
10	加拿大	4.14
11	荷兰	3.92
12	澳大利亚	3.60
13	巴西	3.47
14	西班牙	3.35
15	瑞士	3.07
16	马来西亚	2.87
17	俄罗斯	2.84
18	墨西哥	2.65
19	瑞典	2.47
20	比利时	2.24
21	新加坡	2.14
22	波兰	2.14
23	奥地利	1.61
24	丹麦	1.51
25	土耳其	1.40
26	以色列	1.40
27	泰国	1.36
28	爱尔兰	1.21
29	捷克	1.11
30	挪威	0.97
31	芬兰	0.96
32	南非	0.78
33	葡萄牙	0.78
34	匈牙利	0.73
35	希腊	0.65
36	阿根廷	0.62
37	罗马尼亚	0.54
38	新西兰	0.54
39	智利	0.48
40	斯洛伐克	0.20

图 4-8 世界主要国家创新实力指数排名（2012 年、2021 年）

其他金砖国家中，2021 年印度、巴西和俄罗斯的创新实力指数排名表现均相对较好，分别排在第 9 位、第 13 位、第 17 位，南非排名相对较差，位于第 32 位，但相较 2012 年上升了 3 位。在分指数排名上，2021 年巴西、印度、俄罗斯、南非等国在创新影响实力分指数排名上均存在明显弱项，如印度的创新影响实力指数排名为21，巴西的创新影响实力指数排名为26，俄罗斯的创新影响实力指数排名为34，南非的创新影响实力指数排名为39。相较而言，美国、日本和英国等发达国家创新实力各分指数的表现较为均衡，未见明显短板。

表 4-1 世界主要国家创新实力指数及其分指数排名比较

国家	创新实力指数排名		创新投入实力排名		创新条件实力指数排名		创新产出实力指数排名		创新影响实力指数排名	
	2012年	2021年	2012年	2021年	2012年	2021年	2012年	2021年	2012年	2021年
中国	2	1	2	1	2	2	3	1	1	1
美国	1	2	1	2	1	1	1	2	4	7
日本	3	3	3	3	3	3	2	3	9	8
德国	4	4	4	4	4	4	4	5	2	3
韩国	5	5	5	5	6	5	5	4	3	4
英国	7	6	8	7	7	7	6	6	11	11
法国	6	7	6	6	5	6	7	7	7	10
意大利	8	8	11	11	9	9	9	8	16	15
印度	16	9	12	8	14	8	17	15	24	21
加拿大	9	10	10	13	12	11	8	10	18	19
荷兰	11	11	15	17	15	15	10	11	10	9
澳大利亚	15	12	14	15	16	16	13	9	32	31
巴西	12	13	9	9	8	10	22	19	26	26
西班牙	13	14	13	12	13	12	12	13	23	22
瑞士	14	15	18	23	18	18	11	12	14	18
马来西亚	21	16	23	25	26	24	36	30	6	2
俄罗斯	10	17	7	10	10	13	15	16	29	34
墨西哥	18	18	27	21	11	14	33	34	8	6

续表

国家	创新实力指数排名		创新投入实力排名		创新条件实力指数排名		创新产出实力指数排名		创新影响实力指数排名	
	2012年	2021年	2012年	2021年	2012年	2021年	2012年	2021年	2012年	2021年
瑞典	17	19	16	19	17	23	14	14	20	25
比利时	20	20	21	20	20	17	16	18	13	17
新加坡	19	21	30	34	34	37	24	21	5	5
波兰	23	22	20	14	19	19	26	23	21	16
奥地利	22	23	22	24	22	21	20	20	22	23
丹麦	24	24	25	26	27	27	19	17	28	27
土耳其	27	25	19	22	23	22	25	25	37	37
以色列	25	26	17	18	33	31	21	22	25	28
泰国	32	27	32	16	31	33	38	38	15	13
爱尔兰	29	28	34	37	24	20	27	27	19	14
捷克	28	29	28	27	32	29	32	32	12	12
挪威	31	30	31	30	30	28	23	26	33	33
芬兰	26	31	24	31	28	34	18	24	31	32
南非	35	32	36	35	25	26	30	29	35	39
葡萄牙	34	33	29	29	29	35	31	28	36	30
匈牙利	33	34	33	33	39	36	34	36	17	20
希腊	36	35	35	28	35	38	28	33	38	35
阿根廷	30	36	26	32	21	25	35	37	34	38
罗马尼亚	38	37	37	38	38	30	39	39	27	24
新西兰	37	38	38	36	37	39	29	31	40	40
智利	39	39	40	40	36	32	37	35	39	36
斯洛伐克	40	40	39	39	40	40	40	40	30	29

（二）中国创新实力指数三级指标得分比较与演进

如图 4-9 所示，2021 年中国创新实力指数各三级指标得分均显著高于 40 个国家相应指标得分的平均水平。其中，研究人员数、ICT 用户数、本国居民专利授权量、PCT 专利申请量、高技术产品出口额这 5 个指标得分均为 40 个国家相应指标得分的最高水平。知识产权使用费收入指标得分（0.32），是同期 40 个国家指标得分平均值（0.04）的 8 倍。

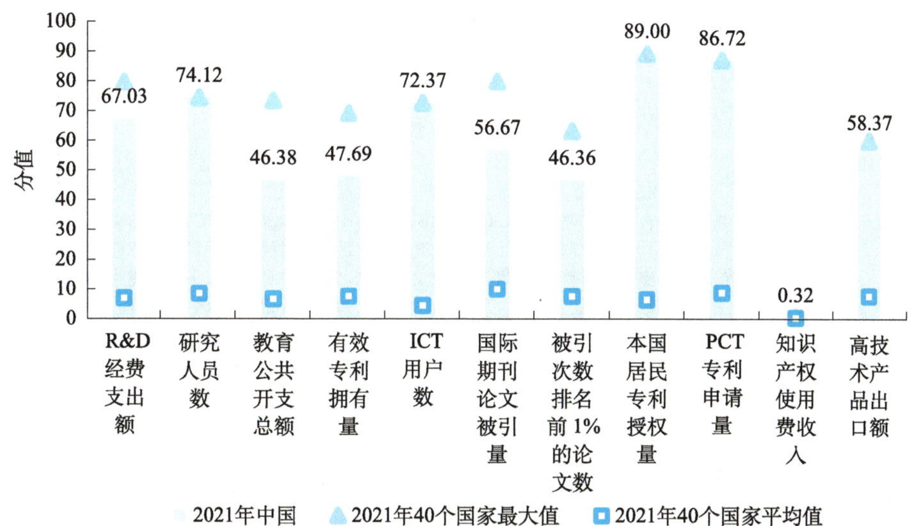

图 4-9　中国创新实力指数三级指标分值比较（2021 年）

如图 4-10 所示，除高技术产品出口额之外，中国创新实力指数中其余三级指标均在 2012 ～ 2021 年取得显著的进步。其中，R&D 经费支出额、研究人员数、教育公共开支总额、有效专利拥有量、ICT 用户数、国际期刊论文被引量、被引次数排名前 1% 的论文数、本国居民专利授权量、PCT 专利申请量、知识产权使用费收入这 10 个指标得分较 2012 年均有明显提升，特别是研究人员数、ICT 用户数、本国居民专利授权量、PCT 专利申请量这 4 个指标在 2021 年达到了 40 个国家指标得分的最大值；知识产权使用费收入指标得分从 2012 年的 0.01 上升到 2021 年的 0.32，增速最快，增长 31 倍；被引次数排名前 1% 的论文数和国际期刊论文被引量的指标得分增速排名分别位居第 2 和第 3，均在 3 倍以上。

总体来看，中国的人口和经济总量相对较大，在大多数创新实力指数三级指标上存在极大优势。中国 2012 ～ 2021 年创新实力指数三级指标均有明显进步，但 2021 年教育公共开支总额、国际期刊论文被引量、有效专利拥有量得分与 40 个国家相应指标得分的最大值相比仍存在较大差距。

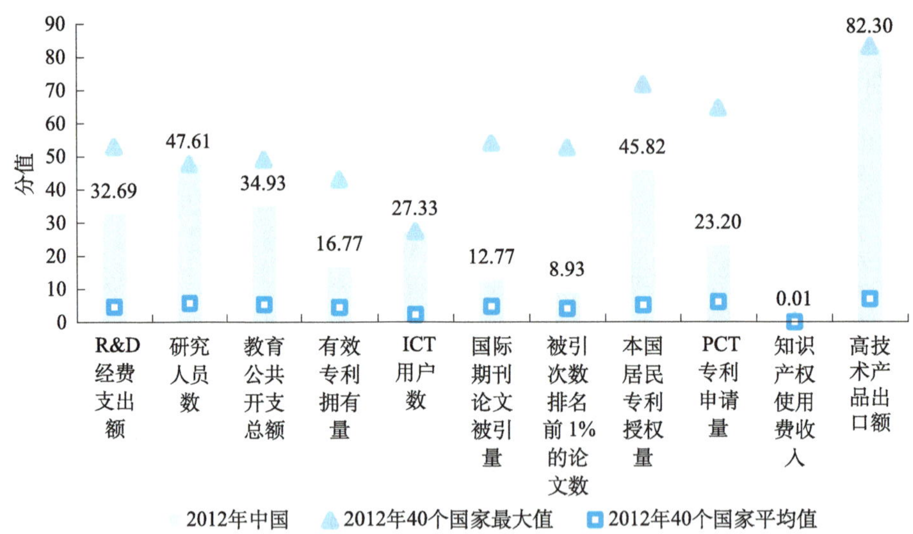

图 4-10　中国创新实力指数三级指标分值比较（2012 年）

二、世界主要国家创新实力分指数分析与比较

（一）创新投入实力指数

如图 4-11 所示，2021 年，中国、美国、日本、德国和韩国创新投入实力指数值名列前 5，指数值分别为 69.87、69.33、21.67、17.65、15.45；法国、英国、印度、巴西和俄罗斯分列第 6 位到第 10 位，指数值分别为 9.77、9.15、8.78、6.66、5.53；排名前 10 的国家之间创新投入实力差距相对显著，中国与美国创新投入实力指数遥遥领先，其余国家相对较弱。与 2012 年相比，2021 年中国创新投入实力指数值增加了 31.21，表明我国在这一时期内的国家创新投入实力建设成效显著。

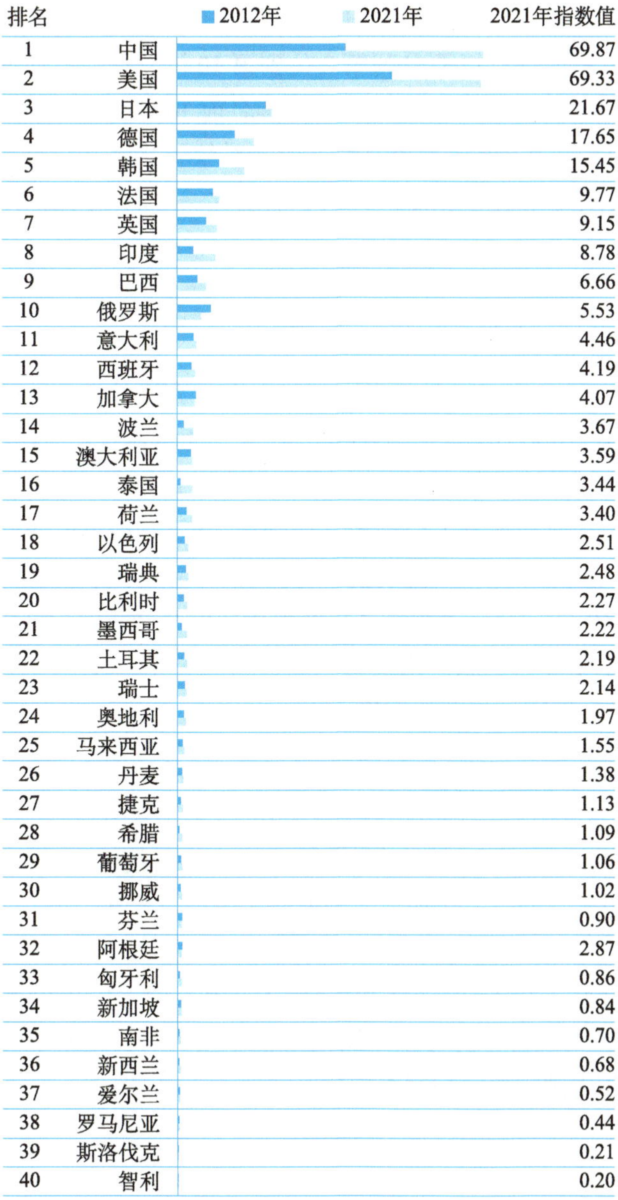

排名	国家	2021年指数值
1	中国	69.87
2	美国	69.33
3	日本	21.67
4	德国	17.65
5	韩国	15.45
6	法国	9.77
7	英国	9.15
8	印度	8.78
9	巴西	6.66
10	俄罗斯	5.53
11	意大利	4.46
12	西班牙	4.19
13	加拿大	4.07
14	波兰	3.67
15	澳大利亚	3.59
16	泰国	3.44
17	荷兰	3.40
18	以色列	2.51
19	瑞典	2.48
20	比利时	2.27
21	墨西哥	2.22
22	土耳其	2.19
23	瑞士	2.14
24	奥地利	1.97
25	马来西亚	1.55
26	丹麦	1.38
27	捷克	1.13
28	希腊	1.09
29	葡萄牙	1.06
30	挪威	1.02
31	芬兰	0.90
32	阿根廷	2.87
33	匈牙利	0.86
34	新加坡	0.84
35	南非	0.70
36	新西兰	0.68
37	爱尔兰	0.52
38	罗马尼亚	0.44
39	斯洛伐克	0.21
40	智利	0.20

图 4-11 世界主要国家创新投入实力指数排名（2012 年、2021 年）

（二）创新条件实力指数

如图 4-12 所示，2021 年世界主要国家创新条件实力指数排名中，美国和中国居前 2 位，指数值分别为 60.51 和 52.10；日本、德国、韩国、法国和英国分列第 3 位到第 7 位，指数值均超过 10，依次为 19.65、12.70、11.58、10.44、10.21；印度、意大利和巴西分列第 8 位到第 10 位，指数值均低于 10，分别为 6.99、6.13、5.90；创新条件实力指数排名前 10 的国家中，中国、美国创新条件实力超群，其余国家创新条件实力相对较弱。与 2012 年相比，2021 年中国创新条件实力指数值增加了 25.96，表明这一时期中国创新条件建设成效显著。

（三）创新产出实力指数

如图 4-13 所示，2021 年，中国创新产出实力指数值为 69.06，名列第 1 位；美国创新产出实力指数值为 67.96，位列第 2 位；日本、韩国、德国、英国分列第 3 位到第 6 位，指数值分别为 31.22、18.60、17.17、15.02；法国、意大利、澳大利亚和加拿大分列第 7 位到第 10 位，指数值均低于 10，依次为 9.71、7.71、7.37、7.33；排名前 10 的国家中，中国和美国创新产出实力指数值遥遥领先，其余国家创新产出实力指数值与这两国相差较远。与 2012 年相比，2021 年中国创新产出实力指数值增加了 47.70，表明这一时期中国创新产出丰硕，取得了显著的成果。

（四）创新影响实力指数

如图 4-14 所示，2021 年，中国创新影响实力指数值为 12.14，位列第一；马来西亚、德国、韩国、新加坡、墨西哥、美国、日本、荷兰、法国分列第 2 位到第 10 位，指数值均低于 10，指数值依次为 6.55、4.61、4.60、3.98、3.93、3.61、2.41、2.33、2.14；排名前 10 的国家中，中国创新影响实力超群，呈“单极”领先格局，其余国家创新影响实力与其相差较大。与 2012 年相比，2021 年中国创新影响实力指数值减少了 4.50。

排名		2012年 / 2021年	2021年指数值
1	美国		60.51
2	中国		52.10
3	日本		19.65
4	德国		12.70
5	韩国		11.58
6	法国		10.44
7	英国		10.21
8	印度		6.99
9	意大利		6.13
10	巴西		5.90
11	加拿大		4.48
12	西班牙		4.12
13	俄罗斯		3.87
14	墨西哥		3.85
15	荷兰		3.23
16	澳大利亚		3.20
17	比利时		3.07
18	瑞士		2.84
19	波兰		2.58
20	爱尔兰		1.90
21	奥地利		1.87
22	土耳其		1.85
23	瑞典		1.85
24	马来西亚		1.33
25	阿根廷		1.27
26	南非		1.24
27	丹麦		1.20
28	挪威		1.06
29	捷克		0.94
30	罗马尼亚		0.94
31	以色列		0.91
32	智利		0.83
33	泰国		0.82
34	芬兰		0.77
35	葡萄牙		0.72
36	匈牙利		0.69
37	新加坡		0.53
38	希腊		0.51
39	新西兰		0.45
40	斯洛伐克		0.22

图 4-12 世界主要国家创新条件实力指数排名（2012 年、2021 年）

排名		2021年指数值
1	中国	69.06
2	美国	67.96
3	日本	31.22
4	韩国	18.60
5	德国	17.17
6	英国	15.02
7	法国	9.71
8	意大利	7.71
9	澳大利亚	7.37
10	加拿大	7.33
11	荷兰	6.31
12	瑞士	6.11
13	西班牙	5.07
14	瑞典	5.00
15	印度	4.55
16	俄罗斯	3.11
17	丹麦	3.04
18	比利时	3.03
19	巴西	2.85
20	奥地利	2.41
21	新加坡	2.24
22	以色列	2.13
23	波兰	1.99
24	芬兰	1.98
25	土耳其	1.89
26	挪威	1.75
27	爱尔兰	1.30
28	葡萄牙	1.30
29	南非	1.28
30	马来西亚	1.09
31	新西兰	1.04
32	捷克	1.03
33	希腊	0.99
34	墨西哥	0.86
35	智利	0.82
36	匈牙利	0.65
37	阿根廷	0.61
38	泰国	0.54
39	罗马尼亚	0.51
40	斯洛伐克	0.24

图 4-13　世界主要国家创新产出实力指数排名（2012 年、2021 年）

排名		■2012年　■2021年	2021年指数值
1	中国		12.14
2	马来西亚		6.55
3	德国		4.61
4	韩国		4.60
5	新加坡		3.98
6	墨西哥		3.93
7	美国		3.61
8	日本		2.41
9	荷兰		2.33
10	法国		2.14
11	英国		1.48
12	捷克		1.30
13	泰国		1.15
14	爱尔兰		1.11
15	意大利		1.07
16	波兰		0.96
17	比利时		0.87
18	瑞士		0.81
19	加拿大		0.77
20	匈牙利		0.76
21	印度		0.66
22	西班牙		0.55
23	奥地利		0.40
24	罗马尼亚		0.39
25	瑞典		0.35
26	巴西		0.33
27	丹麦		0.26
28	以色列		0.25
29	斯洛伐克		0.16
30	葡萄牙		0.12
31	澳大利亚		0.11
32	芬兰		0.11
33	挪威		0.10
34	俄罗斯		0.10
35	希腊		0.09
36	智利		0.08
37	土耳其		0.07
38	阿根廷		0.03
39	南非		0.03
40	新西兰		0.02

图 4-14　世界主要国家创新影响实力指数排名（2012 年、2021 年）

第五章

国家创新效力指数

第一节 中国创新效力分析

一、中国创新效力指数分析

如图 5-1 所示，2012 ～ 2021 年，中国创新效力指数值稳步上涨，但始终低于 40 个国家的平均值，与 40 个国家的最大值的差距较大。2012 ～ 2021 年，

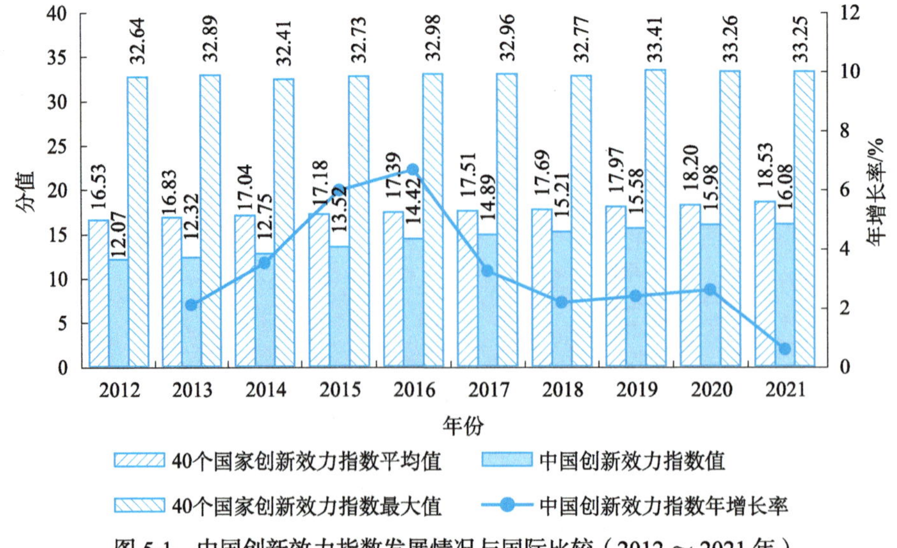

图 5-1 中国创新效力指数发展情况与国际比较（2012 ～ 2021 年）

中国创新效力指数增长率从 2012 年的 11.18% 下降至 2013 年的 2.07%，此后又回升至 2016 年的 6.66%，但从 2017 年开始又步入新一轮下滑，并于 2021 年下降至 10 年间的最低值（0.63%）。2021 年，中国创新效力指数值为 16.08，与 2012 年（指数值为 12.07）相比提高了 33.22%，2012 ～ 2021 年的年均增长率达到 3.24%，2017 ～ 2021 年，中国创新效力指数值从 14.89 增加至 16.08，年均增长率为 1.94%。

二、中国创新效力分指数分析

创新效力指数由创新投入效力指数、创新条件效力指数、创新产出效力指数、创新影响效力指数构成。2021 年和 2012 年中国创新效力分指数值与 40 个国家的最大值、平均值比较分别如图 5-2 和图 5-3 所示。

2021 年，中国创新投入效力指数排名第 16 位，指数值为 28.33，略高于 40 个国家的平均值（27.01），相较于 2012 年（指数值 21.68）有所进步，排名上升了 7 位；2021 年，创新投入效力指数排在第 1 位的国家是韩国，指数值为 59.44；2012 年瑞士排名第 1 位，指数值为 52.61，且 2012 ～ 2017 年一直稳居第一。总体来看，在 2012 ～ 2021 年，中国创新投入效力指数有一定进步，排名不断上升，与 40 个国家的平均值的差距不断缩小，但远低于排名第 1 位的国家。

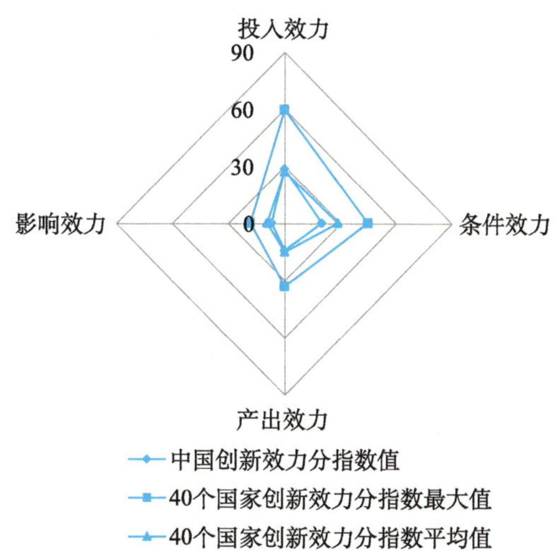

图 5-2　中国创新效力分指数值与 40 个国家的最大值、平均值比较（2021 年）

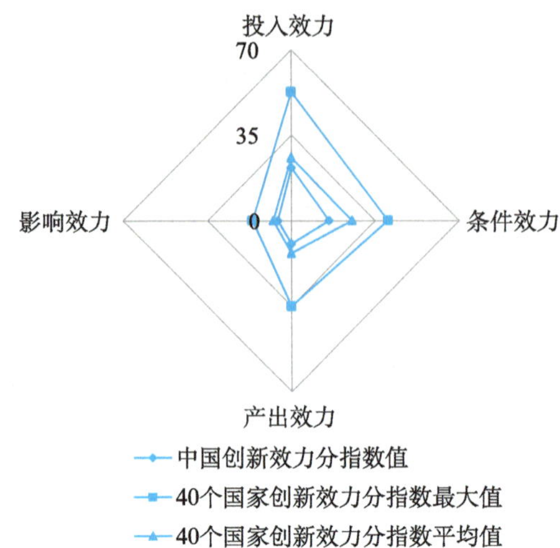

图 5-3　中国创新效力分指数值与 40 个国家的最大值、平均值比较（2012 年）

2021 年，中国创新条件效力指数排名第 35 位，指数值为 19.91，低于 40 个国家的平均值（28.63），相较于 2012 年（指数值 15.88）有些许提升，排名上升了 1 位；2021 年创新条件效力指数排在第 1 位的国家是挪威，指数值为 44.66。2012 年排在第 1 位的国家是瑞典，指数值为 40.41，40 个国家的平均值为 25.43。总体来看，2012 ～ 2021 年，中国创新条件效力指数与 40 个国家的平均值存在一定差距，远低于排名第 1 位的国家，中国在创新条件效力上表现不佳。

2021 年，中国创新产出效力指数排名第 20 位，指数值为 14.38，低于 40 个国家的平均值（15.23），相较于 2012 年（指数值 9.58）已有所进步，排名上升了 6 位；排在第 1 位的国家是瑞士，指数值为 33.29，且 2012 ～ 2021 年稳居第一；2012 年瑞士指数值为 34.94，40 个国家的平均值为 13.37。总体来看，虽然中国创新产出效力指数缓慢上升，但是一直低于 40 个国家的平均值，与排名第一的瑞士还存在很大差距。

2021 年，中国创新影响效力指数排名第 30 位，指数值为 7.06，低于 40 个国家的平均值（9.45），相较于 2012 年（指数值 5.60）略有提升，排名没有变化；2021 年排名第 1 位的国家是瑞士，指数值为 18.30，2012 年排名第 1 位的国家是新加坡，指数值为 16.24，40 个国家的平均值为 7.58。总体来看，2012 ～ 2021 年，中国创新影响效力指数值提升幅度很小，与排名第 1 位的国家存在很大差距。

（一）创新投入效力指数值演进

如图 5-4 所示，2012 ～ 2021 年，中国创新投入效力指数值稳步上涨，2012 ～ 2016 年低于 40 个国家的平均值，但差距逐渐缩小，并且在 2016 年达到持平，此后 5 年一直高于 40 个国家的平均值，但与 40 个国家的最大值相比仍有较大差距。2012 ～ 2021 年，中国创新投入效力指数增长率呈震荡下滑趋势，2021 年为 10 年间的最低值（0.43%）。与 2012 年相比，2021 年中国创新投入效力指数值增加了 30.67%。2012 ～ 2021 年，中国创新投入效力指数值从 21.68 上升至 28.33，年均增长率为 3.02%。

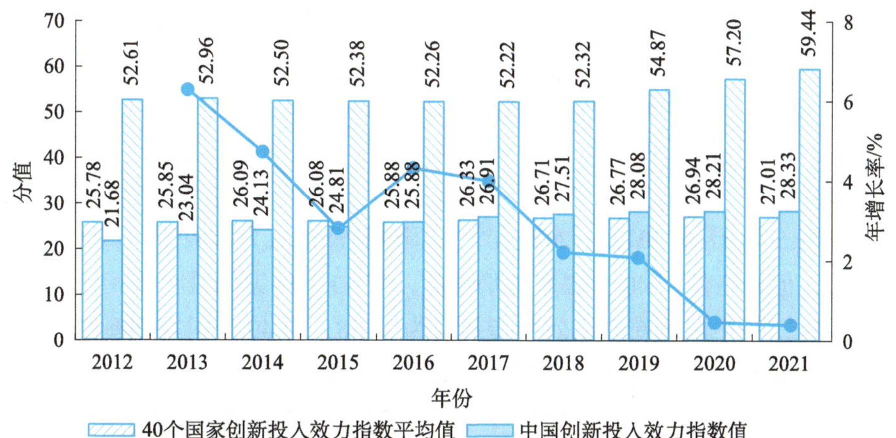

图 5-4 中国创新投入效力指数发展情况与国际比较（2012 ～ 2021 年）

（二）创新条件效力指数值演进

如图 5-5 所示，2012 ～ 2021 年，中国创新条件效力指数值呈整体上升趋势，但始终低于 40 个国家的平均值，与 40 个国家的最大值的差距较大。2012 ～ 2021 年，中国创新条件效力指数增长率呈先上升后下降再上升后又缓慢下降的趋势，2013 年为 10 年间的最低值（−2.27%），2021 年增长率为 0.90%，10 年间年均增长率为 2.54%。2021 年，中国创新条件效力指数值为 19.91，与 2012 年（指数值为 15.88）相比提高了 25.38%。2017 ～ 2021 年，中国创新条件效力指数值从 17.98 增加至 19.91，年均增长率为 2.58%。

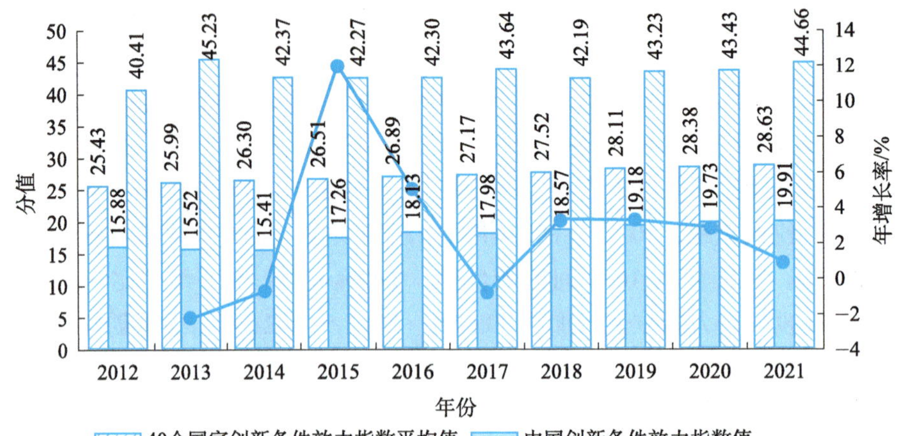

图 5-5　中国创新条件效力指数发展情况与国际比较（2012 ～ 2021 年）

（三）创新产出效力指数值演进

如图 5-6 所示，2012 ～ 2021 年，中国创新产出效力指数值呈整体稳步上升趋势，但始终低于 40 个国家的平均值，与 40 个国家的最大值相比仍存在差距。2021 年中国创新产出效力指数值为 14.38，而 40 个国家创新产出效力指数最大值为 33.29（瑞士）。2012 ～ 2021 年，中国创新产出效力指数增长率呈波动趋势，年均增长率为 4.62%，其中，2021 年增长率为 10 年间的最低值（−1.37%）。2017 ～ 2021 年，中国创新产出效力指数年均增长率为 1.76%。

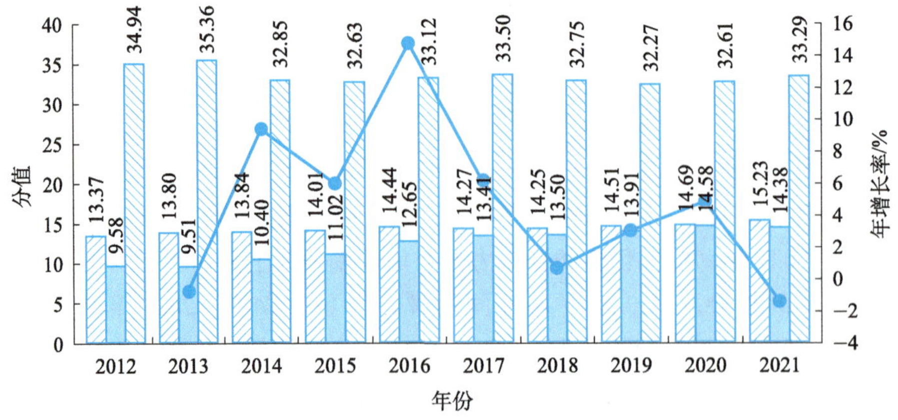

图 5-6　中国创新产出效力指数发展情况与国际比较（2012 ～ 2021 年）

（四）创新影响实力指数值演进

如图 5-7 所示，2012 ～ 2021 年，中国创新影响效力指数呈整体小幅上涨趋势，但始终低于 40 个国家的平均值，与 40 个国家的最大值相比还有很大差距。2021 年中国创新影响效力指数值为 7.06，而 40 个国家的最大值为 18.30（瑞士）。2012 ～ 2021 年，中国创新影响效力指数增长率呈现出大幅波动趋势，10 年间年均增长率为 2.61%，其中，2014 年为 10 年间的最低值（−1.71%）。与 2017 年相比，2021 年中国创新影响效力指数值增长了 12.42%。2017 ～ 2021 年，中国创新影响效力指数年均增长率为 2.97%。

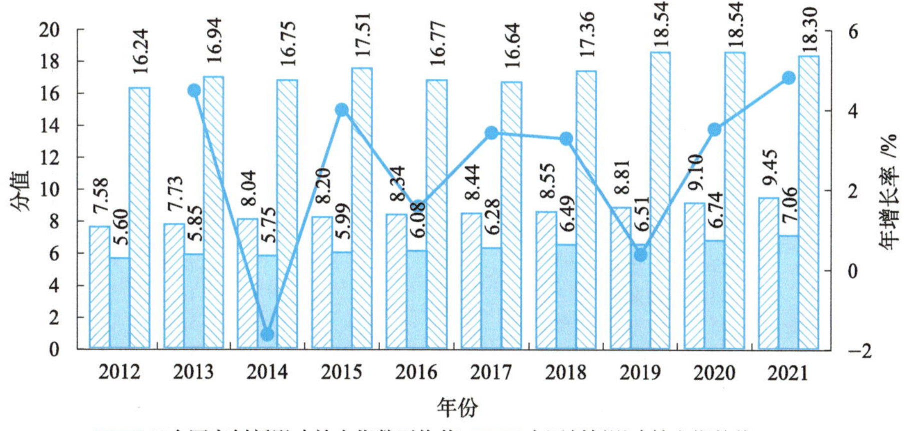

图 5-7　中国创新影响效力指数发展情况与国际比较（2012 ～ 2021 年）

第二节　世界主要国家创新效力分析与比较

一、世界主要国家创新效力指数分析

（一）创新效力指数值比较

1. 世界主要国家创新效力指数值比较

如图 5-8 所示，2021 年创新效力指数排名前 5 的国家分别是瑞士、丹麦、

排名		■2012年 ■2021年	2021年指数值
1	瑞士		33.25
2	丹麦		28.83
3	韩国		27.92
4	瑞典		26.61
5	挪威		24.74
6	比利时		23.91
7	荷兰		23.88
8	以色列		23.79
9	美国		23.52
10	日本		23.04
11	爱尔兰		22.61
12	奥地利		22.48
13	德国		22.33
14	芬兰		22.11
15	英国		22.08
16	新加坡		21.68
17	意大利		20.89
18	澳大利亚		19.73
19	法国		19.56
20	智利		19.46
21	加拿大		18.61
22	新西兰		17.52
23	捷克		16.46
24	葡萄牙		16.24
25	中国		16.08
26	西班牙		15.59
27	土耳其		15.57
28	希腊		15.47
29	罗马尼亚		14.68
30	匈牙利		16.65
31	俄罗斯		12.95
32	波兰		12.77
33	南非		12.58
34	斯洛伐克		12.05
35	马来西亚		11.98
36	巴西		10.55
37	墨西哥		9.89
38	印度		9.28
39	阿根廷		8.10
40	泰国		7.89

图 5-8　世界主要国家创新效力指数排名（2012 年、2021 年）

韩国、瑞典、挪威，创新效力指数值分别为 33.25、28.83、27.92、26.61、24.74；比利时、荷兰、以色列、美国、日本分列第 6 到第 10 位，创新效力指数值分别为 23.91、23.88、23.79、23.52、23.04；前 10 位国家间创新效力指数值差别相对较小；2021 年，中国创新效力指数值为 16.08，名列第 25 位，与韩国、美国、日本的差距较大，约为韩国的 57.59%、美国的 68.37%、日本的 69.79%；与 2012 年相比，2021 年中国创新效力指数值增加了 4.01，指数值增量排名第 8 位，表明这一时期中国创新效力有较大提升。

2. 世界主要国家创新效力指数及其分指数值排名

2021 年创新效力指数排名前 10 的国家分别是瑞士、丹麦、韩国、瑞典、挪威、比利时、荷兰、以色列、美国、日本。前 10 位的国家中，仅美国的经济体量和人口规模相对较大，其他均为规模较小的发达国家。如表 5-1 所示。

中国的创新效力指数排名相对靠后，2021 年排在第 25 位，相较于 2012 年上升了 4 位，增长幅度相对较大；各项分指数排名差异相对较大，2021 年创新投入效力指数排在第 16 位，创新产出效力指数排在第 20 位，创新条件效力指数和创新影响效力指数仅分别排在第 35 位和第 30 位。中国的创新投入效力指数和创新产出效力指数排名相对来说较为靠前，且整体上升幅度较大。2021 年，其他金砖国家中，俄罗斯、南非、巴西和印度的创新效力指数排名依次为第 31 位、第 33 位、第 36 位和第 38 位，表现均相对较差。与 2012 年相比，2021 年俄罗斯和印度排名呈上升趋势，南非和巴西排名略下降。在创新效力指数排名中，瑞士、丹麦等发达程度相对较高且人口和经济体量相对较小的国家表现相对较好，此类国家的创新实力指数排名不占优势，但其创新效力指数优势明显，远超中国等经济体量大的发展中国家。在具体分指数上，大部分金砖国家均有 1 ～ 2 个分指数呈现短板。南非和俄罗斯的创新影响效力指数排名较为靠后，巴西创新产出效力指数排名靠后，印度的创新投入效力指数和创新条件效力指数排名均比较靠后。

表 5-1　世界主要国家创新效力指数及其分指数排名比较

国家	创新效力指数排名		创新投入效力指数排名		创新条件效力指数排名		创新产出效力指数排名		创新影响效力指数排名	
	2012 年	2021 年	2012 年	2021 年	2012 年	2021 年	2012 年	2021 年	2012 年	2021 年
瑞士	1	1	1	4	6	5	1	1	2	1
丹麦	4	2	9	9	2	3	11	10	4	2
韩国	5	3	4	1	12	8	5	8	27	24
瑞典	2	4	2	7	1	2	4	6	22	33

续表

国家	创新效力指数排名		创新投入效力指数排名		创新条件效力指数排名		创新产出效力指数排名		创新影响效力指数排名	
	2012年	2021年	2012年	2021年	2012年	2021年	2012年	2021年	2012年	2021年
挪威	11	5	16	11	3	1	13	17	16	17
比利时	13	6	11	8	7	4	15	23	28	20
荷兰	6	7	14	12	9	6	3	12	9	10
以色列	14	8	3	2	16	10	25	31	12	5
美国	10	9	8	3	17	13	8	19	24	28
日本	3	10	10	10	19	30	2	4	17	15
爱尔兰	12	11	19	27	8	11	19	7	3	3
奥地利	9	12	5	5	13	14	21	21	10	23
德国	8	13	7	6	15	16	14	24	11	16
芬兰	7	14	6	13	4	12	6	5	36	36
英国	16	15	21	18	11	15	10	14	5	4
新加坡	17	16	15	15	30	36	20	3	1	7
意大利	20	17	18	17	29	25	12	9	8	8
澳大利亚	19	18	12	21	18	18	23	11	31	26
法国	15	19	13	14	10	7	22	25	7	19
智利	24	20	30	34	34	22	9	2	33	14
加拿大	21	21	17	23	14	9	17	13	37	37
新西兰	18	22	27	22	5	17	7	22	34	32
捷克	23	23	20	19	22	19	35	32	29	18
葡萄牙	25	24	26	20	20	21	31	27	14	27
中国	29	25	23	16	36	35	26	20	30	30
西班牙	22	26	24	26	21	26	24	26	18	21
土耳其	36	27	37	36	38	32	27	15	19	9
希腊	26	28	34	25	33	33	16	33	20	6
罗马尼亚	38	29	38	29	39	31	33	30	21	13

续表

国家	创新效力指数排名		创新投入效力指数排名		创新条件效力指数排名		创新产出效力指数排名		创新影响效力指数排名	
	2012年	2021年	2012年	2021年	2012年	2021年	2012年	2021年	2012年	2021年
匈牙利	27	30	28	24	27	20	30	36	15	25
俄罗斯	37	31	32	37	35	27	28	16	39	38
波兰	33	32	31	28	25	29	32	37	32	22
南非	30	33	35	38	24	24	18	18	40	40
斯洛伐克	34	34	36	30	31	28	29	29	35	34
马来西亚	31	35	29	31	28	37	38	34	6	11
巴西	32	36	25	32	23	23	39	38	25	35
墨西哥	28	37	22	35	32	38	37	40	13	12
印度	40	38	39	40	40	39	34	28	38	29
阿根廷	35	39	33	39	26	34	40	35	23	39
泰国	39	40	40	33	37	40	36	39	26	31

（二）中国创新效力指数三级指标得分比较与演进

2021年中国创新效力指数三级指标得分两极分化严重。一方面，R&D经费投入强度、研究人员人均R&D经费、每百人互联网用户数、每百万研究人员本国居民专利授权量、每百万美元R&D经费本国居民专利授权量、每百万研究人员PCT专利申请量、每百万美元R&D经费PCT专利申请量及高技术产品出口额占制成品出口额的比重这8个指标得分高于40个国家相应指标得分的平均值，且每百人互联网用户数指标得分为40个国家中最高；另一方面，其余指标得分均低于40个国家相应指标得分的平均值。部分指标得分与40个国家相应指标得分平均值的差距明显，尤其是每百万人口中研究人员数、教育公共开支总额占GDP的比重、每百万人有效专利拥有量、每百万研究人员被引次数排名前10%的论文数、每百万美元R&D经费被引次数排名前10%的论文数和单位能耗对应的GDP产出指标得分，影响中国2021年创新效力排名。

相较于2012年创新效力指数三级指标，2021年中国大部分创新效力指数三级指标均有一定程度的进步，但教育公共开支总额占 GDP 的比重、每百万美元 R&D 经费本国居民专利授权量 2 个指标得分出现了小幅下降，如图 5-10 所示。2012 ～ 2021 年，研究人员人均 R&D 经费和每百人互联网用户数指标得分分别由 31.51 和 27.33 增加到 42.26 和 72.37，均超过了 40 个国家相应指标得分的平均值。2012 ～ 2021 年，每百万人口中研究人员数、每百万人有效专利拥有量、每百万研究人员被引次数排名前 10% 的论文数、每百万美元 R&D 经费被引次数排名前 10% 的论文数及单位能耗对应的 GDP 产出这 5 个指标得分与 40 个国家相应指标得分平均值的差距进一步扩大。研究人员人均 R&D 经费、每百万研究人员 PCT 专利申请量及每百万美元 R&D 经费 PCT 专利申请量指标得分有较大进步，在 2021 年，这 3 个指标得分均超过 40 个国家相应指标得分平均值。

总体来看，2012 ～ 2021 年，大部分中国创新效力指数三级指标得分均有较大提升，但 R&D 经费投入强度、每百万人口中研究人员数、教育公共开支总额占 GDP 的比重、每百万人有效专利拥有量、每百万研究人员被引次数排名前 10% 的论文数、每百万美元 R&D 经费被引次数排名前 10% 的论文数及单位能耗对应的 GDP 产出等指标得分与 40 个国家相应指标得分的平均值相比仍存在较大差距。如图 5-9 和图 5-10 所示。

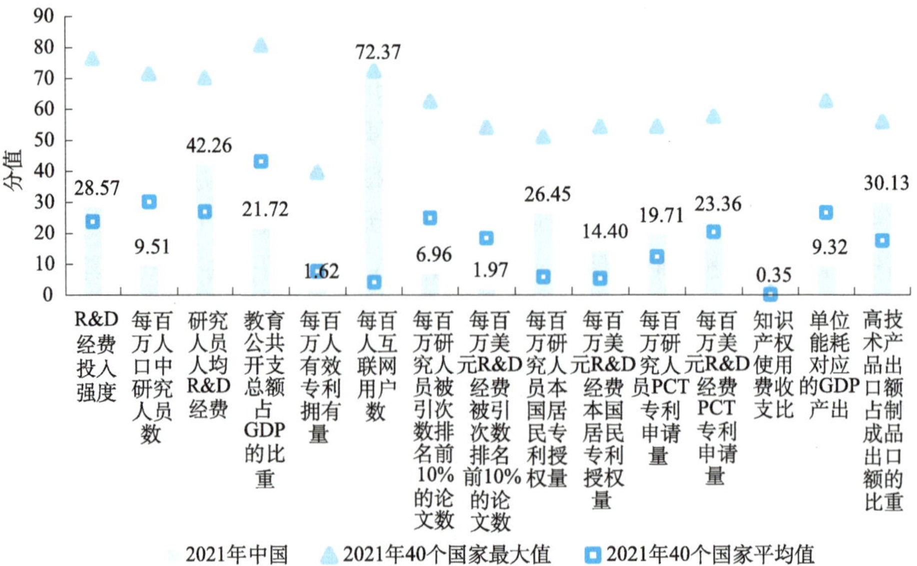

图 5-9　中国创新效力指数三级指标分值比较（2021 年）

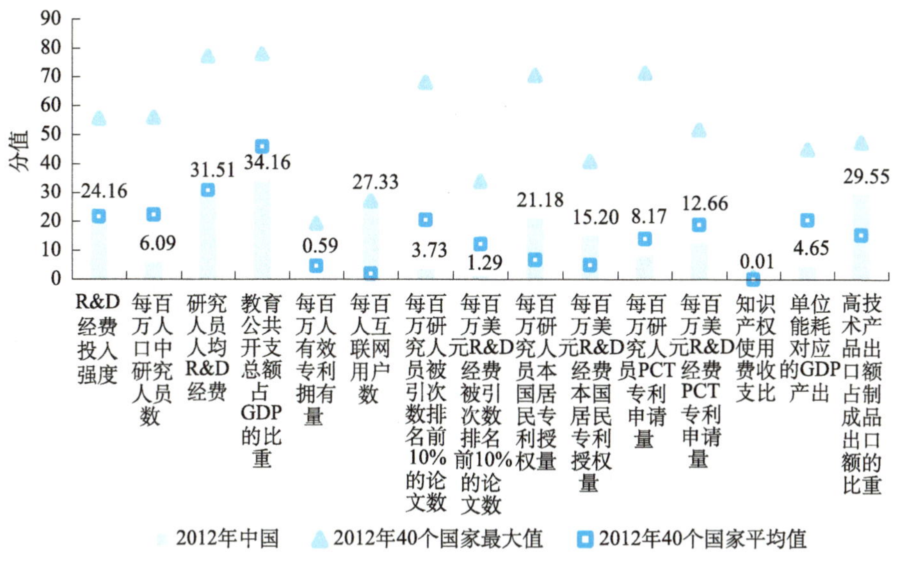

图 5-10　中国创新效力指数三级指标分值比较（2012 年）

二、世界主要国家创新效力分指数分析与比较

（一）创新投入效力指数

如图 5-11 所示，2021 年韩国的创新投入效力指数排名第 1 位，指数值为 59.44；以色列、美国、瑞士、奥地利、德国、瑞典、比利时、丹麦、日本依次名列第 2 位到第 10 位，指数值分别为 50.02、48.47、47.71、46.32、45.19、44.73、44.51、42.78、38.11；排名前 10 的国家间创新投入效力差别较小；2021 年，中国的创新投入效力指数值为 28.33，居第 16 位，与韩国、美国、日本的差距较大，分别为韩国的 47.66%、美国的 58.45%、日本的 74.34%。与 2012 年相比，2021 年中国创新投入效力指数值增加了 6.65，指数值增量排名第 10 位，表明这一时期中国创新投入效力提升比较明显。

排名		■2012年 ■2021年	2021年指数值
1	韩国		59.44
2	以色列		50.02
3	美国		48.47
4	瑞士		47.71
5	奥地利		46.32
6	德国		45.19
7	瑞典		44.73
8	比利时		44.51
9	丹麦		42.78
10	日本		38.11
11	挪威		37.63
12	荷兰		35.77
13	芬兰		33.57
14	法国		31.00
15	新加坡		29.32
16	中国		28.33
17	意大利		27.64
18	英国		27.29
19	捷克		27.27
20	葡萄牙		26.64
21	澳大利亚		26.61
22	新西兰		26.48
23	加拿大		24.99
24	匈牙利		23.79
25	希腊		23.17
26	西班牙		21.34
27	爱尔兰		19.99
28	波兰		19.95
29	罗马尼亚		18.97
30	斯洛伐克		12.59
31	马来西亚		12.53
32	巴西		12.00
33	泰国		10.30
34	智利		9.34
35	墨西哥		9.23
36	土耳其		9.02
37	俄罗斯		8.85
38	南非		8.60
39	阿根廷		7.01
40	印度		3.85

图 5-11　世界主要国家创新投入效力指数排名（2012 年、2021 年）

（二）创新条件效力指数

如图 5-12 所示，2021 年，挪威和瑞典的创新条件效力指数排名前 2 位，指数值分别为 44.66 和 43.45；丹麦、比利时、瑞士、荷兰、法国、韩国、加拿大、以色列分列第 3 位到第 10 位，指数值分别为 42.64、41.19、41.16、35.40、35.28、34.64、33.98、33.76；排名前 10 的国家之间创新条件效力指数差别较小。2021 年，中国创新条件效力指数值为 19.91，居第 35 位，与韩国、美国、日本的差距较大，分别为韩国的 57.48%、美国的 61.05%、日本的 85.71%。

排名		■2012年 ■2021年	2021年指数值
1	挪威		44.66
2	瑞典		43.45
3	丹麦		42.64
4	比利时		41.19
5	瑞士		41.16
6	荷兰		35.40
7	法国		35.28
8	韩国		34.64
9	加拿大		33.98
10	以色列		33.76
11	爱尔兰		33.71
12	芬兰		33.24
13	美国		32.61
14	奥地利		32.33
15	英国		32.21
16	德国		31.82
17	新西兰		30.87
18	澳大利亚		29.93
19	捷克		28.36
20	匈牙利		28.13
21	葡萄牙		26.48
22	智利		26.21
23	巴西		26.12
24	南非		26.11
25	意大利		25.62
26	西班牙		25.49
27	俄罗斯		24.68
28	斯洛伐克		23.82
29	波兰		23.69
30	日本		23.23
31	罗马尼亚		23.19
32	土耳其		22.83
33	希腊		22.82
34	阿根廷		20.70
35	中国		19.91
36	新加坡		18.73
37	马来西亚		18.63
38	墨西哥		17.41
39	印度		16.76
40	泰国		13.41

图 5-12　世界主要国家创新条件效力指数排名（2012 年、2021 年）

与 2012 年相比，2021 年中国创新条件效力指数值增加了 4.03，指数值增量排名第 19 位。

（三）创新产出效力指数

如图 5-13 所示，2021 年，瑞士、智利、新加坡、日本、芬兰的创新产出效力指数排名进入前 5，指数值分别为 33.29、30.28、26.91、25.11、24.00；瑞典、爱尔兰、韩国、意大利、丹麦的创新产出效力指数分列第 6 位到第 10 位，指数值分别为 23.57、22.55、22.02、21.20、21.17；前 10 位国家间的创新产出效力差别较小。2021 年，中国创新产出效力指数值为 14.38，居第 20 位，与日本、韩国的差距较大，分别为日本的 57.27%、韩国的 65.30%。与 2012 年相比，2021 年中国创新产出效力指数值增加了 4.79，指数值增量排名第 7 位，表明这一时期中国创新产出效力提升比较明显。

（四）创新影响效力指数

如图 5-14 所示，2021 年，瑞士创新影响效力指数排在第 1 位，指数值为 18.30；丹麦、爱尔兰、英国、以色列、希腊、新加坡、意大利、土耳其、荷兰分列第 2 位到第 10 位，指数值分别为 17.99、17.03、15.95、13.83、13.44、13.33、12.91、12.87、12.12；前 10 位国家间的创新影响效力差别较小。2021 年，中国的创新影响效力指数值为 7.06，居第 30 位，与 2012 年相比，中国创新影响效力指数值增加了 1.46，指数值增量排名第 22 位，增幅比较小。

排名		2021年指数值
1	瑞士	33.29
2	智利	30.28
3	新加坡	26.91
4	日本	25.11
5	芬兰	24.00
6	瑞典	23.57
7	爱尔兰	22.55
8	韩国	22.02
9	意大利	21.20
10	丹麦	21.17
11	澳大利亚	20.27
12	荷兰	20.04
13	加拿大	18.79
14	英国	17.99
15	土耳其	17.80
16	俄罗斯	17.62
17	挪威	17.59
18	南非	17.50
19	美国	16.99
20	中国	14.38
21	奥地利	14.14
22	新西兰	13.76
23	比利时	13.70
24	德国	12.87
25	法国	11.99
26	西班牙	11.93
27	葡萄牙	11.10
28	印度	10.05
29	斯洛伐克	9.99
30	罗马尼亚	9.68
31	以色列	9.63
32	捷克	8.60
33	希腊	7.48
34	马来西亚	7.11
35	阿根廷	5.94
36	匈牙利	5.92
37	波兰	4.97
38	巴西	4.58
39	泰国	3.45
40	墨西哥	3.43

图 5-13　世界主要国家创新产出效力指数排名（2012 年、2021 年）

排名		■2012年 ■2021年	2021年指数值
1	瑞士		18.30
2	丹麦		17.99
3	爱尔兰		17.03
4	英国		15.95
5	以色列		13.83
6	希腊		13.44
7	新加坡		13.33
8	意大利		12.91
9	土耳其		12.87
10	荷兰		12.12
11	马来西亚		12.06
12	墨西哥		11.77
13	罗马尼亚		11.14
14	智利		10.90
15	日本		10.79
16	德国		10.21
17	挪威		10.01
18	捷克		9.19
19	法国		9.02
20	比利时		8.86
21	西班牙		8.83
22	波兰		8.52
23	奥地利		8.36
24	韩国		8.31
25	匈牙利		8.30
26	澳大利亚		7.79
27	葡萄牙		7.63
28	美国		7.34
29	印度		7.14
30	中国		7.06
31	泰国		7.04
32	新西兰		6.43
33	瑞典		6.36
34	斯洛伐克		5.90
35	巴西		5.17
36	芬兰		5.16
37	加拿大		3.94
38	俄罗斯		3.19
39	阿根廷		2.59
40	南非		1.29

图 5-14　世界主要国家创新影响效力指数排名（2012 年、2021 年）

第六章
国家创新发展指数

第一节　中国创新发展水平分析

一、中国创新发展指数演进与发展趋势

2012 ～ 2021 年，中国创新发展指数值稳步增长，但是始终低于 40 个国家的平均值，与 40 个国家的最大值的差距较大。2021 年，中国创新发展指数值为 27.79，40 个国家的最大值达到了 46.77（丹麦）。2012 ～ 2021 年，中国创新发展指数增长率出现了两次先增长后下降的波动，其中，2014 年的增长率达到 10 年间的最大值（5.44%），而 2018 年的增长率则为 10 年间的最低值（2.22%）。2021 年，中国创新发展指数值为 27.79，与 2012 年（指数值为 20.19）相比提高了 37.64%，2012 ～ 2021 年的年均增长率达到 3.61%，2017 ～ 2021 年，中国创新效力指数值从 24.73 增加至 27.79，年均增长率为 2.96%，如图 6-1 所示。

二、中国创新发展指数分析

创新发展指数由科学技术发展指数、产业创新发展指数、社会创新发展指数和环境创新发展指数构成。2021 年和 2012 年中国创新发展分指数值与 40 个国家的最大值、平均值比较分别如图 6-2 和图 6-3 所示。

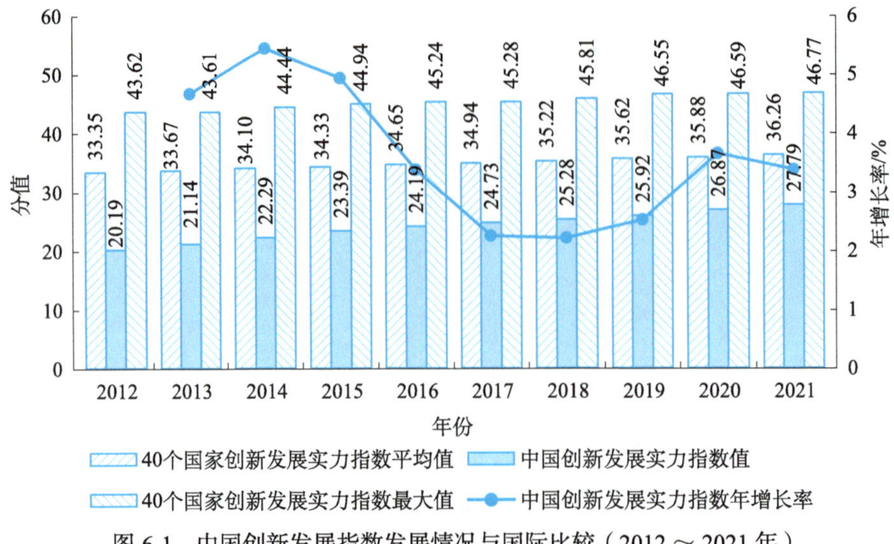

图 6-1　中国创新发展指数发展情况与国际比较（2012 ～ 2021 年）

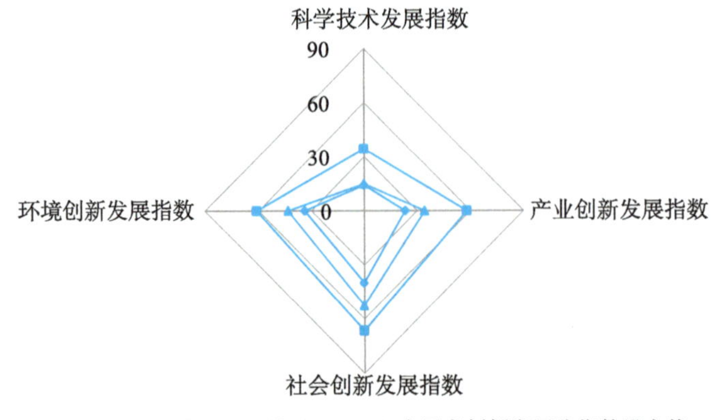

图 6-2　中国创新发展分指数值与 40 个国家的最大值、平均值比较（2021 年）

2021 年，中国科学技术发展指数排名第 20 位，指数值为 14.24，低于 40 个国家的平均值（14.94），相较于 2012 年（指数值 7.51）有明显提升，排名仅上升了 5 位。2021 年，排名第一的国家是韩国，指数值为 34.35。2012 年排名第一的国家是瑞士，指数值为 30.71，40 个国家的平均值为 12.29。总体而言，2012 ～ 2021 年，中国科学技术发展指数值有所提升，但仍低于 40 个国家的平均值，与 40 个国家的最大值之间的差距有所缩小。

2021 年，中国产业创新发展指数排名第 38 位，指数值为 23.32，低于

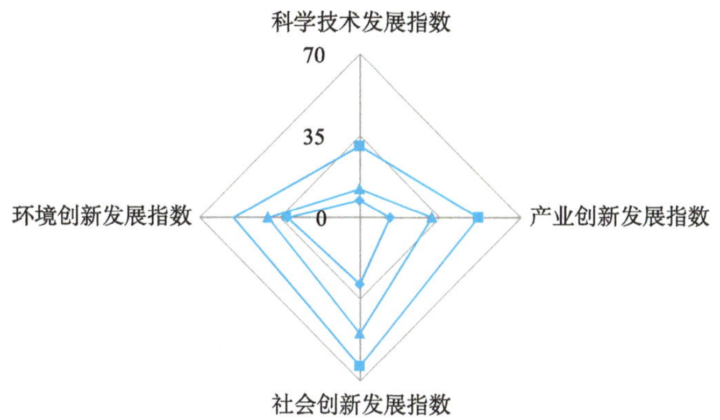

图 6-3 中国创新发展分指数值与 40 个国家的最大值、平均值比较（2012 年）

40 个国家的平均值（34.39），相较于 2012 年（指数值 13.23）有一定的提升，排名上升了 1 位。2021 年，排名第一的国家是新加坡，指数值为 58.15。2012 年排名第一的国家同样是新加坡，指数值为 51.79，40 个国家的平均值为 31.61。总体来看，2012 ～ 2021 年，中国产业创新发展指数值虽有所上升，但与 40 个国家的最大值之间仍存在较大差距。

2021 年，中国社会创新发展指数排名第 34 位，指数值为 39.90，低于 40 个国家的平均值（52.50），相较于 2012 年（指数值 28.44）有小幅提升，排名上升了 4 位。2021 年排名第一的国家是挪威，指数值为 66.44。2012 年排名第一的国家是比利时，指数值为 63.55，40 个国家的平均值为 49.54。总体来看，2012 ～ 2021 年，中国社会创新发展指数与 40 个国家的平均值之间的差距仍然较大。

2021 年，中国环境创新发展指数排名第 37 位，指数值为 33.68，低于 40 个国家的平均值（43.20），相较于 2012 年（指数值 31.58）略有上升，排名上升了 1 位。2021 年排名第一的国家是瑞士，指数值为 61.11。2012 年排名第一的国家同样是瑞士，指数值为 55.03，40 个国家的平均值为 39.96。总体来看，2012 ～ 2021 年，中国环境创新发展指数与 40 个国家的平均值之间的差距仍然很大。

（一）科学技术发展指数值演进

如图 6-4 所示，2012 ～ 2021 年，中国科学技术发展指数值整体稳步提高，均低于40个国家的平均值。2021年，中国科学技术发展指数值为14.24，40个国家的平均值为14.94，40个国家的最大值为34.35（韩国）。2012～2021年，中国科学技术发展指数增长呈波动上升趋势，年均增长率为7.37%，其中，2013年为10年间的最低值（2.93%），2016年为10年间的最高值（12.22%）。与2012年相比，2021年中国科学技术发展指数增长了89.61%。2017～2021年，中国科学技术发展指数年均增长率为7.06%。

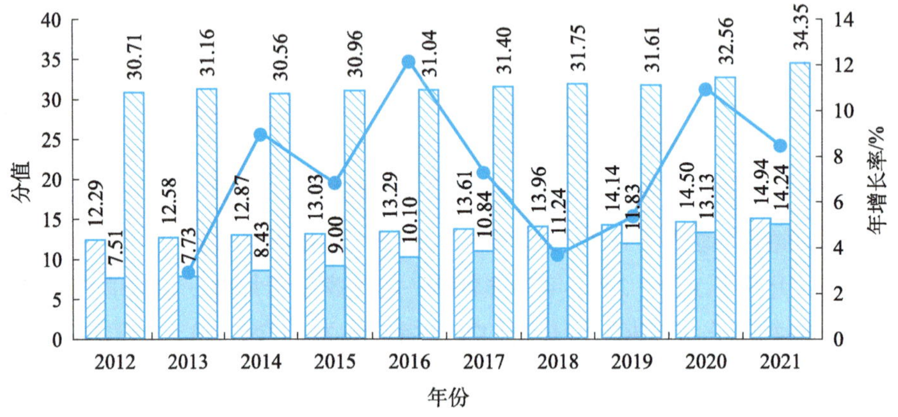

图6-4　中国科学技术发展指数发展情况与国际比较（2012～2021年）

（二）产业创新发展指数值演进

如图6-5所示，2012～2021年，中国产业创新发展指数值整体稳步提升，但是始终低于40个国家的平均值，与40个国家的最大值相比差距较大。2021年，中国产业创新发展指数值为23.32，40个国家的平均值为34.39，40个国家的最大值为58.15（新加坡）。2012～2021年，中国产业创新发展指数年均增长率为6.50%，其中，2019年为10年间的最小值（3.13%），2013年为10年间的最大值（12.91%）。与2012年相比，2021年中国产业创新发展指数值增长了76.27%。2017～2021年，中国产业创新发展指数年均增长率为4.07%。

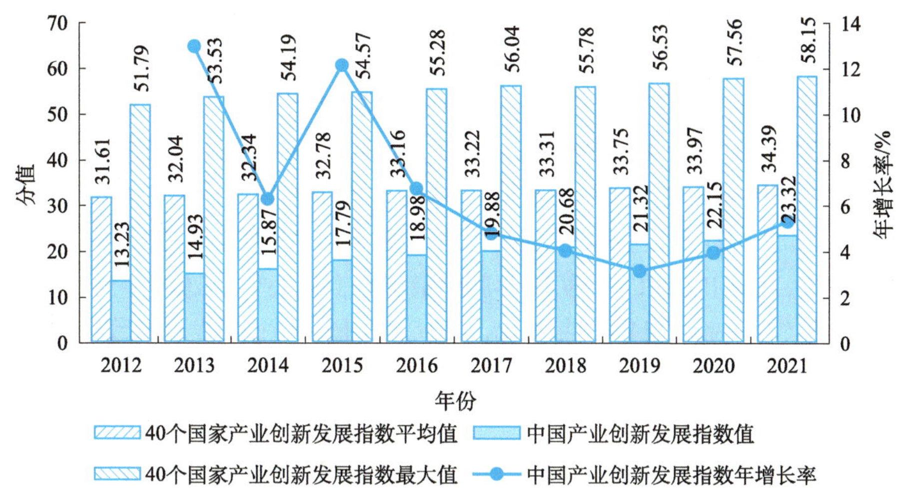

图 6-5　中国产业创新发展指数发展情况与国际比较（2012 ～ 2021 年）

（三）社会创新发展指数值演进

如图 6-6 所示，2012 ～ 2021 年，中国社会创新发展指数值稳步上升，但始终低于 40 个国家的平均值，与 40 个国家的最大值的差距较大。2021 年，中国社会创新发展指数值为 39.90，40 个国家的最大值为 66.44（挪威）。2012 ～ 2021 年，中国社会创新发展指数年均增长率为 3.83%，2014 年为 10 年间的最大值（8.69%），2016 年为 10 年间的最小值（1.72%）。与 2012 年相比，2021 年中国社会创新发展指数值增长了 40.30%。2017 ～ 2021 年，中国社会创新发展指数年均增长率为 2.98%。

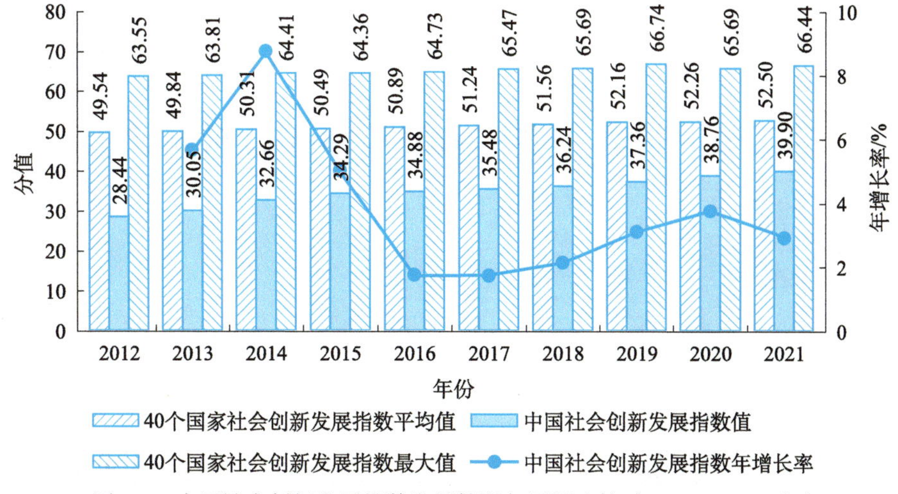

图 6-6　中国社会创新发展指数发展情况与国际比较（2012 ～ 2021 年）

（四）环境创新发展指数值演进

如图 6-7 所示，2012 ～ 2021 年，中国环境创新发展指数值呈整体小幅提升的趋势，但低于 40 个国家的平均值，与 40 个国家的最大值的差距较大。2021 年，中国环境创新发展指数值为 33.68，40 个国家的最大值为 61.11（瑞士）。2012 ～ 2021 年，中国环境创新发展指数增长率呈现上升趋势，年均增长率为 0.72%，其中，2017 年为 10 年间的最小值（–0.18%），2014 年为 10 年间的最大值（1.16%）。与 2012 年相比，2021 年中国环境创新发展指数值增长了 6.65%。2017 ～ 2021 年，中国环境创新发展指数年均增长率为 0.72%。

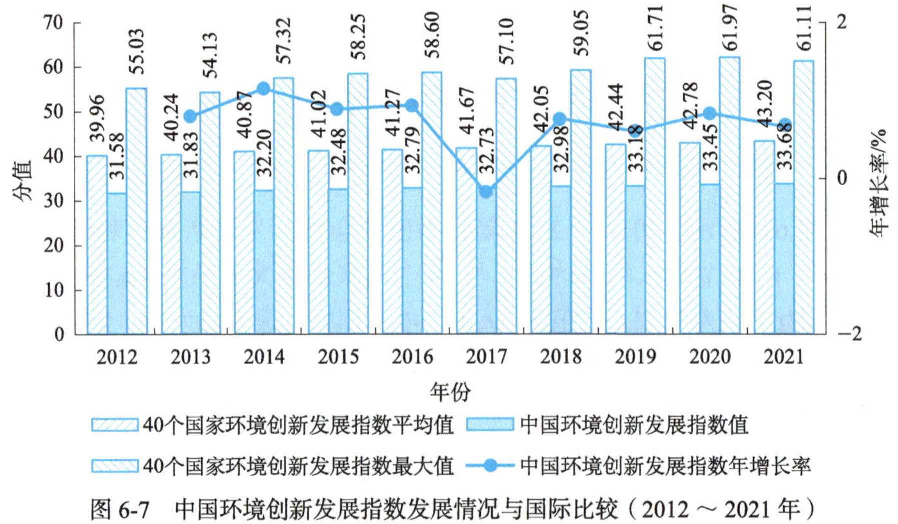

图 6-7　中国环境创新发展指数发展情况与国际比较（2012 ～ 2021 年）

第二节　世界主要国家发展水平分析与比较

一、世界主要国家创新发展指数分析

（一）创新发展指数值比较

1. 世界主要国家创新发展指数值比较

如图 6-8 所示，2021 年，丹麦、瑞士、新加坡创新发展指数排名前三，指数值分别为 46.77、46.51、46.14；挪威、瑞典、荷兰、英国、以色列、比利时、日本分列第 4 位到第 10 位，指数值依次为 44.77、44.43、44.20、43.35、43.27、42.78、42.63；前 10 位国家间的差别较小。2021 年，中国的创新发展指数值为 27.79，名列第 37 位，与日本、美国、韩国的差距较大，分别为日本的 65.19%、美国的 65.93%、韩国的 66.31%。与 2012 年相比，2021 年中国的创新发展指数排名从第 39 位上升至第 37 位，2021 年中国创新发展指数值增加了 7.59，指数值增量排名第 1 位，表明这一时期中国创新发展水平提升明显。

2. 世界主要国家创新发展指数及其分指数值排名

如表 6-1 所示，2021 年创新发展指数排名前 10 的国家分别是丹麦、瑞士、新加坡、挪威、瑞典、荷兰、英国、以色列、比利时、日本。

中国的创新发展指数排名相对落后，2021 年排在第 37 位，相较于 2012 年的指数排名上升了 2 位。从分指数看，2021 年，中国产业创新发展指数和环境创新发展指数排名分别为第 38 位和第 37 位，是创新发展指数的主要短板。虽然 2021 年中国的创新发展指数表现较差，但相比于 2012 年，2021 年中国的各项创新发展分指数的排名均有所上升。

其他金砖国家中，巴西创新发展指数在 2021 年排在第 31 位，较 2012 年下降了 2 位；俄罗斯、南非和印度的排名在 10 年间未出现明显进步，仍均处于 40 个国家排名的末位。分指数排名中，其他金砖国家也较少处于前列位置，尽管个别国家分指数排名靠前，但并不能拉高国家创新发展指数整体排名。例如，南非 2021 年产业创新发展指数排名排在第 26 位，但其科学技术发展指数、社会创新发展指数和环境创新发展指数的排名均相对较后，导致其创新发展指数在 2021 年仅排名第 39 位。

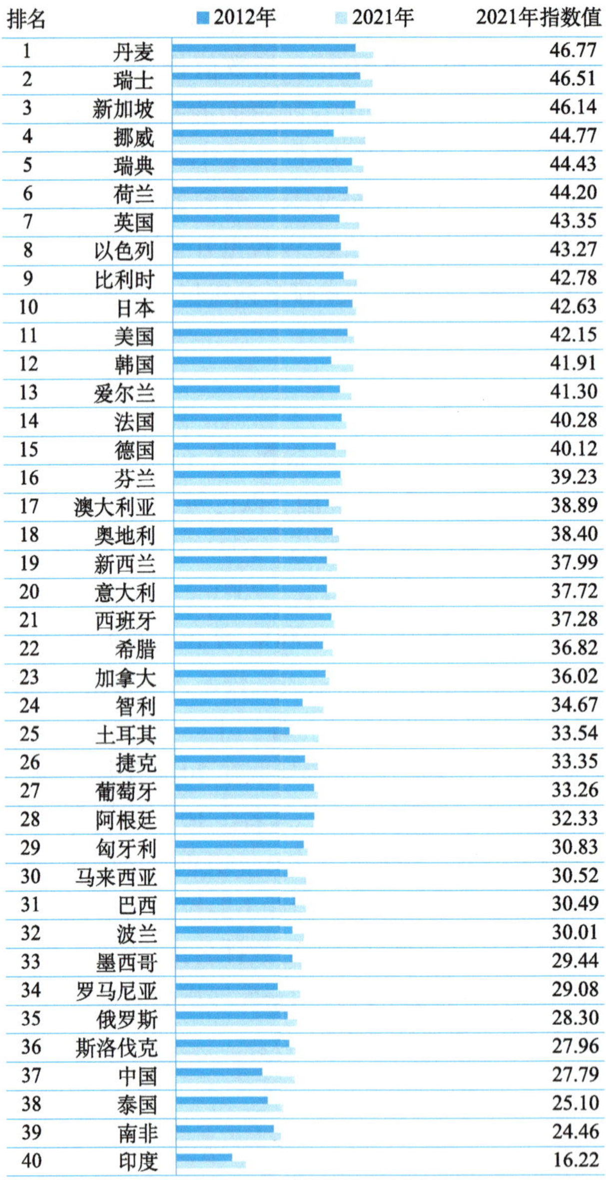

排名		2021年指数值
1	丹麦	46.77
2	瑞士	46.51
3	新加坡	46.14
4	挪威	44.77
5	瑞典	44.43
6	荷兰	44.20
7	英国	43.35
8	以色列	43.27
9	比利时	42.78
10	日本	42.63
11	美国	42.15
12	韩国	41.91
13	爱尔兰	41.30
14	法国	40.28
15	德国	40.12
16	芬兰	39.23
17	澳大利亚	38.89
18	奥地利	38.40
19	新西兰	37.99
20	意大利	37.72
21	西班牙	37.28
22	希腊	36.82
23	加拿大	36.02
24	智利	34.67
25	土耳其	33.54
26	捷克	33.35
27	葡萄牙	33.26
28	阿根廷	32.33
29	匈牙利	30.83
30	马来西亚	30.52
31	巴西	30.49
32	波兰	30.01
33	墨西哥	29.44
34	罗马尼亚	29.08
35	俄罗斯	28.30
36	斯洛伐克	27.96
37	中国	27.79
38	泰国	25.10
39	南非	24.46
40	印度	16.22

图 6-8　世界主要国家创新发展指数排名（2012 年、2021 年）

表 6-1　世界主要国家创新发展指数及其分指数排名比较

国家	创新发展指数排名		科学技术发展指数排名		产业创新发展指数排名		社会创新发展指数排名		环境创新发展指数排名	
	2012年	2021年	2012年	2021年	2012年	2021年	2012年	2021年	2012年	2021年
丹麦	2	1	6	6	11	14	2	7	3	2
瑞士	1	2	1	2	3	3	27	30	1	1
新加坡	3	3	12	7	1	1	20	12	4	20
挪威	15	4	14	14	17	10	9	1	19	6
瑞典	5	5	4	3	10	12	5	3	12	13
荷兰	6	6	9	10	4	6	8	5	21	10
英国	13	7	19	18	7	7	17	17	8	4
以色列	10	8	8	5	8	4	15	20	22	11
比利时	8	9	13	12	9	9	1	2	24	21
日本	4	10	2	4	12	15	4	6	25	15
美国	7	11	7	8	2	2	6	15	34	28
韩国	17	12	3	1	23	17	18	9	36	35
爱尔兰	12	13	18	19	6	5	24	26	2	3
法国	9	14	15	15	5	8	16	19	11	16
德国	14	15	10	11	18	18	19	18	13	14
芬兰	11	16	5	13	22	24	3	4	30	30
澳大利亚	19	17	16	16	14	11	10	8	35	31
奥地利	16	18	11	9	20	21	25	23	7	18
新西兰	20	19	20	17	21	23	7	11	27	24
意大利	21	20	21	22	19	20	22	22	5	5
西班牙	18	21	22	27	15	19	12	13	9	17
希腊	23	22	27	23	16	22	14	25	17	7
加拿大	22	23	17	21	13	13	13	14	37	39
智利	28	24	32	31	34	28	21	16	23	19
土耳其	32	25	35	30	36	39	31	21	10	8
捷克	26	26	23	26	30	27	23	24	29	26
葡萄牙	25	27	24	25	25	25	26	27	6	22
阿根廷	24	28	34	38	29	30	11	10	14	34
匈牙利	27	29	26	24	26	33	28	31	20	25

续表

国家	创新发展指数排名		科学技术发展指数排名		产业创新发展指数排名		社会创新发展指数排名		环境创新发展指数排名	
	2012年	2021年	2012年	2021年	2012年	2021年	2012年	2021年	2012年	2021年
马来西亚	34	30	33	29	24	16	36	36	31	32
巴西	29	31	38	37	31	29	32	29	16	27
波兰	31	32	31	28	35	35	29	32	26	23
墨西哥	30	33	37	40	28	32	34	33	18	12
罗马尼亚	36	34	36	35	38	36	35	37	15	9
俄罗斯	35	35	28	34	33	34	30	28	40	38
斯洛伐克	33	36	29	33	32	31	33	35	28	29
中国	39	37	25	20	39	38	38	34	38	37
泰国	38	38	39	32	37	37	37	38	32	36
南非	37	39	30	36	27	26	39	39	39	40
印度	40	40	40	39	40	40	40	40	33	33

（二）中国创新发展指数三级指标得分比较与演进

2021 年，中国创新发展指数三级指标中被引次数排名前 1% 的论文百分比、每百万研究人员本国居民专利授权量、每百万研究人员 PCT 专利申请量、高技术产品出口额占制成品出口额的比重这 4 个指标得分高于 40 个国家相应指标得分的平均值，其他指标得分均低于 40 个国家相应指标得分的平均值。知识产权使用费收入占 GDP 的比重指标得分仅为 0.28，远低于 40 个国家指标得分的平均值（0.55），如图 6-9 所示。2012 年，中国创新发展指数三级指标中服务业附加值占 GDP 的比重指标得分为 40 个国家指标得分的最小值。知识产权使用费收入占 GDP 的比重指标得分 0.01，远低于 40 个国家指标得分的平均值（0.39），如图 6-10 所示。

总体来看，与 2012 年相比，2021 年中国创新发展指数有所进步，仅公共医疗卫生支出占医疗总支出的比重和人均 CO_2 排放量这 2 个指标得分出现了小幅下降。但需要指出的是，仍有多数指标得分低于 40 个国家相应指标得分的平均值。

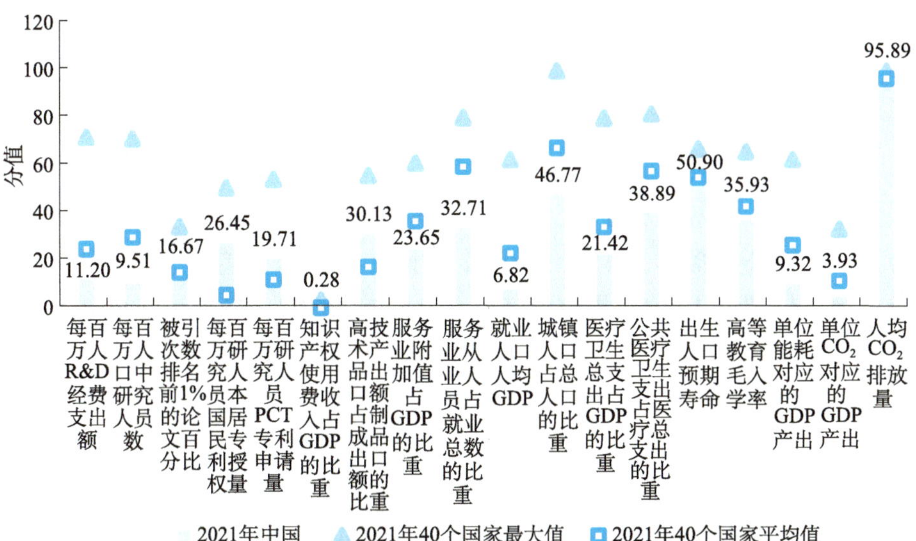

图 6-9 中国创新发展指数三级指标分值比较（2021 年）

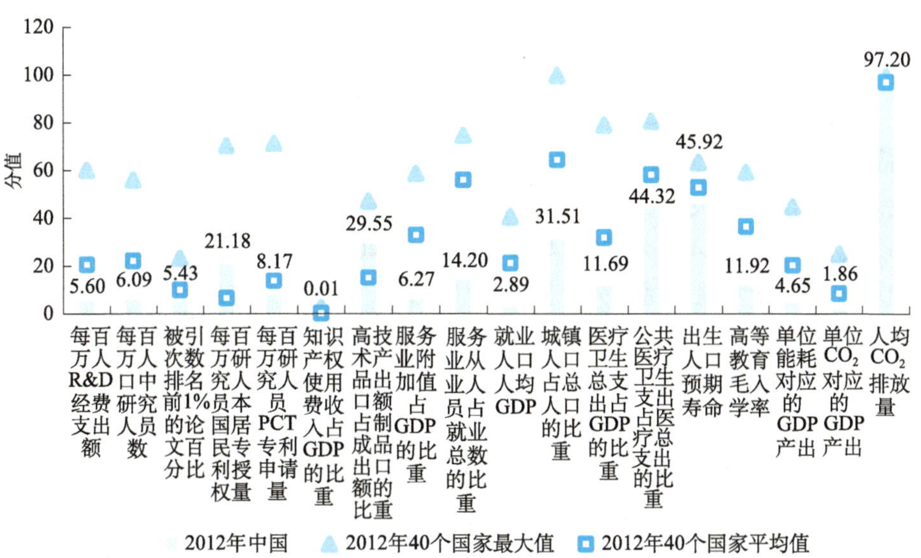

图 6-10 中国创新发展指数三级指标分值比较（2012 年）

二、世界主要国家创新发展分指数分析与比较

（一）科学技术发展指数

如图 6-11 所示，2021 年，韩国的科学技术发展指数排名第一，指数值为 34.35；瑞士、瑞典、日本、以色列、丹麦、新加坡、美国、奥地利、荷兰分列第 2 位到第 10 位，指数值依次为 31.52、26.97、25.24、25.21、25.17、23.70、23.45、23.11、22.77；前 10 位国家间的差别较小。2021 年，中国科学技术发展指数值为 14.24，排名第 20 位，与韩国、美国、日本的差距巨大，分别为韩国的 41.46%、美国的 60.72%、日本的 56.42%。与 2012 年相比，2021 年中国科学技术发展指数排名由第 25 位上升至第 20 位，指数值增加了 6.73，指数值增量排名第 2 位，仅次于韩国（9.09），表明这一时期中国科学技术发展水平有明显的提升。

（二）产业创新发展指数

如图 6-12 所示，2021 年，新加坡产业创新发展指数超群，排名第 1 位，指数值为 58.15，分列第 2 位到第 10 位的国家依次为美国、瑞士、以色列、爱尔兰、荷兰、英国、法国、比利时、挪威，指数值依次为 47.28、45.95、45.35、44.72、43.45、43.28、42.03、41.43、40.79；排名前 10 的国家中，新加坡产业创新发展遥遥领先，呈现出“单极”的格局。2021 年，中国产业创新发展指数值为 23.32，名列第 38 位，与新加坡、美国之间的差距较大，分别为新加坡的 40.10%、美国的 49.32%。与 2012 年相比，2021 年中国产业创新发展指数排名由第 39 位上升至第 38 位，2021 年中国产业创新发展指数值增加了 10.10，指数值增量排名第 2 位，仅次于罗马尼亚（10.68），表明这一时期中国产业创新发展水平提升明显。

（三）社会创新发展指数

如图 6-13 所示，2021 年，挪威社会创新发展指数排名第一，指数值为 66.44；分列第 2 位到第 10 位的国家依次为比利时、瑞典、芬兰、荷兰、日本、丹麦、澳大利亚、韩国、阿根廷，指数值依次为 65.85、65.79、64.10、63.43、63.39、63.12、62.02、61.69、61.21；排名前 10 的国家社会创新发

展水平基本相当。2021 年，中国社会创新发展指数值为 39.90，名列第 34 位，与日本、美国和韩国之间的差距较大，分别为日本的 62.94%、美国的 67.65% 和韩国的 64.68%。与 2012 年相比，2021 年中国社会创新发展指数排名由第 38 位上升至第 34 位，2021 年中国社会创新发展指数值增加了 11.46，指数增长量排名第 1 位，表明这一时期中国社会创新发展水平提升明显。

（四）环境创新发展指数

如图 6-14 所示，2021 年，瑞士环境创新发展指数排名第 1 位，指数值为 61.11；丹麦和爱尔兰分列第 2 位和第 3 位，指数值分别为 60.68 和 56.36；分列第 4 位到第 10 位的国家依次为英国、意大利、挪威、希腊、土耳其、罗马尼亚、荷兰，指数值依次为 55.51、50.83、50.66、50.35、49.98、47.98、47.13；排名前 10 的国家中，瑞士和丹麦环境创新发展水平遥遥领先，其余国家相差不大。2021 年，中国环境创新发展指数值为 33.68，名列第 37 位，与排名第 1 位的瑞士之间差距较大，仅高于俄罗斯、加拿大、南非，为瑞士的 55.11%。与 2012 年相比，2021 年中国环境创新发展指数排名由第 38 位上升至第 37 位，2021 年中国环境创新发展指数值增加了 2.10，指数值增量居第 24 位。

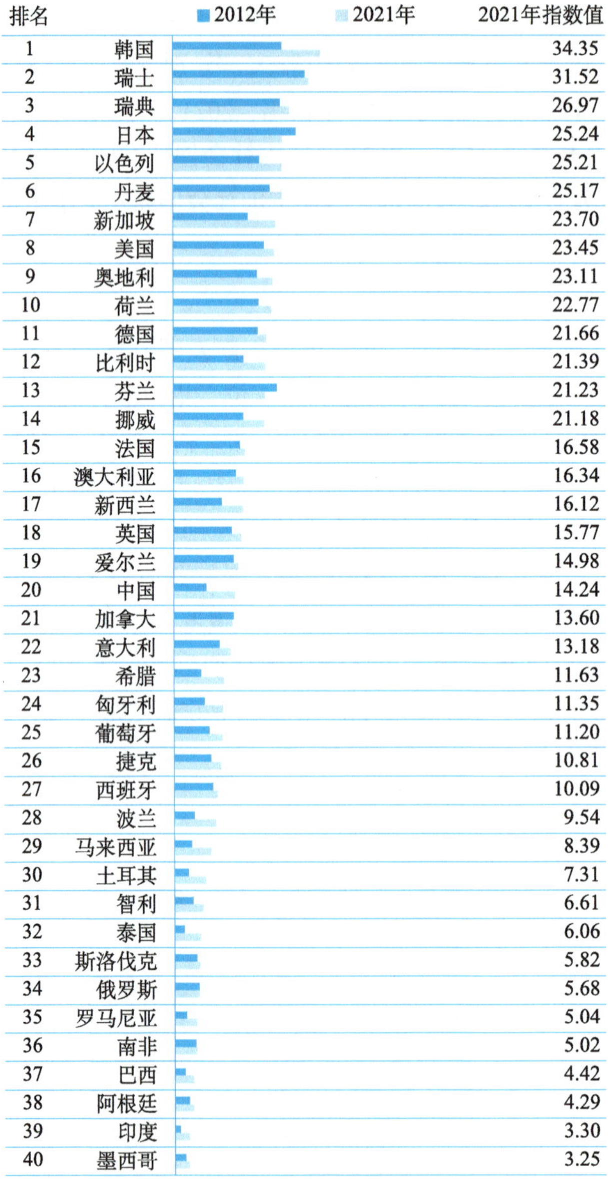

排名		2021年指数值
1	韩国	34.35
2	瑞士	31.52
3	瑞典	26.97
4	日本	25.24
5	以色列	25.21
6	丹麦	25.17
7	新加坡	23.70
8	美国	23.45
9	奥地利	23.11
10	荷兰	22.77
11	德国	21.66
12	比利时	21.39
13	芬兰	21.23
14	挪威	21.18
15	法国	16.58
16	澳大利亚	16.34
17	新西兰	16.12
18	英国	15.77
19	爱尔兰	14.98
20	中国	14.24
21	加拿大	13.60
22	意大利	13.18
23	希腊	11.63
24	匈牙利	11.35
25	葡萄牙	11.20
26	捷克	10.81
27	西班牙	10.09
28	波兰	9.54
29	马来西亚	8.39
30	土耳其	7.31
31	智利	6.61
32	泰国	6.06
33	斯洛伐克	5.82
34	俄罗斯	5.68
35	罗马尼亚	5.04
36	南非	5.02
37	巴西	4.42
38	阿根廷	4.29
39	印度	3.30
40	墨西哥	3.25

图 6-11 世界主要国家科学技术发展指数排名（2012 年、2021 年）

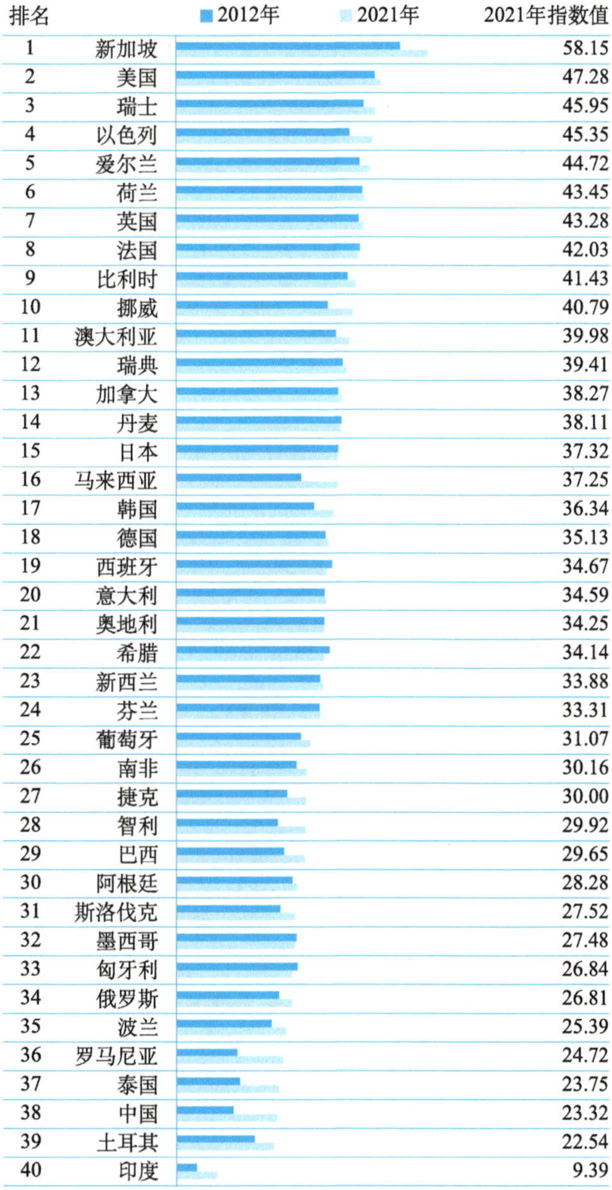

排名	国家	2021年指数值
1	新加坡	58.15
2	美国	47.28
3	瑞士	45.95
4	以色列	45.35
5	爱尔兰	44.72
6	荷兰	43.45
7	英国	43.28
8	法国	42.03
9	比利时	41.43
10	挪威	40.79
11	澳大利亚	39.98
12	瑞典	39.41
13	加拿大	38.27
14	丹麦	38.11
15	日本	37.32
16	马来西亚	37.25
17	韩国	36.34
18	德国	35.13
19	西班牙	34.67
20	意大利	34.59
21	奥地利	34.25
22	希腊	34.14
23	新西兰	33.88
24	芬兰	33.31
25	葡萄牙	31.07
26	南非	30.16
27	捷克	30.00
28	智利	29.92
29	巴西	29.65
30	阿根廷	28.28
31	斯洛伐克	27.52
32	墨西哥	27.48
33	匈牙利	26.84
34	俄罗斯	26.81
35	波兰	25.39
36	罗马尼亚	24.72
37	泰国	23.75
38	中国	23.32
39	土耳其	22.54
40	印度	9.39

图 6-12　世界主要国家产业创新发展指数排名（2012 年、2021 年）

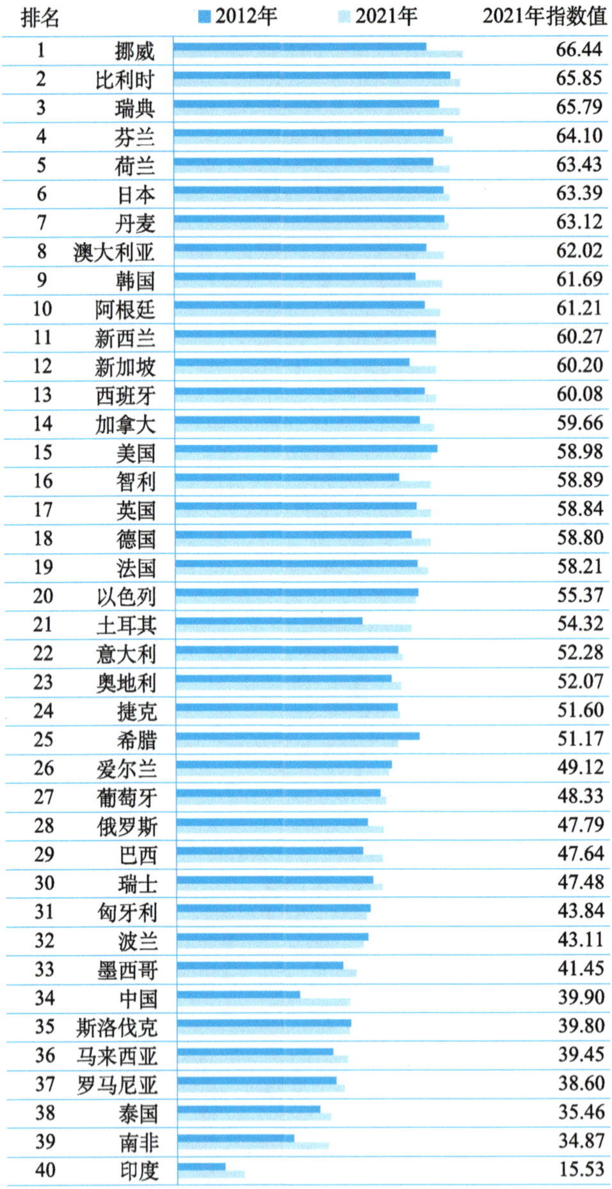

排名	国家	2021年指数值
1	挪威	66.44
2	比利时	65.85
3	瑞典	65.79
4	芬兰	64.10
5	荷兰	63.43
6	日本	63.39
7	丹麦	63.12
8	澳大利亚	62.02
9	韩国	61.69
10	阿根廷	61.21
11	新西兰	60.27
12	新加坡	60.20
13	西班牙	60.08
14	加拿大	59.66
15	美国	58.98
16	智利	58.89
17	英国	58.84
18	德国	58.80
19	法国	58.21
20	以色列	55.37
21	土耳其	54.32
22	意大利	52.28
23	奥地利	52.07
24	捷克	51.60
25	希腊	51.17
26	爱尔兰	49.12
27	葡萄牙	48.33
28	俄罗斯	47.79
29	巴西	47.64
30	瑞士	47.48
31	匈牙利	43.84
32	波兰	43.11
33	墨西哥	41.45
34	中国	39.90
35	斯洛伐克	39.80
36	马来西亚	39.45
37	罗马尼亚	38.60
38	泰国	35.46
39	南非	34.87
40	印度	15.53

图 6-13　世界主要国家社会创新发展指数排名（2012 年、2021 年）

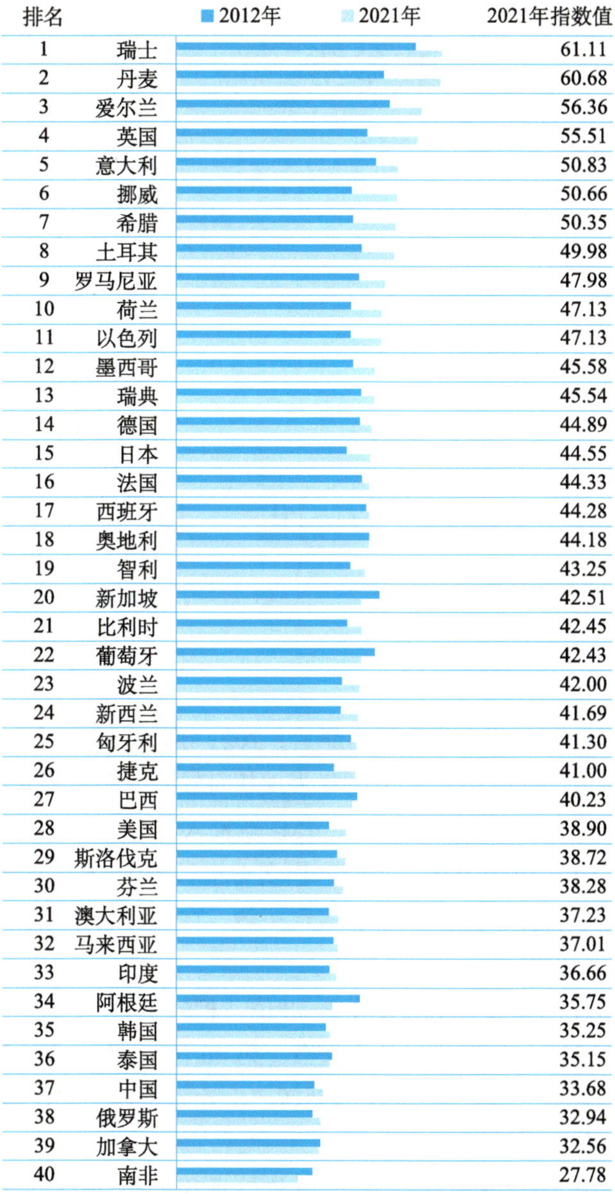

排名		2021年指数值
1	瑞士	61.11
2	丹麦	60.68
3	爱尔兰	56.36
4	英国	55.51
5	意大利	50.83
6	挪威	50.66
7	希腊	50.35
8	土耳其	49.98
9	罗马尼亚	47.98
10	荷兰	47.13
11	以色列	47.13
12	墨西哥	45.58
13	瑞典	45.54
14	德国	44.89
15	日本	44.55
16	法国	44.33
17	西班牙	44.28
18	奥地利	44.18
19	智利	43.25
20	新加坡	42.51
21	比利时	42.45
22	葡萄牙	42.43
23	波兰	42.00
24	新西兰	41.69
25	匈牙利	41.30
26	捷克	41.00
27	巴西	40.23
28	美国	38.90
29	斯洛伐克	38.72
30	芬兰	38.28
31	澳大利亚	37.23
32	马来西亚	37.01
33	印度	36.66
34	阿根廷	35.75
35	韩国	35.25
36	泰国	35.15
37	中国	33.68
38	俄罗斯	32.94
39	加拿大	32.56
40	南非	27.78

■2012年　■2021年

图 6-14　世界主要国家环境创新发展指数排名（2012 年、2021 年）

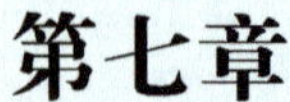

第七章

其他金砖国家创新发展和能力指数

第一节　印　　度

一、指数的相对优势比较

2021 年印度创新能力指数排名靠后，2021 年排在第 38 位，相较于 2012 年提升了 2 位。创新实力指数 2021 年表现相对较好，排在第 9 位，相比较于 2012 年上升了 7 位，上升幅度较大。其创新投入实力指数和创新条件实力指数表现较好，均位于前 10 名。创新产出实力指数排名 15，表现得相对较好，但创新影响实力指数排名第 21 位，表现一般，在 10 年观测期（2012 ～ 2021 年）内仅上升了 3 位。

2021 年印度创新效力指数排在第 38 位，相较于 2012 年上升了 2 位。从分指数来看，2021 年创新投入效力指数（第 40 位）、创新条件效力指数（第 39 位）表现均较差，排在第 28 位的创新产出效力指数和排在第 29 位的创新影响效力指数表现一般。

2021 年印度创新发展指数排第 40 位，且相较于 2012 年无变化。其分指数中科学技术发展指数（第 39 位）、产业创新发展指数（第 40 位）、社会创新发展指数（第 40 位）均处于 40 个国家排名的最后。环境创新发展指数 2021 年排在第 33 位，表现相对较好，如表 7-1 所示。

表 7-1 印度 2012 ～ 2021 年各指数排名及其变化

指数名称	2012 年	2016 年	2012～2016 年排名变化	2017 年	2021 年	2017～2021 年排名变化	2012～2021 年排名变化
创新能力指数	40	40	→	39	38	↑ 1	↑ 2
创新实力指数	16	15	↑ 1	13	9	↑ 4	↑ 7
创新投入实力指数	12	10	↑ 2	10	8	↑ 2	↑ 4
创新条件实力指数	12	13	↓ 1	13	8	↑ 5	↑ 4
创新产出实力指数	17	15	↑ 2	15	15	→	↑ 2
创新影响实力指数	24	25	↓ 1	24	21	↑ 3	↑ 3
创新效力指数	40	40	→	40	38	↑ 2	↑ 2
创新投入效力指数	39	39	→	39	40	↓ 1	↓ 1
创新条件效力指数	40	40	→	40	39	↑ 1	↑ 1
创新产出效力指数	34	35	↓ 1	33	28	↑ 5	↑ 6
创新影响效力指数	38	37	↑ 1	36	29	↑ 7	↑ 9
创新发展指数	40	40	→	40	40	→	→
科学技术发展指数	40	40	→	40	39	↑ 1	↑ 1
产业创新发展指数	40	40	→	40	40	→	→
社会创新发展指数	40	40	→	40	40	→	→
环境创新发展指数	33	31	↑ 2	33	33	→	→

二、分指数的相对优势研究

（一）创新实力指数

从创新实力分指数来看，2021 年，印度创新投入实力指数值为 8.78，略高于 40 个国家的平均值（7.25），远低于 40 个国家的最大值（69.87），排名为第 8 位；相较于 2012 年，指数值有小幅度提升，排名进步 4 位，与 40 个国家的最大值的差距还在拉大。印度创新条件实力指数值为 6.99，高于 40 个国家的平均值（6.23），与 40 个国家的最大值（60.51）还有较大差距，排名第 8 位；相较于 2012 年，指数值和排名有明显进步，但是与 40 个国家的最大值的差距依然存在。印度创新产出实力指数值为 4.55，低于 40 个国家的平均值（7.92），与 40 个国家的最大值（69.06）相比有很大差距，排第 15 位；

相较于2012年，指数值有小幅提升，排名上升了2位，与40个国家的最大值的差距进一步拉大。印度创新影响实力指数值为0.66，低于40个国家的平均值（1.52），与40个国家的最大值（12.14）差距较大，排名第21位；相较于2012年，指数值和排名有小幅提升，但与40个国家的最大值的差距进一步拉大。如图7-1和图7-2所示。

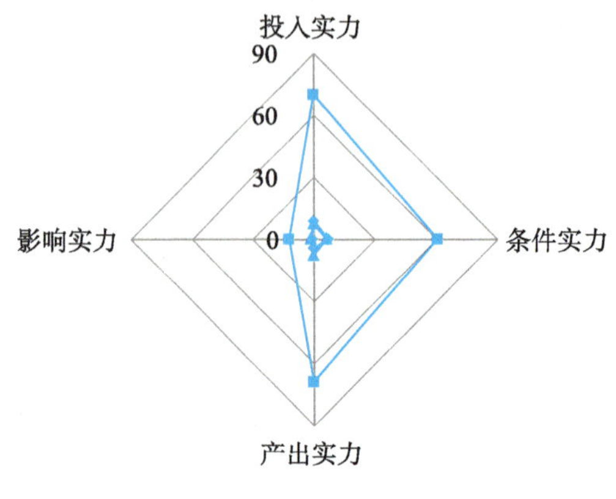

图7-1 印度创新实力分指数与40个国家的最大值、平均值比较（2021年）

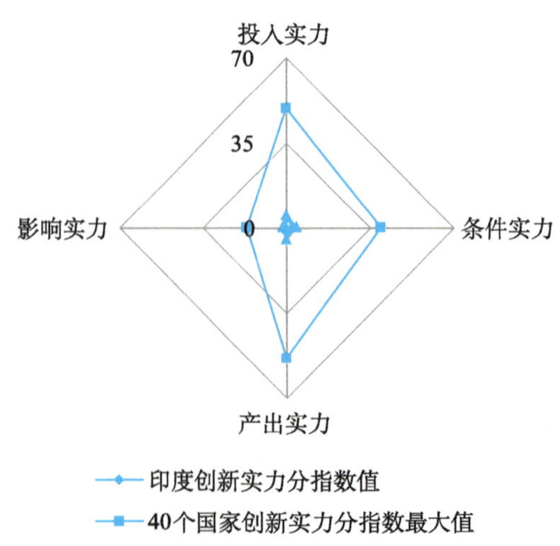

图7-2 印度创新实力分指数与40个国家的最大值、平均值比较（2012年）

2021 年，印度创新实力指数三级指标中，除研究人员数、国际期刊论文被引量、教育公共开支总额及 ICT 用户数这 4 个指标外，其他指标得分均低于 40 个国家相应指标得分的平均水平，且相对较小。2012 ～ 2021 年，印度创新实力指数各指标除研究人员数、国际期刊论文被引量、教育公共开支总额、ICT 用户数指标外，其他指标得分提升较慢。教育公共开支总额指标得

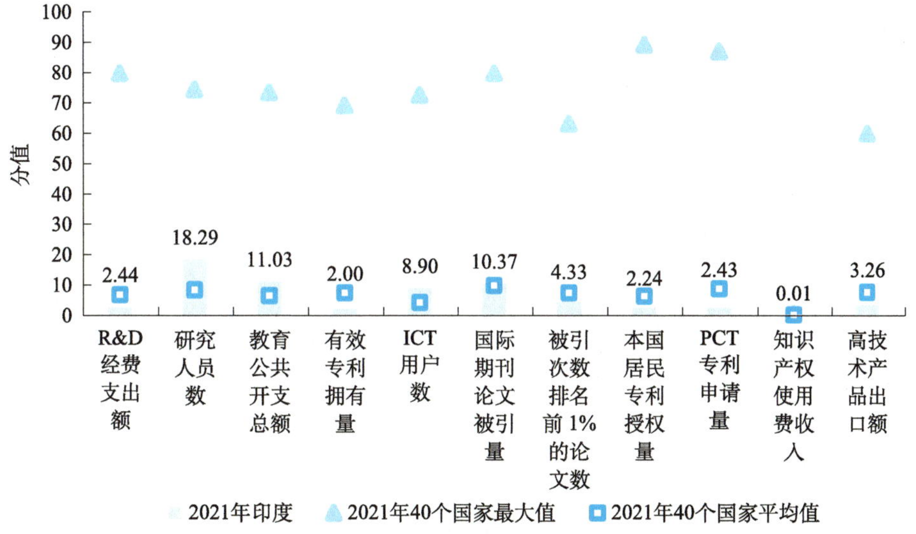

图 7-3 印度创新实力指数三级指标分值比较（2021 年）

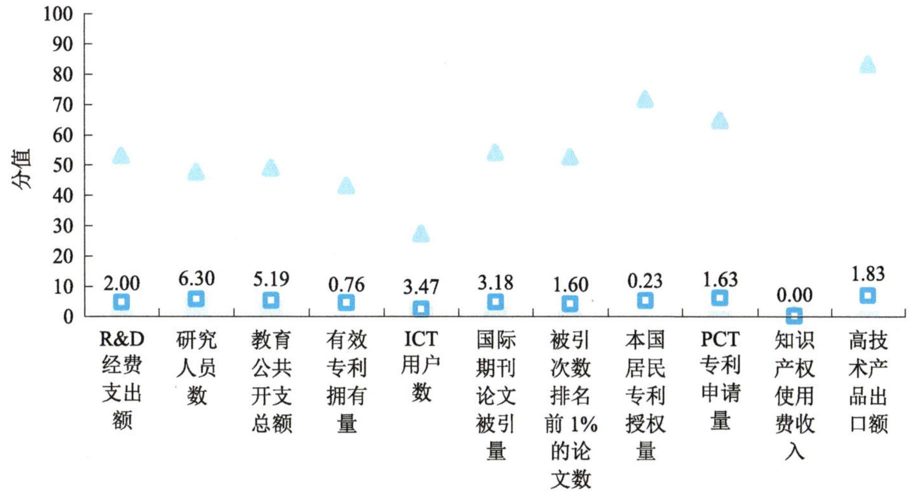

图 7-4 印度创新实力指数三级指标分值比较（2012 年）

分从 2012 年的 5.19，增长至 2021 年的 11.03，超过了 40 个国家指标得分的平均值。研究人员数指标得分表现相对较好，增长了 1.90 倍，达到 18.29，成为 2021 年印度创新实力指数中的最优指标，但也仅约为 40 个国家指标得分最大值 74.12（中国）的 1/4。如图 7-3 图 7-4 所示。

（二）创新效力指数

从创新效力分指数来看，2021 年，印度创新投入效力指数值为 3.85，远低于 40 个国家的平均值（27.01），排名最后一位；相较于 2012 年，指数值和排名都有所退步，与 40 个国家的最大值的差距进一步拉大。2021 年创新条件效力指数值为 16.76，低于 40 个国家的平均值（28.63），排名第 39 位；相较于 2012 年，指数值和排名都有所进步，但与 40 个国家的最大值的差距没有明显缩小。创新产出效力指数值为 10.05，低于 40 个国家的平均值（15.23），排名第 28 位；相较于 2012 年，指数值变化很小，排名上升了 6 位。创新影响效力指数值为 7.14，低于 40 个国家的平均值（9.45），排名第 29 位；相较于 2012 年，指数值有略微增长，但排名上升了 9 位，但与 40 个国家的最大值的差距没有明显缩小。如图 7-5 和图 7-6 所示。

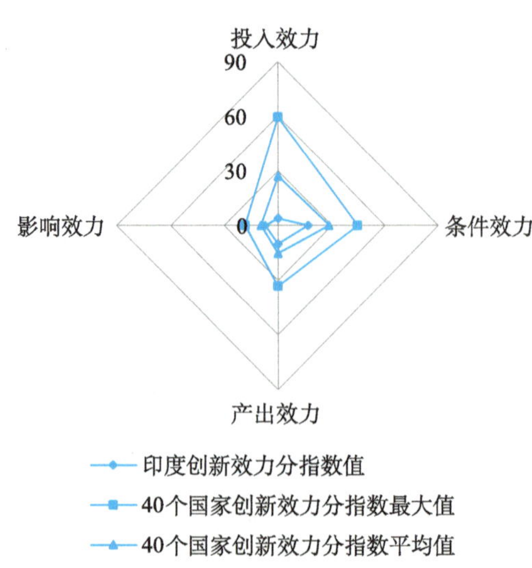

图 7-5 印度创新效力分指数与 40 个国家的最大值、平均值比较（2021 年）

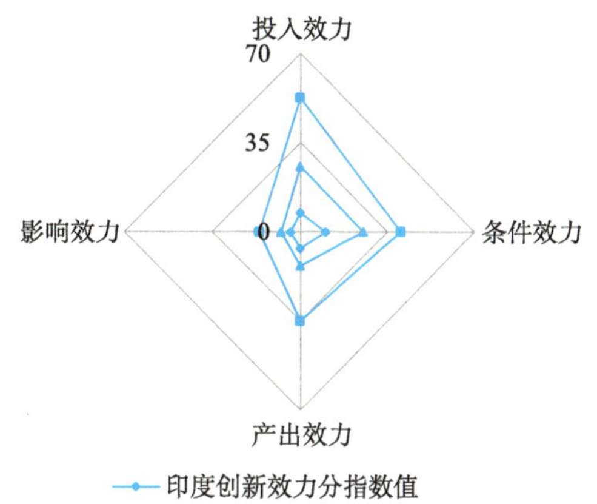

图 7-6　印度创新效力分指数与 40 个国家的最大值、平均值比较（2012 年）

2021 年印度创新效力指数三级指标中，除教育公共开支总额占 GDP 的比重、每百人互联网用户数、每百万美元 R&D 经费被引次数排名前 10% 的论文数及每百万美元 R&D 经费本国居民专利授权量这 4 个指标得分高于 40 个国家相应指标得分的平均值外，其余指标得分均低于 40 个国家相应指标得分的平均值，且所有指标得分均低于 40 个国家相应指标得分的最大值。相较于 2012 年创新效力指数三级指标，2021 年印度大部分创新效

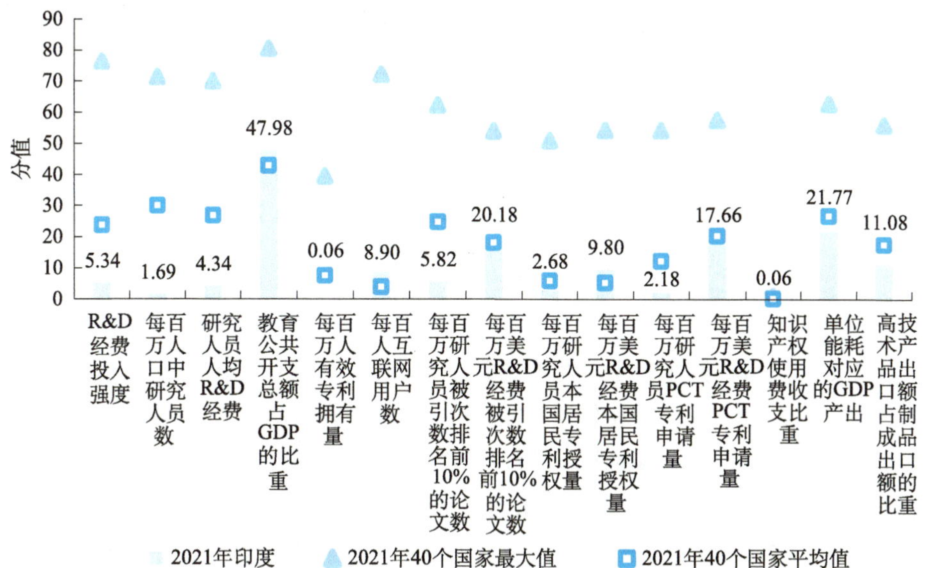

图 7-7　印度创新效力指数三级指标分值比较（2021 年）

力指数三级指标均有一定程度的进步，但 R&D 经费投入强度、研究人员人均 R&D 经费、每百万研究人员被引次数排名前 10% 的论文数及每百万研究人员 PCT 专利申请量这 4 个指标得分出现了小幅下降。教育公共开支总额占 GDP 的比重和每百万美元 R&D 经费被引次数排名前 10% 的论文数指标得分，分别由 2012 年的 31.57 和 9.59，增加到 2021 年的 47.98 和 20.18，超过了 40 个国家相应指标得分的平均值。2012 ～ 2021 年，印度 R&D 经费投入强度、每百万人口中研究人员数、研究人员人均 R&D 经费及每百万研究人员被引次数排名前 10% 的论文数这 4 个指标得分均小于 40 个国家相应指标得分平均值，同时与 40 个国家相应指标得分平均值的差距进一步扩大，如图 7-7 和图 7-8 所示。

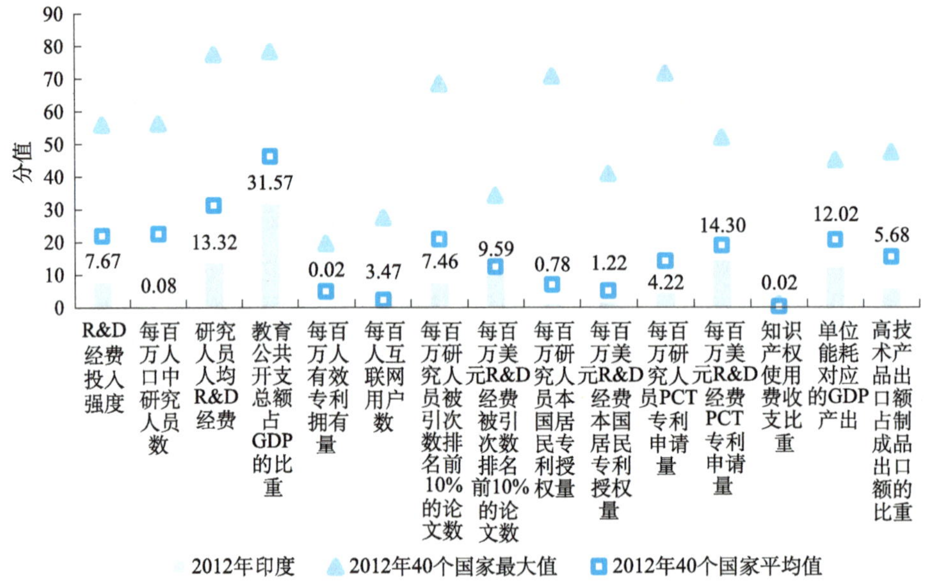

图 7-8　印度创新效力指数三级指标分值比较（2012 年）

（三）创新发展指数

2021 年，印度科学技术发展指数值为 3.30，远低于 40 个国家的平均值（14.94），排名第 39 位；相较于 2012 年，指数值有略微增长，排名上升 1 位，但与 40 个国家的平均值的差距并没有缩小。产业创新发展指数值为 9.39，远低于 40 个国家的平均值（34.39），排名最后一位；相较于 2012 年，指数值增长较小，排名始终处于最后一位，与 40 个国家的平均值的差距较大。社会创新发展指数值为 15.53，远低于 40 个国家的平均值（52.50），排名最后一位；相较于2012年，指数值增长较小，排名始终处于最后一位，与40个国家的平均值的差距基本保持不变。环境创新发展指数值为36.66，低于40个国家的平均值（43.20），与40个国家的最大值（61.11）差距明显，排名第33位；相较于2012年，指数值增长较小，排名没有变化，但与40个国家的最大值的差距不断拉大。如图7-9和图7-10所示。

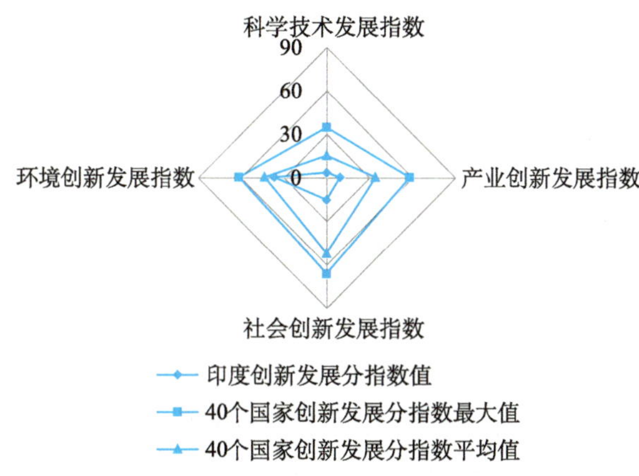

图7-9　印度创新发展分指数与40个国家的最大值、平均值比较（2021年）

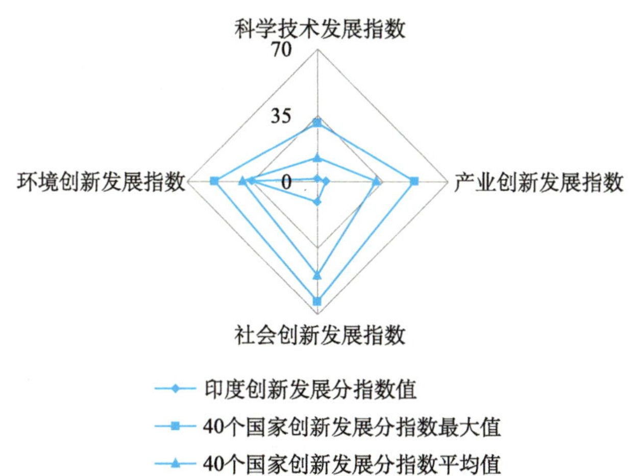

图7-10　印度创新发展分指数与40个国家的最大值、平均值比较（2012年）

2021年，印度创新发展指数三级指标中所有指标得分均低于40个国家相应指标得分的平均值，更远落后于40个国家相应指标得分的最大值。2012年印度创新发展指数三级指标中人均CO_2排放量指标得分为40个国家指标得分的最大值。2012～2021年，印度创新发展指数大部分指标得分均有

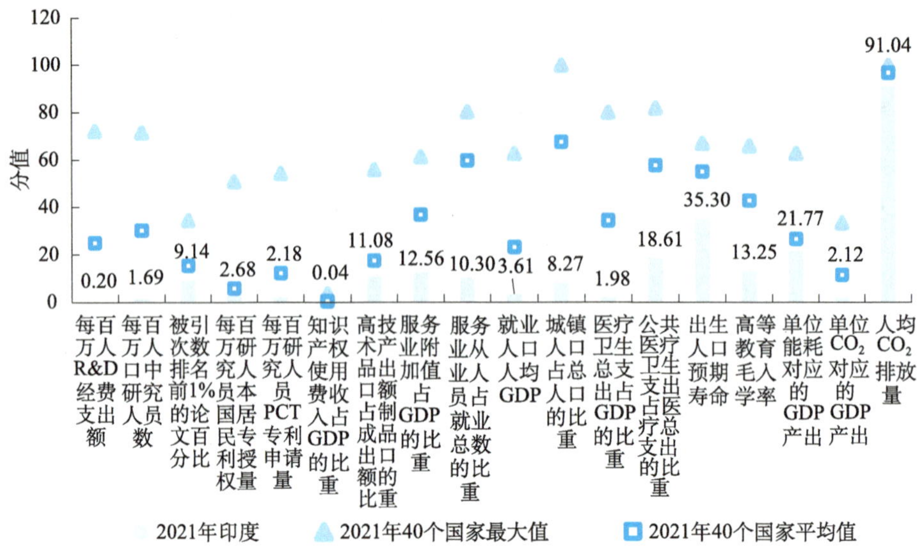

图 7-11 印度创新发展指数三级指标分值比较（2021 年）

一定幅度的提高，仅每百万研究人员 PCT 专利申请量、医疗卫生总支出占 GDP 的比重及人均 CO_2 排放量这 3 个指标得分出现了小幅下降。印度每百万人 R&D 经费支出额、每百万人口中研究人员数、医疗卫生总支出占 GDP 的比重、高等教育毛入学率及单位 CO_2 对应的 GDP 产出这 5 个指标得分均小于 40 个国家相应指标得分平均值，同时与 40 个国家相应指标得分平均值的差距进一步扩大。如图 7-11 和图 7-12 所示。

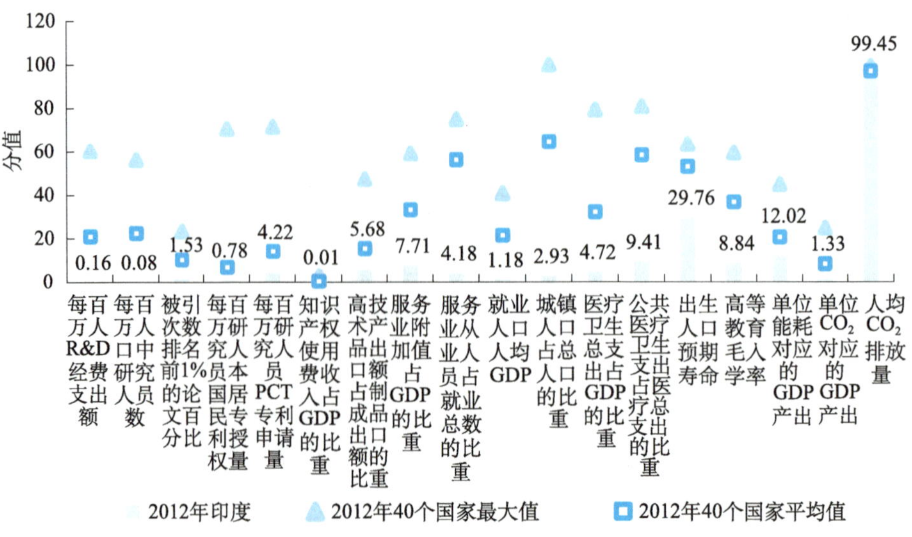

图 7-12 印度创新发展指数三级指标分值比较（2012 年）

第二节 巴 西

一、指数的相对优势比较

如表 7-2 所示，巴西的创新能力指数排名靠后，2021 年排名第 36 位，相比于 2012 年下降了 6 位。创新实力指数 2021 年表现相对较好，排名第 13 位，其中创新投入实力指数（第 9 位）和创新条件实力指数（第 10 位）的排名要显著优于创新产出实力指数（第 19 位）和创新影响实力指数（第 26 位）。

相比创新实力指数而言，巴西创新效力指数表现相对较差，2021 年排在第 36 位，相较于 2012 年下降了 4 位。从分指数来看，2021 年创新产出效力指数排在第 38 位，创新影响效力指数排在第 35 位，均拉低了创新效力指数排名。其他分指数排名情况为，创新投入效力指数排在第 32 位，创新条件效力指数排在第 23 位。

2021 年巴西创新发展指数排在第 31 位，相较于 2012 年下降了 2 位，主要受科学技术发展指数（第 37 位）的影响。

表 7-2 巴西 2012 ～ 2021 年各指数排名及其变化

指数名称	2012 年	2016 年	2012 ～ 2016 年排名变化	2017 年	2021 年	2017 ～ 2021 年排名变化	2012 ～ 2021 年排名变化
创新能力指数	30	31	↓ 1	30	36	↓ 6	↓ 6
创新实力指数	12	12	→	12	13	↓ 1	↓ 1
创新投入实力指数	9	9	→	9	9	→	→
创新条件实力指数	8	8	→	8	10	↓ 2	↓ 2
创新产出实力指数	22	21	↑ 1	20	19	↑ 1	↑ 3
创新影响实力指数	26	24	↑ 2	25	26	↓ 1	→
创新效力指数	32	34	↓ 2	36	36	→	↓ 4
创新投入效力指数	25	27	↓ 2	27	32	↓ 5	↓ 7

续表

指数名称	2012年	2016年	2012～2016年排名变化	2017年	2021年	2017～2021年排名变化	2012～2021年排名变化
创新条件效力指数	23	21	↑2	20	23	↓3	→
创新产出效力指数	39	40	↓1	40	38	↑2	↑1
创新影响效力指数	25	30	↓5	30	35	↓5	↓10
创新发展指数	29	30	↓1	30	31	↓1	↓2
科学技术发展指数	38	39	↓1	38	37	↑1	↑1
产业创新发展指数	31	27	↑4	27	29	↓2	↑2
社会创新发展指数	32	29	↑3	29	29	→	↑3
环境创新发展指数	16	23	↓7	24	27	↓3	↓11

二、分指数的相对优势研究

（一）创新实力指数

2021 年，巴西创新投入实力指数值为 6.66，与 40 个国家的最大值（69.87）差距较大，排名第 9 位；相较于 2012 年，指数值有所提升，排名不变，与 40 个国家的最大值的差距在拉大。创新条件实力指数值为 5.90，排名第 10 位，低于 40 个国家的平均值（6.23），远低于 40 个国家的最大值（60.51）；相较于 2012 年，指数值略有提升，但排名有所下降，与 40 个国家的最大值的差距在拉大。创新产出实力指数值为 2.85，排名第 19 位，低于 40 个国家的平均值（7.92）；相较于 2012 年，指数值略微增长，排名上升 3 位，与 40 个国家的最大值的差距进一步拉大。创新影响实力指数值为 0.33，排名第 26 位，与 40 个国家的最大值（13.14）差距较大；相较于 2012 年，指数值几乎没有变化，排名不变，与 40 个国家的最大值的差距在缩小，但不明显，如图 7-13 和图 7-14 所示。

2021 年，巴西创新实力指数三级指标中，除研究人员数、教育公共开支总额及 ICT 用户数这 3 个指标外，其他指标得分均低于 40 个国家相应指标得分的平均水平，且相对较小。有效专利拥有量、本国居民专利授权量、

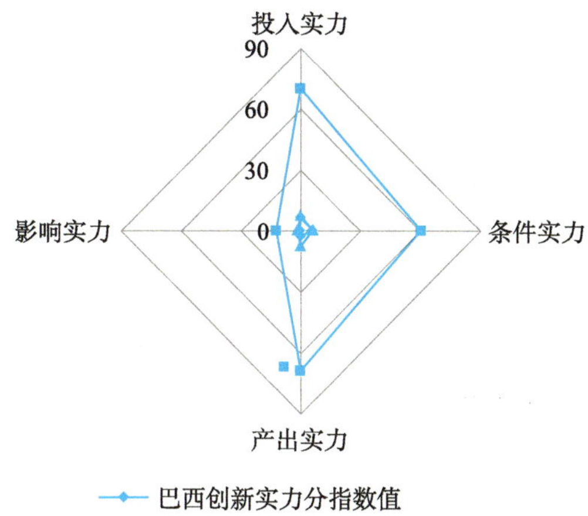

图 7-13　巴西创新实力分指数与 40 个国家的最大值、平均值比较（2021 年）

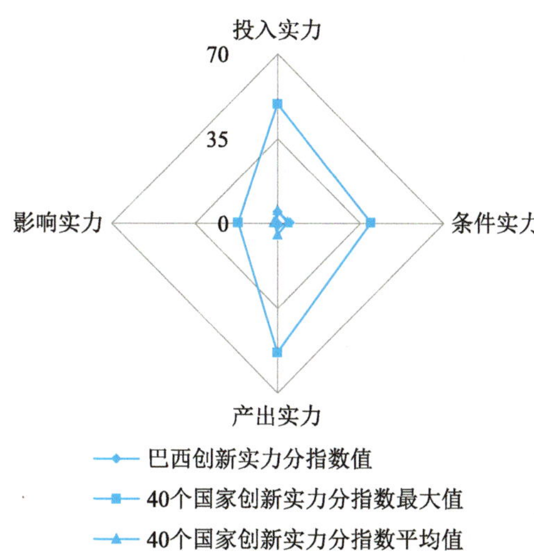

图 7-14　巴西创新实力分指数与 40 个国家的最大值、平均值比较（2012 年）

PCT 专利申请量、知识产权使用费收入这 4 个指标得分均在 1.00 以下，与 40 个国家相应指标得分的平均值存在较大差距。2012 ～ 2021 年，除 R&D 经费支出额、教育公共开支总额指标得分小幅下降外，其他创新实力指数三级指标得分均有缓慢提升。研究人员数指标得分从 2012 年的 5.31，增长至 2021 年的 11.10，超过了 40 个国家的平均值。2012 ～ 2021 年，巴西本国居民专利授权量指标和知识产权使用费收入指标得分始终低于 40 个国家相应指标得分的平均值，且与平均值的差距不断扩大。除此两者外，与40个国家相应指标得分平均值的分差进一步拉大的指标还有R&D经费支出额、有效专利拥有量、被引次数排名前1%的论文数、PCT专利申请量及高技术产品出口额。如图7-15和图7-16所示。

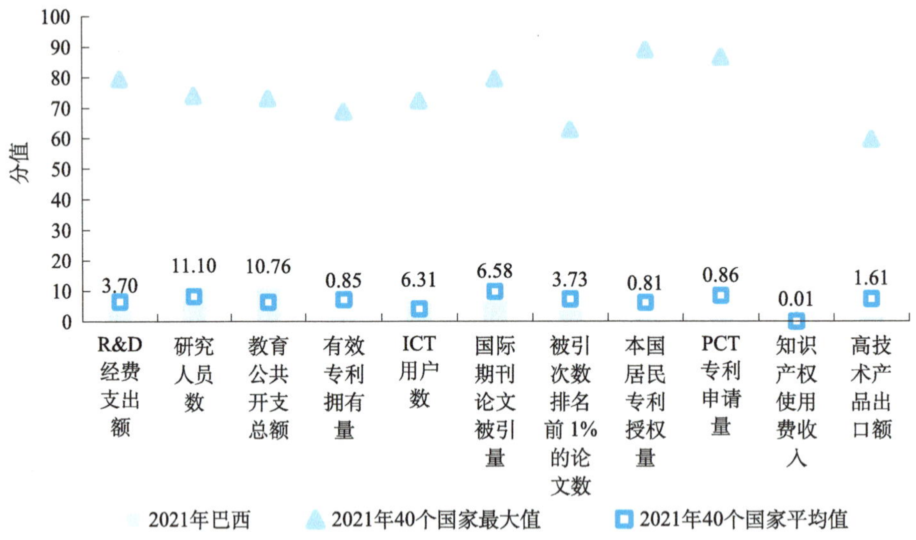

图7-15　巴西创新实力指数三级指标分值比较（2021年）

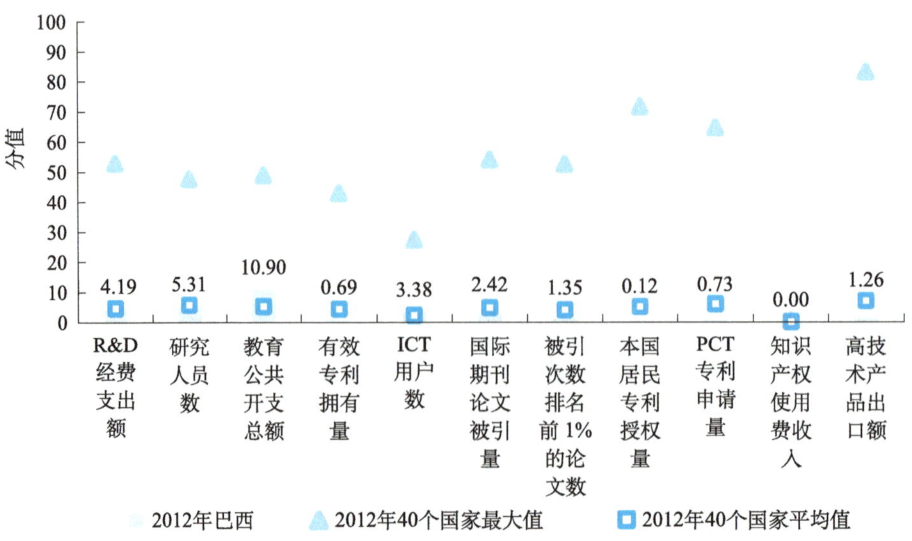

图7-16　巴西创新实力指数三级指标分值比较（2012年）

（二）创新效力指数

2021 年，巴西创新投入效力指数值为 12.00，低于 40 个国家的平均值（27.01），排名第 32 位；相较于 2012 年，指数值有所下降，排名退步了 7 位，与 40 个国家的最大值的差距进一步拉大。创新条件效力指数值为 26.12，低于 40 个国家的平均值（28.63），与 40 个国家的最大值（44.66）差距明显，排名第 23 位；相较于 2012 年，指数值有小幅度进步，排名没有发生变化，与 40 个国家的最大值的差距有略微缩小。创新产出效力指数值为 4.58，远低于 40 个国家的平均值（15.23），排名第 38 位；相较于 2012 年，指数值和排名都有小幅度的提高，与 40 个国家的最大值的差距有所缩小。创新影响效力指数值为 5.17，低于 40 个国家的平均值（9.45），排名第 35 位；相较于 2012 年，指数值略微降低，排名下降 10 位，与 40 个国家的最大值及平均值的差距进一步拉大。如图 7-17 和图 7-18 所示。

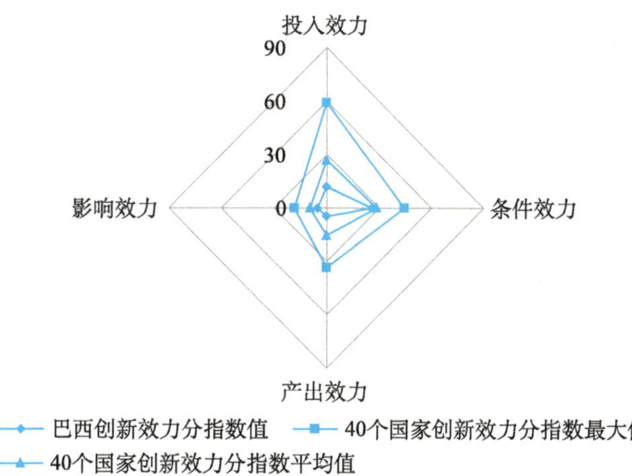

图 7-17 巴西创新效力分指数与 40 个国家的最大值、平均值比较（2021 年）

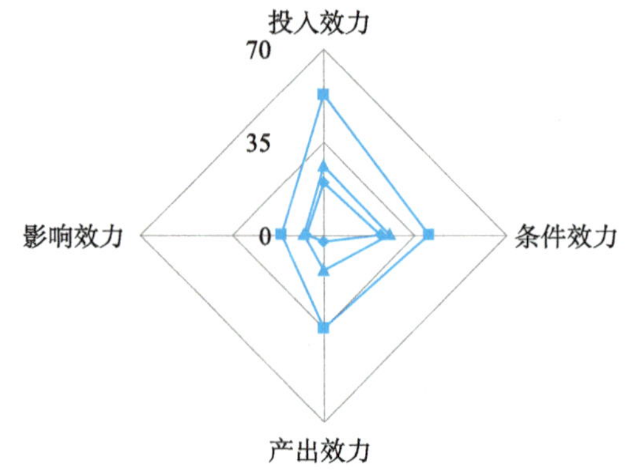

图 7-18　巴西创新效力分指数与 40 个国家的最大值、平均值比较（2012 年）

2021 年巴西创新效力指数三级指标中，除教育公共开支总额占 GDP 的比重和每百人互联网用户数指标外，其余指标得分均低于 40 个国家相应指标得分的平均值，且相对较小。相较于 2012 年创新效力指数三级指标，2021 年巴西大部分创新效力指数三级指标均有一定程度的进步，但 R&D 经费投入强度、研究人员人均 R&D 经费、每百万研究人员 PCT 专利申请量、单位能耗对应的 GDP 产出及高技术产品出口额占制成品出口额的比重这 5 个指标得分均出现了下降，尤其是研究人员人均 R&D 经费指标得分大幅下降。2012 ～ 2021 年，研究人员人均 R&D 经费和单位能耗对应的 GDP 产出指标得分，分别由 2012 年的 35.85 和 20.70，减少到 2021 年的 14.09 和 14.84，由高于 40 个国家平均值下降至低于 40 个国家平均值。2012 ～ 2021 年，巴西 R&D 经费投入强度、每百万人口中研究人员数、每百万人有效专利拥有量、每百万研究人员被引次数排名前 10% 的论文数及每百万美元 R&D 经费被引次数排名前 10% 的论文数这 5 个指标得分均小于 40 个国家相应指标得分的平均值，同时与 40 个国家相应指标得分平均值的差距进一步扩大。如图 7-19 和图 7-20 所示。

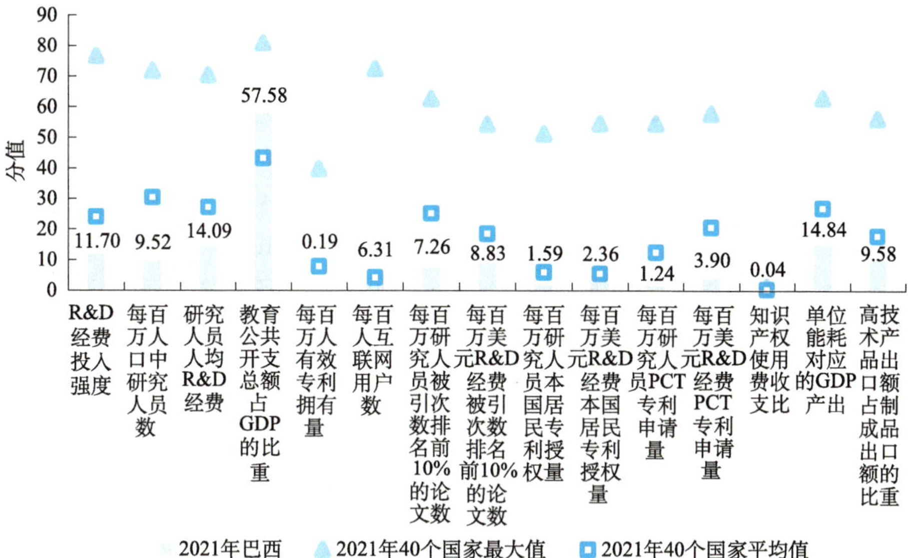

图 7-19　巴西创新效力指数三级指标分值比较（2021 年）

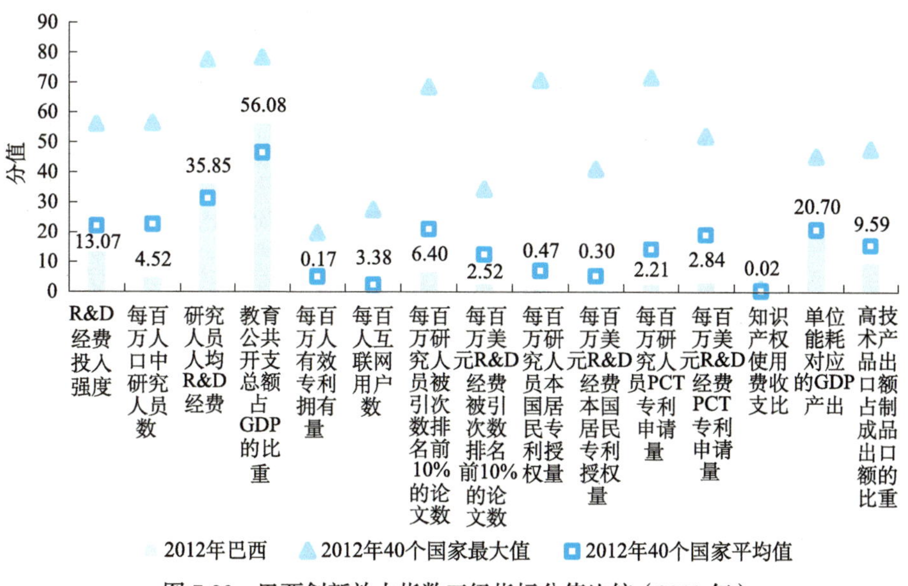

图 7-20　巴西创新效力指数三级指标分值比较（2012 年）

（三）创新发展指数

2021 年，巴西科学技术发展指数值为 4.42，远低于 40 个国家的平均值（14.94），排名第 37 位；相较于 2012 年，指数值有所提升，排名上升了 1 位，但与 40 个国家的平均值的差距并没有缩小。产业创新发展指数值为 29.65，低于 40 个国家的平均值（34.39），排名第 29 位；相较于 2012 年，指数值有小幅提升，排名上升了 2 位，与 40 个国家的平均值的差距有略微缩小。社会创新发展指数值为 47.64，低于 40 个国家的平均值（52.50），排名第 29 位；相较于 2012 年，指数值有一定提升，排名上升了 3 位，与 40 个国家的平均值的差距有所缩小但不明显。环境创新发展指数值为 40.23，低于 40 个国家的平均值（43.20），排名第 27 位；相较于 2012 年，指数值略微下降，排名下降了 11 位，与 40 个国家的最大值的差距进一步拉大。如图 7-21 和图 7-22 所示。

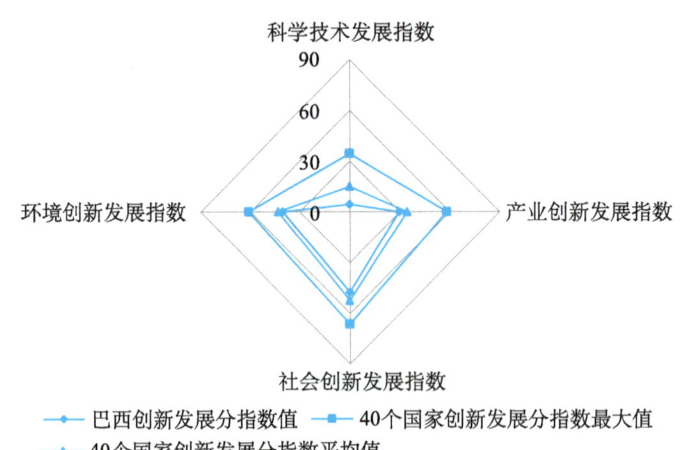

图 7-21　巴西创新发展分指数与 40 个国家的最大值、平均值比较（2021 年）

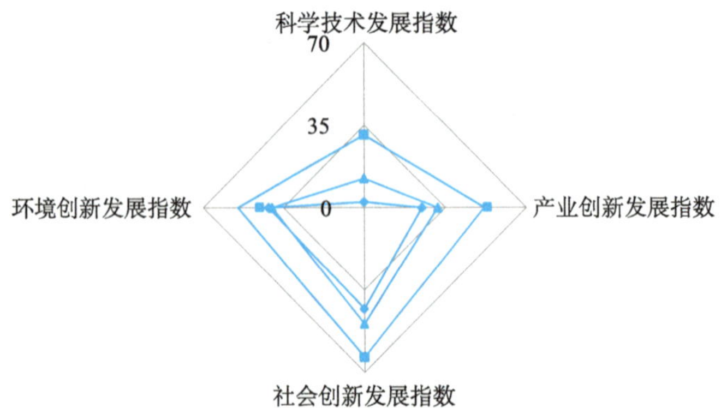

图 7-22　巴西创新发展分指数与 40 个国家的最大值、平均值比较（2012 年）

2021 年，巴西创新发展指数三级指标中仅服务业附加值占 GDP 的比重、服务业从业人员占就业总数的比重、城镇人口占总人口的比重、医疗卫生总支出占 GDP 的比重、单位 CO_2 对应的 GDP 产出及人均 CO_2 排放量这 6 个指标得分高于 40 个国家相应指标得分的平均值，其他指标得分均低于 40 个国家相应指标得分的平均值。全部指标得分远落后于 40 个国家相应指标得分的最大值，除人均 CO_2 排放量指标得分（99.42）接近 40 个国家指标得分的最大值（99.75）。2012 ～ 2021 年，巴西创新发展指数大部分指标得分均有一定幅度的提高，仅每百万人 R&D 经费支出额、每百万研究人员 PCT 专利申请量、高技术产品出口额占制成品出口额的比重、公共医疗卫生支出占医疗总支出的比重及单位能耗对应的 GDP 产出这 5 个指标得分出现了小幅下降。服务业附加值占 GDP 的比重、服务业从业人员占就业总数的比重及医疗卫生总支出占 GDP 的比重指标得分，分别由 2012 年的 29.08、53.69 和 29.90，增加到 2021 年的 37.77、63.09 和 43.80，均超过了 40 个国家相应指标得分的平均值。单位能耗对应的 GDP 产出指标得分由 2012 年的 20.70 减少到 2021 年的 14.84，低于 40 个国家相应指标得分的平均值。每百万人口中研究人员数、知识产权使用费收入占 GDP 的比重、就业人口人均 GDP 及公共医疗卫生支出占医疗总支出的比重这 4 个指标得分均小于 40 个国家相应指标得分平均值，同时与 40 个国家相应指标得分平均值的差距进一步扩大。如图 7-23 和图 7-24 所示。

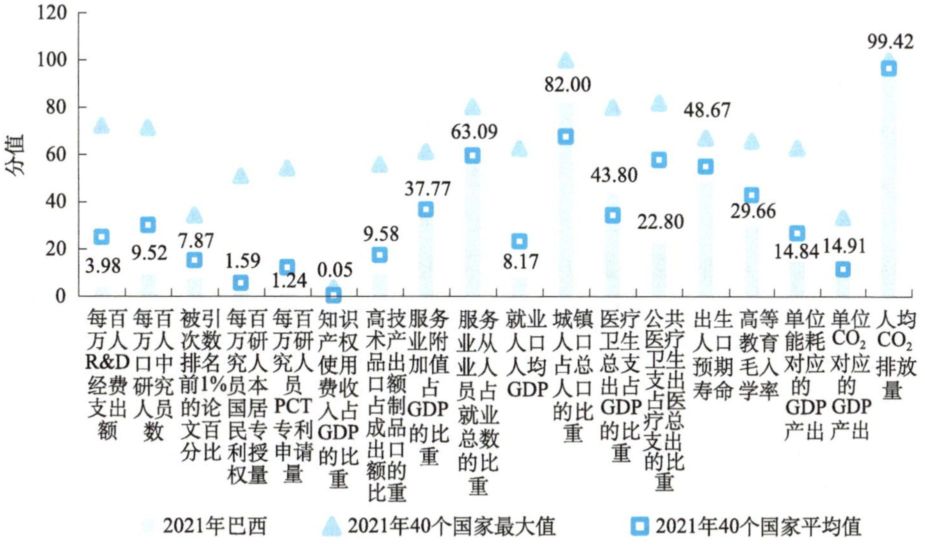

图 7-23　巴西创新发展指数三级指标分值比较（2021 年）

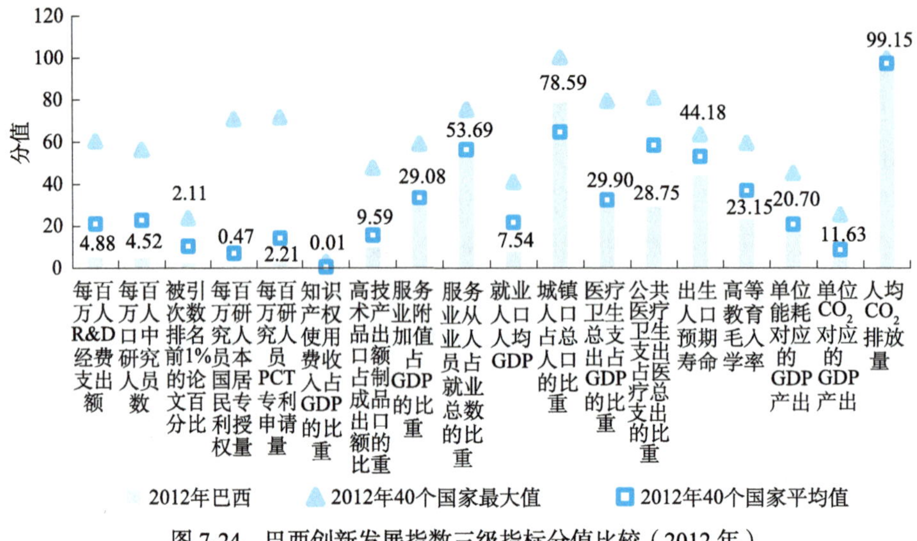

图 7-24 巴西创新发展指数三级指标分值比较（2012 年）

第三节 俄 罗 斯

一、指数的相对优势比较

如表 7-3 所示，俄罗斯的创新能力指数排名靠后，2021 年排名第 31 位，相较于 2012 年上升了 3 位。创新实力指数 2021 年表现相对较好，排名第 17 位，其中创新投入实力指数（第 10 位）、创新条件实力指数（第 13 位）和创新产出实力指数（第 16 位）表现较好，但创新影响实力指数（第 34 位）排名相对靠后，且创新影响实力指数排名相较于 2012 年下降了 5 位。

俄罗斯创新效力指数 2021 年排名第 31 位，相比于 2012 年上升了 6 位。在分指数中，2021 年创新产出效力指数（第 16 位）表现较好，相较于 2012 年上升了 12 位。其他分指数中，2021 年创新影响效力指数排名第 38 位，创新投入效力指数排在第 37 位，极大地影响了俄罗斯创新效力指数的表现。

2021 年，俄罗斯创新发展指数排名第 35 位，相较于 2012 年没有发生排名变化。分指数中，2021 年科学技术发展指数排名（第 34 位）下降幅度较大，其他分指数排名较 2012 年变化程度不大。

表 7-3 俄罗斯 2012 ～ 2021 年各指数排名及其变化

指数名称	2012年	2016年	2012 ～ 2016年排名变化	2017年	2021年	2017 ～ 2021年排名变化	2012 ～ 2021年排名变化
创新能力指数	34	36	↓ 2	35	31	↑ 4	↑ 3
创新实力指数	10	11	↓ 1	11	17	↓ 6	↓ 7
创新投入实力指数	7	8	↓ 1	8	10	↓ 2	↓ 3
创新条件实力指数	10	12	↓ 2	10	13	↓ 3	↓ 3
创新产出实力指数	15	16	↓ 1	16	16	→	↓ 1
创新影响实力指数	29	28	↑ 1	28	34	↓ 6	↓ 5
创新效力指数	37	37	→	37	31	↑ 6	↑ 6
创新投入效力指数	32	34	↓ 2	34	37	↓ 3	↓ 5
创新条件效力指数	35	35	→	26	27	↓ 1	↑ 8
创新产出效力指数	28	27	↑ 1	30	16	↑ 14	↑ 12
创新影响效力指数	39	39	→	39	38	↑ 1	↑ 1
创新发展指数	35	35	→	35	35	→	→
科学技术发展指数	28	30	↓ 2	31	34	↓ 3	↓ 6
产业创新发展指数	33	31	↑ 2	32	34	↓ 2	↓ 1
社会创新发展指数	30	30	→	30	28	↑ 2	↑ 2
环境创新发展指数	40	39	↑ 1	39	38	↑ 1	↑ 2

二、分指数的相对优势研究

（一）创新实力指数

2021 年，俄罗斯创新投入实力指数值为 5.53，低于 40 个国家的平均值（7.25），远低于 40 个国家的最大值（69.87），排名第 10 位；相较于 2012 年，指数值略有下降，排名下降了 3 位，与 40 个国家的最大值的差距则进一步拉大。创新条件实力指数值为 3.87，低于 40 个国家的平均值（6.23），远低于 40 个国家的最大值（60.51），排名第 13 位；相较于 2012 年，指数值和排名均有一定的退步，与 40 个国家的最大值的差距进一步拉大。创新产出实力指数值为 3.11，低于 40 个国家的平均值（7.92），排名第 16 位；相较于 2012 年，指数值有略微提升，但排名下降了 1 位，与 40 个国家的最大值的差距进一步拉大。创新影响实力指数值为 0.10，低于 40 个国家的平均值（1.52），排名第 34 位；相较于 2012 年，指数值和排名均下降，但与 40 个国家的最大值的差距略微缩小。如图 7-25 和图 7-26 所示。

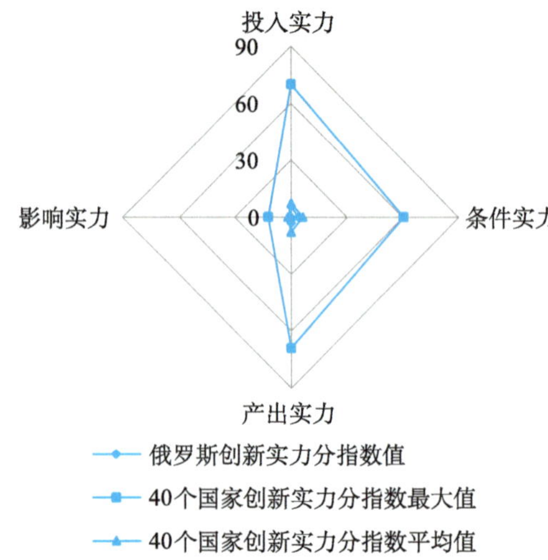

图 7-25 俄罗斯创新实力分指数与 40 个国家的最大值、平均值比较（2021 年）

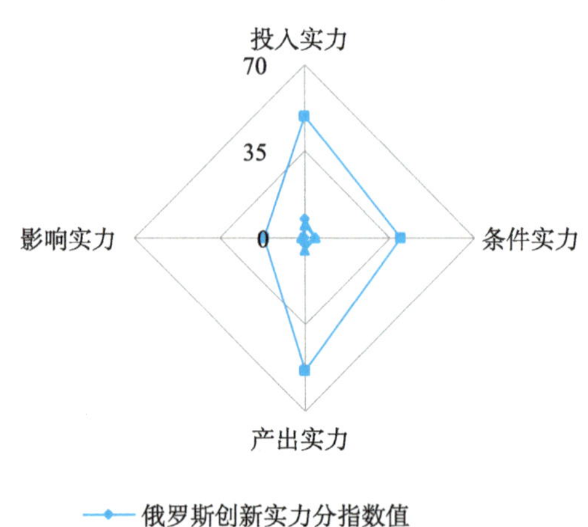

图 7-26 俄罗斯创新实力分指数与 40 个国家的最大值、平均值比较（2012 年）

2021 年，俄罗斯创新实力指数三级指标中，除研究人员数、ICT 用户数这 2 个指标外，其他指标得分均低于 40 个国家相应指标得分的平均水平，且相对较小。R&D 经费支出额、PCT 专利申请量及高技术产品出口额这 3 个指标得分与 40 个国家相应指标得分的平均值相差超过 5。2012 ～ 2021 年，俄罗斯创新实力指数各指标得分提升较慢，其中，R&D 经费支出额、研究人员数、教育公共开支总额、本国居民专利授权量、PCT 专利申请量、高技术产品出口额这 6 个指标得分还小幅下降。2012 ～ 2021 年，俄罗斯创新实力指数三级指标中，低于 40 个国家相应指标得分平均值的指标，其分值与平均值之间的差距均不断拉大。从整体上看，俄罗斯创新实力指数各指标得分仍与 40 个国家相应指标得分的最大值有较大差距。如图 7-27 和图 7-28 所示。

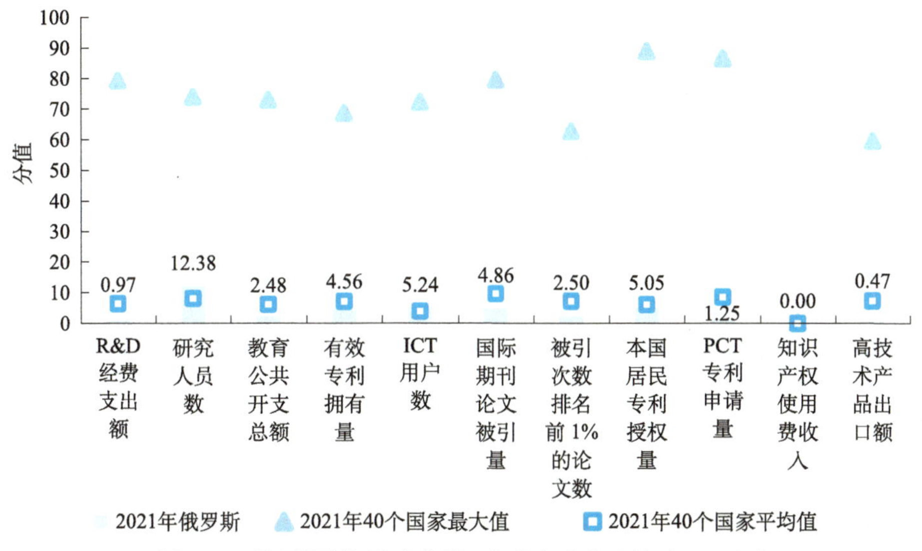

图 7-27 俄罗斯创新实力指数三级指标分值比较（2021 年）

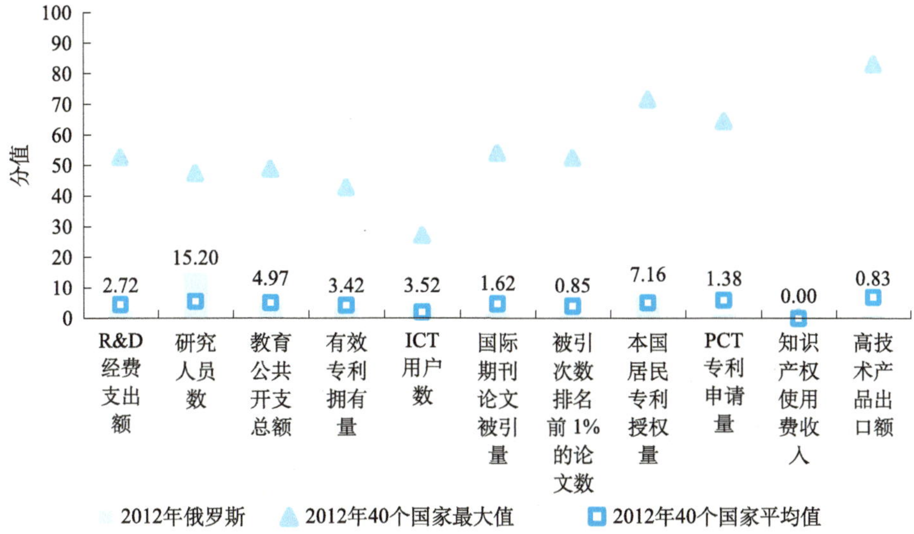

图 7-28 俄罗斯创新实力指数三级指标分值比较（2012 年）

（二）创新效力指数

2021 年，俄罗斯创新投入效力指数值为 8.85，低于 40 个国家的平均值（27.01），排名第 37 位；相较于 2012 年，指数值有略微下降，排名则下降了 5 位，与 40 个国家的平均值的差距也进一步拉大。创新条件效力指数值为 24.68，低于 40 个国家的平均值（28.63），与 40 个国家的最大值（44.66）的差距明显，排名第 27 位；相较于 2012 年，指数值略微上升，排名上升了 8 位，与 40 个国家的最大值的差距缩小。创新产出效力指数值为 17.62，高于 40 个国家的平均值（15.23），排名第 16 位；相较于 2012 年，指数值提升，排名上升了 12 位，与 40 个国家的最大值的差距缩小。创新影响效力指数值为 3.19，低于 40 个国家的平均值（9.45），排名第 38 位；相较于 2012 年，指数值略微上升，排名上升 1 位，与 40 个国家的最大值及平均值的差距变化不明显。如图 7-29 和图 7-30 所示。

2021 年俄罗斯创新效力指数三级指标中，除教育公共开支总额占 GDP 的比重、每百人互联网用户数、每百万美元 R&D 经费被引次数排名前 10% 的论文数、每百万研究人员本国居民专利授权量、每百万美元 R&D 经费本国居民专利授权量及每百万美元 R&D 经费 PCT 专利申请量这 6 个指标得分高于 40 个国家相应指标得分的平均值外，其余指标得分均低于 40 个国

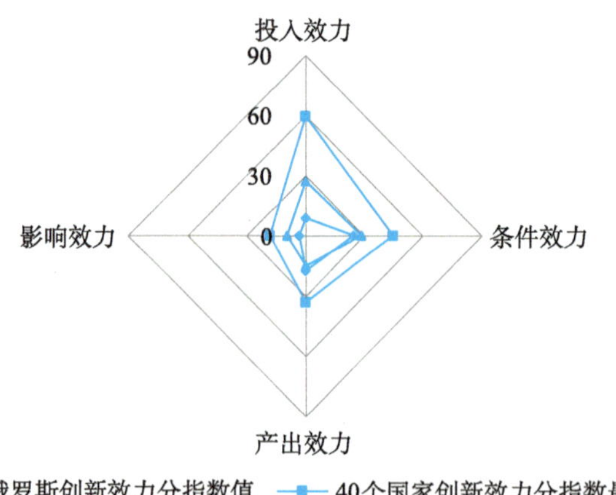

图 7-29　俄罗斯创新效力分指数与 40 个国家的最大值、平均值比较（2021 年）

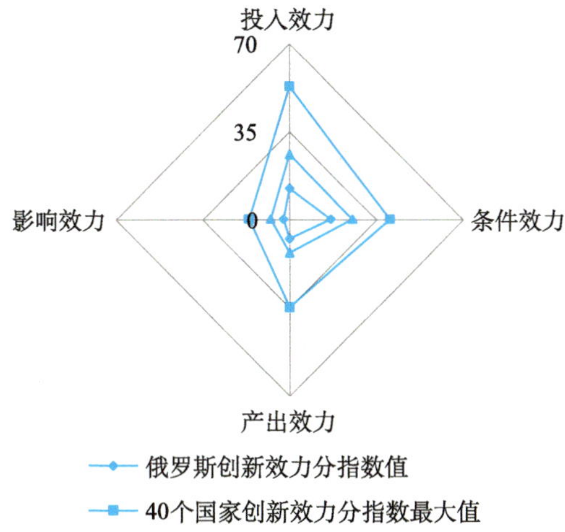

图 7-30　俄罗斯创新效力分指数与 40 个国家的最大值、平均值比较（2012 年）

家相应指标得分的平均值。其中，每百万美元 R&D 经费本国居民专利授权量指标得分为 40 个国家指标得分的最大值。相较于 2012 年创新效力指数三级指标，2021 年俄罗斯大部分创新效力指数三级指标均有一定程度的进步，但 R&D 经费投入强度、每百万人口中研究人员数、研究人员人均 R&D 经费、每百万研究人员本国居民专利授权量和高技术产品出口额占制成品出口额的比重这 5 个指标得分出现了小幅下降。2012 ～ 2021 年，R&D 经费投入强度、每百万人口中研究人员数、研究人员人均 R&D 经费、每百万人有效专利拥有量、单位能耗对应的 GDP 产出、每百万研究人员被引次数排名前 10% 的论文数及高技术产品出口额占制成品出口额的比重这 7 个指标得分均小于 40 个国家相应指标得分平均值，同时与 40 个国家相应指标得分平均值的差距进一步扩大。如图 7-31 和图 7-32 所示。

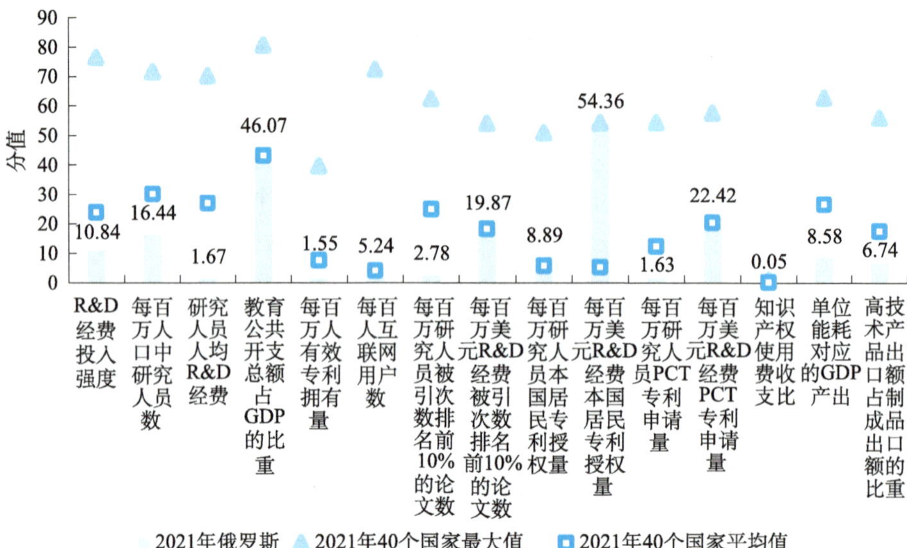

图 7-31　俄罗斯创新效力指数三级指标分值比较（2021 年）

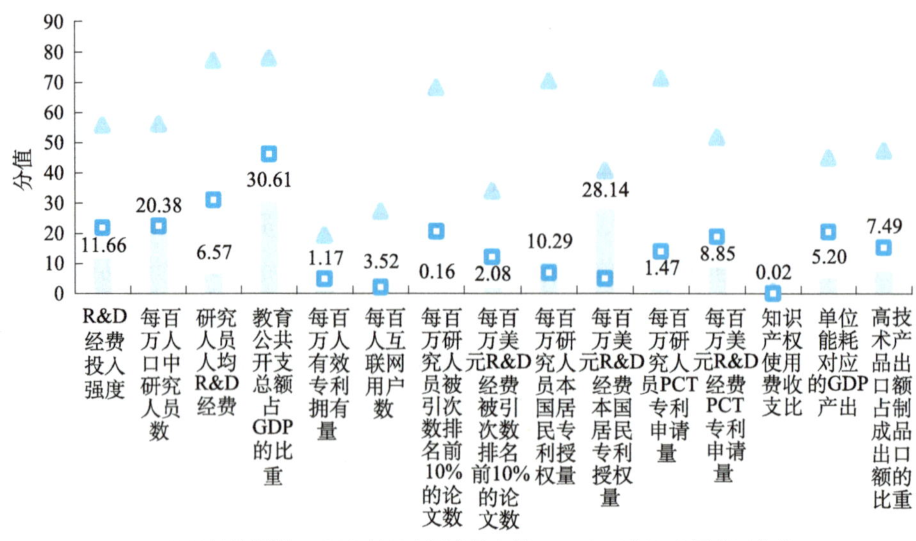

图 7-32　俄罗斯创新效力指数三级指标分值比较（2012 年）

（三）创新发展指数

2021 年，俄罗斯科学技术发展指数值为 5.68，低于 40 个国家的平均值（14.94），排名第 34 位；相较于 2012 年，指数值几乎没有变化，但排名下降了 6 位，与 40 个国家的平均值的差距进一步拉大。产业创新发展指数值为 26.81，低于 40 个国家的平均值（34.39），排名第 34 位；相较于 2012 年，指数值有小幅提升，但排名下降了 1 位，与 40 个国家的平均值的差距有略微缩小。社会创新发展指数值为 47.79，低于 40 个国家的平均值（52.50），排名第 28 位；相较于 2012 年，指数值有小幅提升，排名上升了 2 位，与 40 个国家的平均值的差距无明显变化。环境创新发展指数值为 32.94，低于 40 个国家的平均值（43.20），排名第 38 位；相较于 2012 年，指数值几乎不变，排名上升了 2 位，与 40 个国家的最大值的差距扩大。如图 7-33 和图 7-34 所示。

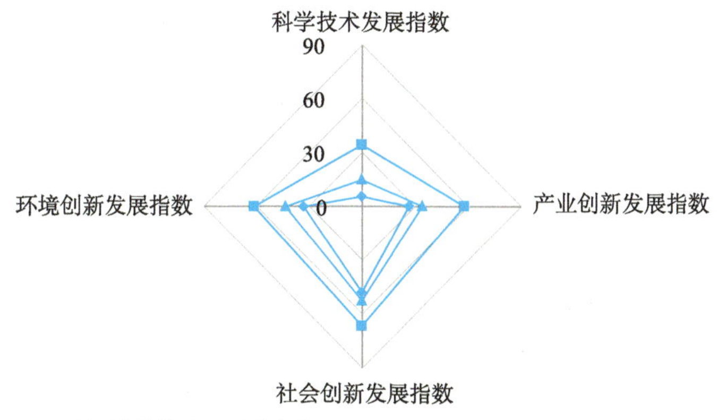

图 7-33 俄罗斯创新发展分指数与 40 个国家的最大值、平均值比较（2021 年）

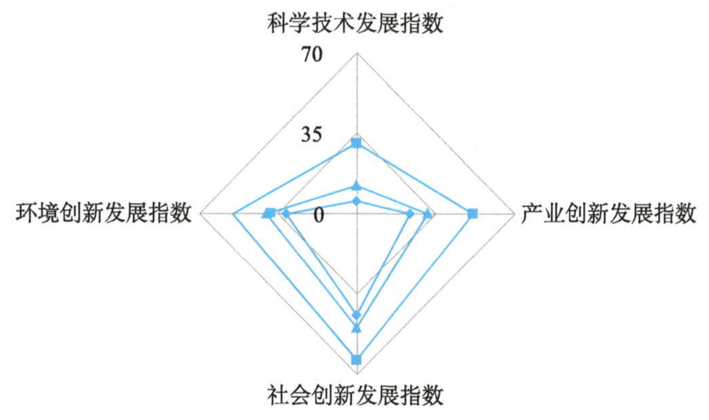

图 7-34 俄罗斯创新发展分指数与 40 个国家的最大值、平均值比较（2012 年）

2021 年，俄罗斯创新发展指数三级指标中仅每百万研究人员本国居民专利授权量、高等教育毛入学率和人均 CO_2 排放量指标得分高于 40 个国家相应指标得分的平均值，其他指标得分均低于 40 个国家相应指标得分的平均值；除人均 CO_2 排放量外，其他指标得分远落后于 40 个国家相应指标得分的最大值。2012 ～ 2021 年，俄罗斯创新发展指数大部分指标得分均有一定幅度的提高，仅每百万人 R&D 经费支出额、每百万人口中研究人员数、每百万研究人员本国居民专利授权量、高技术产品出口额占制成品出口额的比重、公共医疗卫生支出占医疗总支出的比重及单位 CO_2 对应的 GDP 产出这 6 个指标得分出现了下降。知识产权使用费收入占 GDP 的比重指标得分由 2012 年的 0.02 增加到 2021 年的 0.13。每百万研究人员本国居民专利授权量、人均 CO_2 排放量这 2 个指标得分均小于 40 个国家相应指标得分的平均值，同时与 40 个国家相应指标得分平均值的差距有所缩小。如图 7-35 和图 7-36 所示。

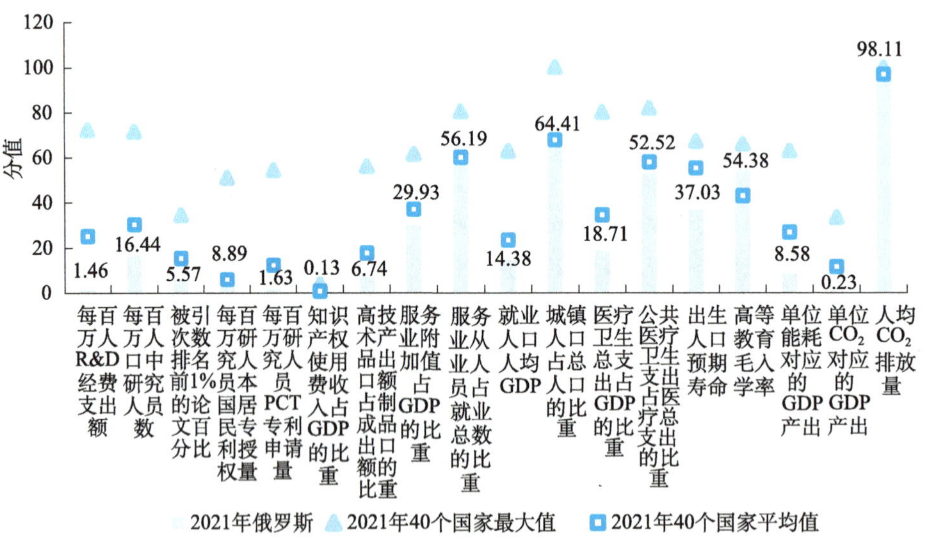

图 7-35　俄罗斯创新发展指数三级指标分值比较（2021 年）

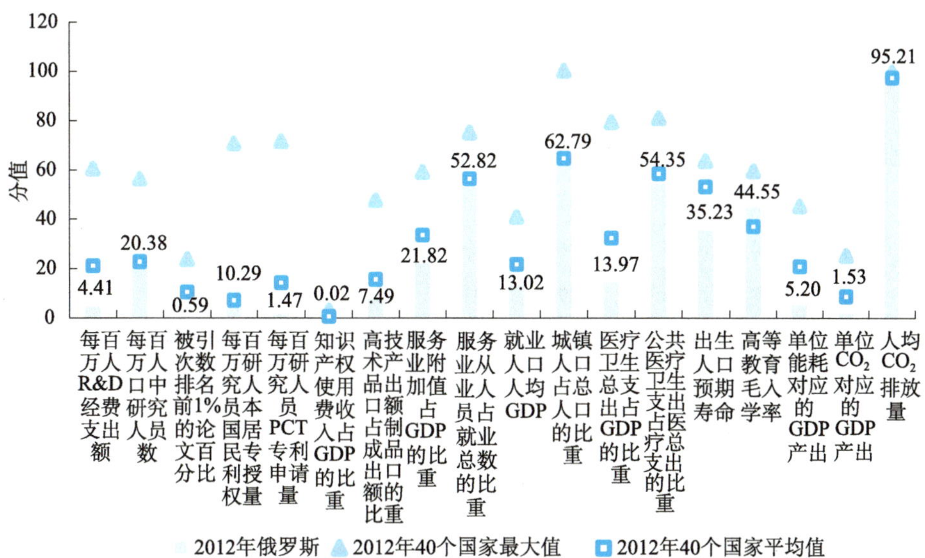

图 7-36 俄罗斯创新发展指数三级指标分值比较（2012 年）

第四节 南　　非

一、指数的相对优势比较

如表 7-4 所示，南非的创新能力指数排名靠后，2021 年排名第 34 位，相较于 2012 年下降了 2 位。创新实力指数 2021 年排名第 32 位，其中创新条件实力指数（第 26 位）表现相对较好，但 2021 年创新投入实力指数（第 35 位）和创新影响实力指数（第 39 位）表现相对较差。

南非创新效力指数 2021 年排名第 33 位，比 2012 年下降了 3 位；从分指数来看，创新产出效力指数（第 18 位）表现较好；创新投入效力指数和创新影响效力指数表现均不理想；创新影响效力指数排在 40 个国家的末位，且相较于 2012 年未出现明显波动。

2021 年南非创新发展指数排名第 39 位，相较于 2012 年下降了 2 位。在分指数中，2021 年除产业创新发展指数（第 26 位）外，其他分指数均表现较差，环境创新发展指数排在 40 个国家中的末位。

表 7-4 南非 2012 ～ 2021 年各指数排名及其变化

指数名称	2012年	2016年	2012～2016年排名变化	2017年	2021年	2017～2021年排名变化	2012～2021年排名变化
创新能力指数	32	33	↓ 1	34	34	→	↓ 2
创新实力指数	35	35	→	35	32	↑ 3	↑ 3
创新投入实力指数	36	36	→	36	35	↑ 1	↑ 1
创新条件实力指数	25	27	↓ 2	27	26	↑ 1	↓ 1
创新产出实力指数	30	29	↑ 1	28	29	↓ 1	↑ 1
创新影响实力指数	35	37	↓ 2	38	39	↓ 1	↓ 4
创新效力指数	30	31	↓ 1	30	33	↓ 3	↓ 3
创新投入效力指数	35	38	↓ 3	38	38	→	↓ 3
创新条件效力指数	24	30	↓ 6	31	24	↑ 7	→
创新产出效力指数	18	13	↑ 5	13	18	↓ 5	→
创新影响效力指数	40	40	→	40	40	→	→
创新发展指数	37	39	↓ 2	39	39	→	↓ 2
科学技术发展指数	30	33	↓ 3	33	36	↓ 3	↓ 6
产业创新发展指数	27	29	↓ 2	28	26	↑ 2	↑ 1
社会创新发展指数	39	39	→	39	39	→	→
环境创新发展指数	39	40	↓ 1	40	40	→	↓ 1

二、分指数的相对优势研究

（一）创新实力指数

2021 年，南非创新投入实力指数值为 0.70，低于 40 个国家的平均值（7.25），远低于 40 个国家的最大值（69.87），排名第 35 位；相较于 2012 年，指数值略有下降，排名上升 1 位，与 40 个国家的最大值的差距则进一步拉大。创新条件实力指数值为 1.24，低于 40 个国家的平均值（6.23），远低于 40 个国家的最大值（60.51），排名第 26 位；相较于 2012 年，指数值略有进步，但排名下降了 1 位，与 40 个国家的最大值的差距明显拉大。创新产出实力指数值为 1.28，低于 40 个国家的平均值（7.92），排名第 29 位；相较于 2012 年，指数值和排名均有略微提升，但与 40 个国家的最大值的差距明显拉大。创新影响实力指数值为 0.03，低于 40 个国家的平均值（1.52），排名第 39 位；相较于 2012 年，指数值几乎没有变化，但排名下降了 4 位，与 40 个国家的最大值的差距略微缩小。如图 7-37 和图 7-38 所示。

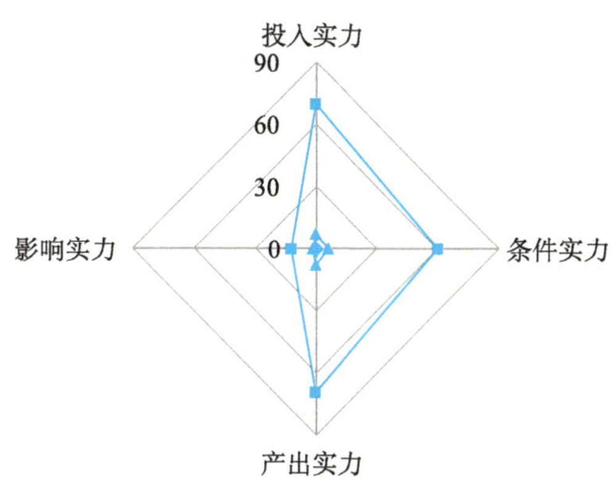

图 7-37　南非创新实力分指数与 40 个国家的最大值、平均值比较（2021 年）

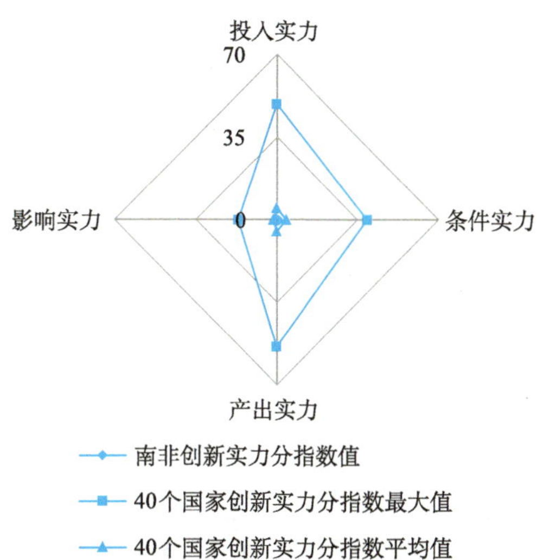

图 7-38　南非创新实力分指数与 40 个国家的最大值、平均值比较（2012 年）

2021 年，南非创新实力指数三级指标得分均低于 40 个国家相应指标得分的平均水平，且相对较小。其中 R&D 经费支出额、ICT 用户数、本国居民专利授权量、PCT 专利申请量及高技术产品出口额这 5 个指标得分均小于

1 且同期 40 个国家相应指标得分的平均值均在 4 以上。2012 ～ 2021 年，在南非创新实力指数各指标中，除教育公共开支总额、本国居民专利授权量、PCT 专利申请量及高技术产品出口额这 4 个指标得分小幅下降外，其他指标得分均有小幅提升，但所有指标得分与 40 个国家相应指标得分的平均值之间的差距不断拉大。如图 7-39 和图 7-40 所示。

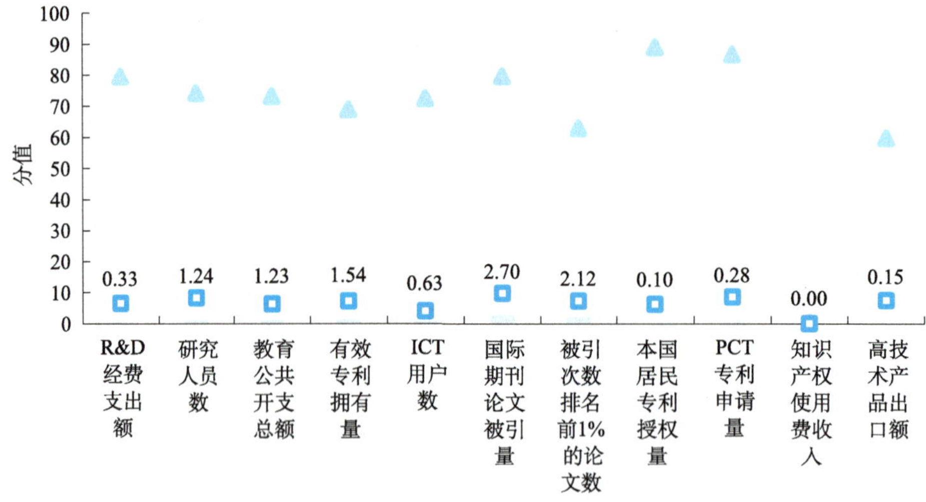

图 7-39 南非创新实力指数三级指标分值比较（2021 年）

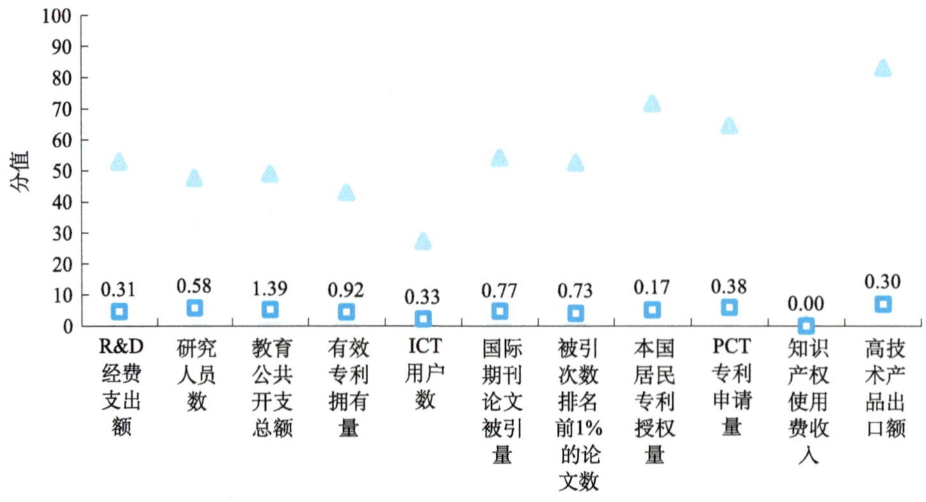

图 7-40 南非创新实力指数三级指标分值比较（2012 年）

（二）创新效力指数

2021 年，南非创新投入效力指数值为 8.60，低于 40 个国家的平均值（27.01），排名第 38 位；相较于 2012 年，指数值有小幅下降，排名下降了 3 位，与 40 个国家的平均值的差距也进一步拉大。创新条件效力指数值为 26.11，低于 40 个国家的平均值（28.63），排名第 24 位；相较于 2012 年，指数值提升，但排名没有发生变化，与 40 个国家的最大值的差距有所缩小。创新产出效力指数值为 17.50，高于 40 个国家的平均值（15.23），排名第 18 位；相较于 2012 年，指数值上升，排名没有变化，与 40 个国家的最大值的差距有所缩小。创新影响效力指数值为 1.29，低于 40 个国家的平均值（9.45），排名最后 1 位；相较于 2012 年，指数值略微下降，排名始终处于最后 1 位，与 40 个国家的平均值的差距进一步拉大。如图 7-41 和图 7-42 所示。

2021 年南非创新效力指数三级指标中，除教育公共开支总额占 GDP 的比重、每百万研究人员被引次数排名前 10% 的论文数及每百万美元 R&D 经费被引次数排名前 10% 的论文数这 3 个指标得分高于 40 个国家相应指标得分的平均值外，其余指标得分均低于 40 个国家相应指标得分的平均值。相较于 2012 年创新效力指数三级指标，2021 年南非一半以上的创新效力指数三级指标有一定程度的进步，但研究人员人均 R&D 经费、每百万研究人员本国居民专利授权量、每百万美元 R&D 经费本国居民专利授权量、每百万研究人员 PCT 专利申请量、每百万美元 R&D 经费 PCT 专利申请量及单位能耗对应的 GDP 产出这 6 个指标得分出现了下降。2012 ～ 2021 年，每百万研究

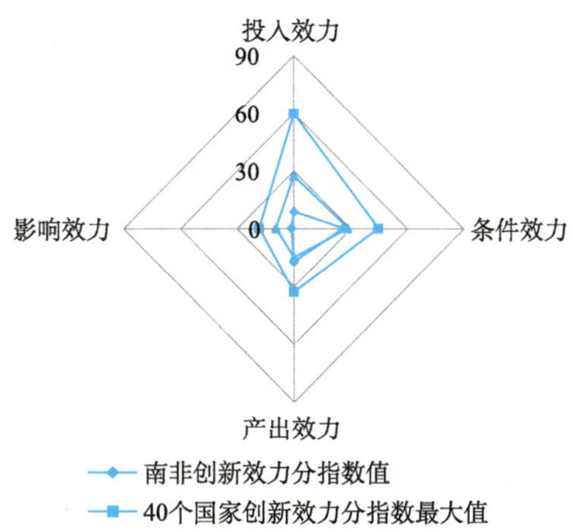

图 7-41　南非创新效力分指数与 40 个国家的最大值、平均值比较（2021 年）

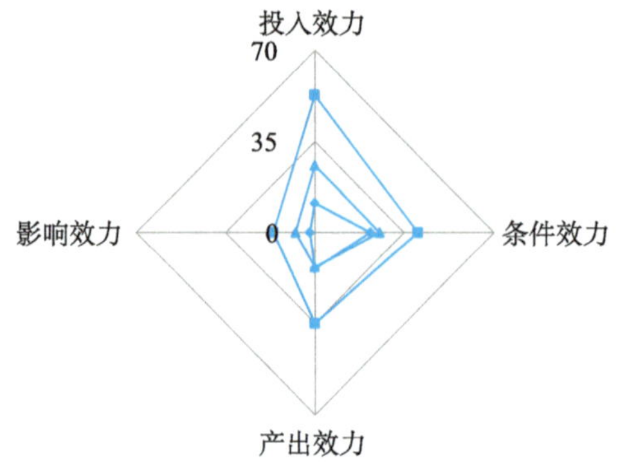

图 7-42　南非创新效力分指数与 40 个国家的最大值、平均值比较（2012 年）

人员被引次数排名前 10% 的论文数指标得分由 22.22 增加到 28.39，超过 40 个国家相应指标得分的平均值；但每百万美元 R&D 经费 PCT 专利申请量指标得分由 19.84 减少到 13.47，低于 40 个国家相应指标得分的平均值。2012 ～ 2021 年，除上述指标外，其余指标得分均小于 40 个国家相应指标得分平均值，同时与 40 个国家相应指标得分平均值的差距进一步扩大。如图 7-43 和图 7-44 所示。

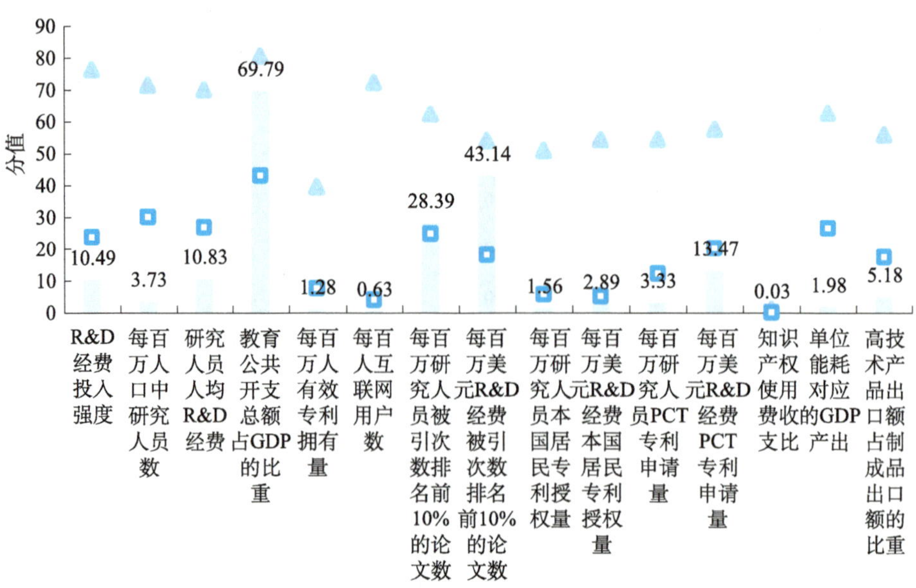

图 7-43　南非创新效力指数三级指标分值比较（2021 年）

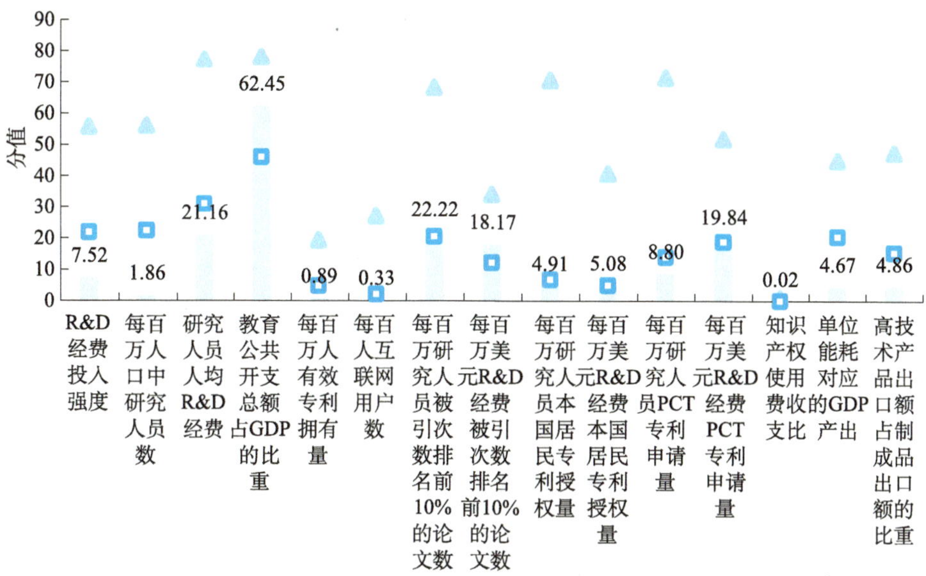

图 7-44 南非创新效力指数三级指标分值比较（2012 年）

（三）创新发展指数

2021 年，南非科学技术发展指数值为 5.02，低于 40 个国家的平均值（14.94），排名第 36 位；相较于 2012 年，指数值有略微提升，排名下降了 6 位，与 40 个国家的平均值的差距进一步拉大。产业创新发展指数值为 30.19，低于 40 个国家的平均值（34.39），排名第 26 位；相较于 2012 年，指数值有小幅提升，排名上升了 1 位，但与 40 个国家的平均值的差距无明显变化。社会创新发展指数值为 34.87，低于 40 个国家的平均值（52.50），排名第 39 位；相较于 2012 年，指数值有所提升，但排名不变，与 40 个国家的平均值的差距有所缩小。环境创新发展指数值为 27.78，低于 40 个国家的平均值（43.20），排名最后 1 位；相较于 2012 年，指数值有所下降，排名下降了 1 位，与 40 个国家的平均值的差距进一步拉大，如图 7-45 和图 7-46 所示。

2021 年，南非创新发展指数三级指标中仅服务业附加值占 GDP 的比重、服务业从业人员占就业总数的比重、医疗卫生总支出占 GDP 的比重指标得分高于 40 个国家相应指标得分的平均值，其他指标得分均低于 40 个国家相应指标得分的平均值。2012 ～ 2021 年，南非大部分的创新发展指数

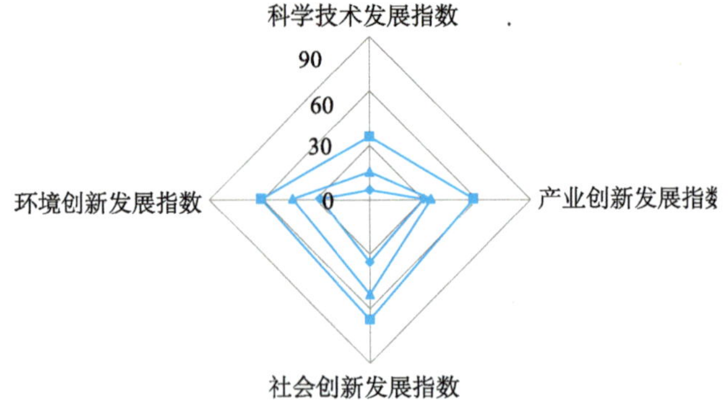

图 7-45 南非创新发展分指数与 40 个国家的最大值、平均值比较（2021 年）

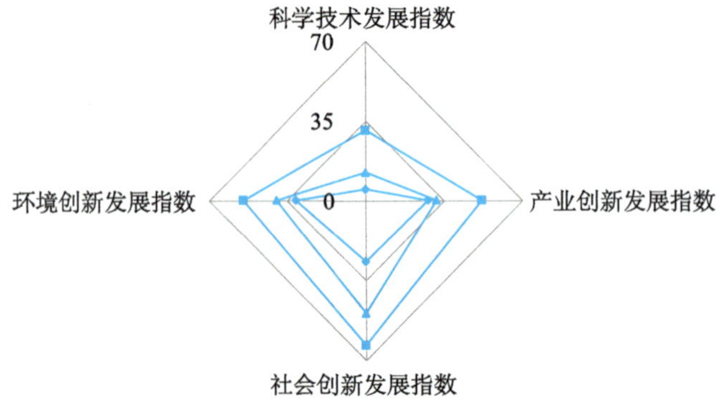

图 7-46 南非创新发展分指数与 40 个国家的最大值、平均值比较（2012 年）

指标得分有一定幅度的提高，除了每百万人 R&D 经费支出额、每百万研究人员本国居民专利授权量、每百万研究人员 PCT 专利申请量、单位能耗对应的 GDP 产出及人均 CO_2 排放量这 5 个指标得分出现了小幅下降。知识产权使用费收入占 GDP 的比重指标得分由 2012 年的 0.02 增加到 2021 年的 0.03。服务业附加值占 GDP 的比重指标得分由 2012 年的 33.46 增加到 2021 年的 40.36。城镇人口占总人口的比重、公共医疗卫生支出占医疗总支出的比重及出生人口预期寿命这 3 个指标得分均小于 40 个国家相应指标得分平均值，同时与 40 个国家相应指标得分平均值的差距有所缩小。如图 7-47 和图 7-48 所示。

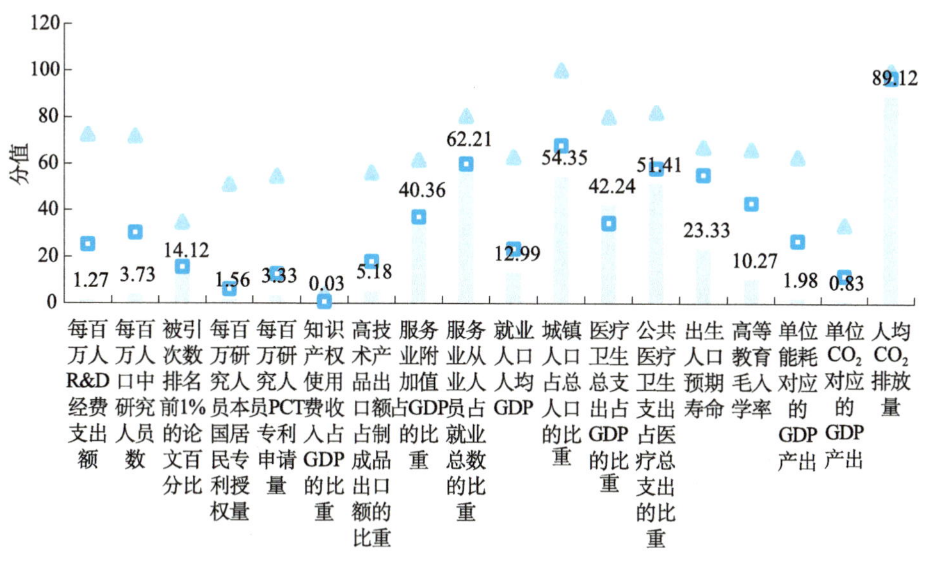

图 7-47 南非创新发展指数三级指标分值比较（2021 年）

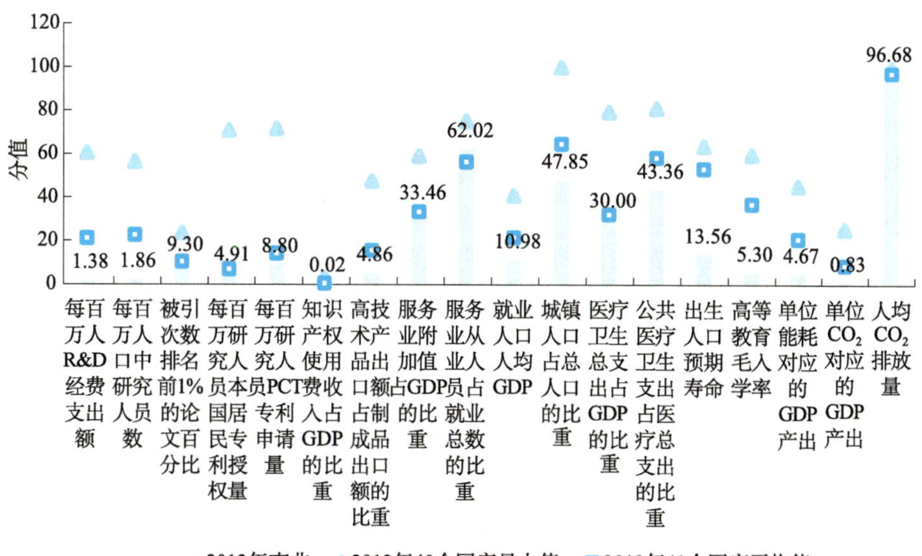

图 7-48 南非创新发展指数三级指标分值比较（2012 年）

第八章

世界主要发达国家创新发展和能力指数

第一节 美　　国

一、指数的相对优势比较

如表 8-1 所示，美国创新能力指数名列前茅，2021 年位列第一，在 10 年观测期（2012 ～ 2021 年）内无显著波动。美国创新实力指数 2021 年居于第 2 位，各分指数中，除创新条件实力指数保持在第 1 位外，其他排名较 2012 年均有所下降。

美国创新效力指数表现稍逊于创新实力指数，2021 年排在第 9 位，在 10 年观测期（2012 ～ 2021 年）内未出现较大波动；从分指数来看，两极分化现象较为明显，创新投入效力指数在 2021 年排在第 3 名，但其创新条件效力指数、创新产出效力指数和创新影响效力指数在 2021 年分别排在第 13 位、第 19 位和第 28 位，拉低了其创新效力指数排名。

美国创新发展指数表现与创新能力指数相比差距较大。2021 年，美国创新发展指数排名第 11 位，相较于 2012 年下降了 4 位。分指数中，科学技术发展指数和产业创新发展指数在 2021 年表现相对较好，虽然前者在 10 年观测期（2012 ～ 2021 年）内出现了小幅波动，但二者排名仍在前 10 位。社会创新发展指数的表现虽不及科学技术发展指数和产业创新发展指数，但仍明显优于环境创新发展指数，2021 年排名第 15 位。2021 年环境创新发展指数排名第 28 位，虽较 2012 年上升了 6 位，但仍拉低了美国创新发展指数的排名。

表 8-1 美国 2012～2021 年各指数排名及其变化

指数名称	2012 年	2016 年	2012～2016 年排名变化	2017 年	2021 年	2017～2021 年排名变化	2012～2021 年排名变化
创新能力指数	1	1	→	1	1	→	→
创新实力指数	1	1	→	1	2	↓ 1	↓ 1
创新投入实力指数	1	1	→	1	2	↓ 1	↓ 1
创新条件实力指数	1	1	→	1	1	→	→
创新产出实力指数	1	1	→	1	2	↓ 1	↓ 1
创新影响实力指数	4	4	→	5	7	↓ 2	↓ 3
创新效力指数	10	9	↑ 1	8	9	↓ 1	↑ 1
创新投入效力指数	8	4	↑ 4	4	3	↑ 1	↑ 5
创新条件效力指数	17	18	↓ 1	17	13	↑ 4	↑ 4
创新产出效力指数	8	9	↓ 1	14	19	↓ 5	↓ 11
创新影响效力指数	24	23	↑ 1	28	28	→	↓ 4
创新发展指数	7	6	↑ 1	7	11	↓ 4	↓ 4
科学技术发展指数	7	6	↑ 1	6	8	↓ 2	↓ 1
产业创新发展指数	2	2	→	2	2	→	→
社会创新发展指数	6	6	→	10	15	↓ 5	↓ 9
环境创新发展指数	34	32	↑ 2	31	28	↑ 3	↑ 6

二、分指数的相对优势研究

（一）创新实力指数

2021 年美国创新投入实力指数值为 69.33，远高于 40 个国家的平均值（7.25），排名第 2 位；相较于 2012 年，指数值有明显提升，但排名下降了 1 位。创新条件实力指数值为 60.51，远高于 40 个国家的平均值（6.23），排名第 1 位；相较于 2012 年，指数值有明显提升，排名始终保持在第 1 位。创新产出实力指数值为 67.96，排名第 2 位，远高于 40 个国家的平均值（7.92）；相较于 2012 年，指数值有明显提升，但排名下降了 1 位。创新影响实力指数值为 3.61，排名第 7 位，高于 40 个国家的平均值（1.52）；相较于 2012 年，指数值略微下降，排名下降了 3 位。如图 8-1 和图 8-2 所示。

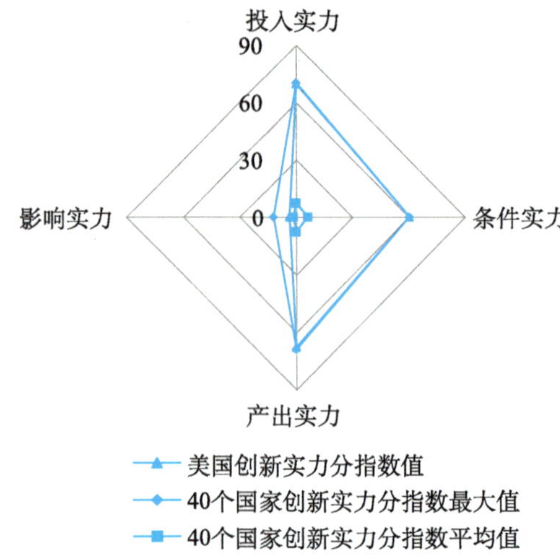

图 8-1 美国创新实力分指数与 40 个国家的最大值、平均值比较（2021 年）

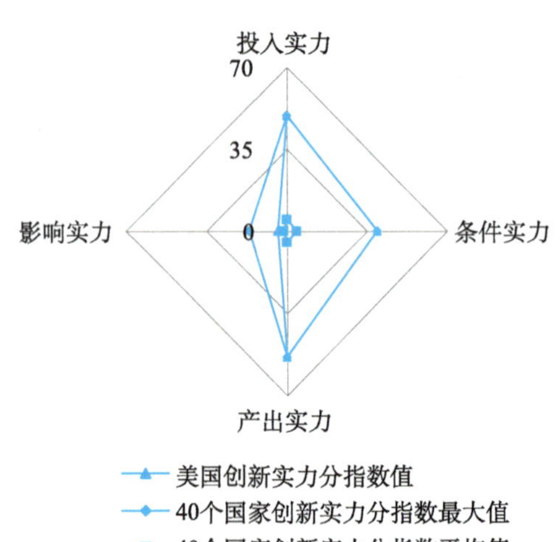

图 8-2 美国创新实力分指数与 40 个国家的最大值、平均值比较（2012 年）

2021 年，美国创新实力指数三级指标得分均高于 40 个国家相应指标得分的平均水平，且相对较大。R&D 经费支出额、教育公共开支总额、有效专利拥有量、国际期刊论文被引量、被引次数排名前 1% 的论文数及知识产权使用费收入这 6 个指标得分均为 40 个国家相应指标得分的最大值。但 ICT 用户数、高技术产品出口额指标得分与 40 个国家相应指标得分的最大值之间仍有较大差距。2012 ～ 2021 年，在美国创新实力指数各指标中，除知识产权使用费收入和高技术产品出口额指标得分外，其他指标得分均有提升，且表现较为突出。但 PCT 专利申请量指标得分从 2012 年的 40 个国家指数得分的最大值位置上滑落，且与研究人员数、ICT 用户数、本国居民专利授权量这 3 个指标得分一样，与 40 个国家相应指标得分最大值之间的差距不断拉大。如图 8-3 和图 8-4 所示。

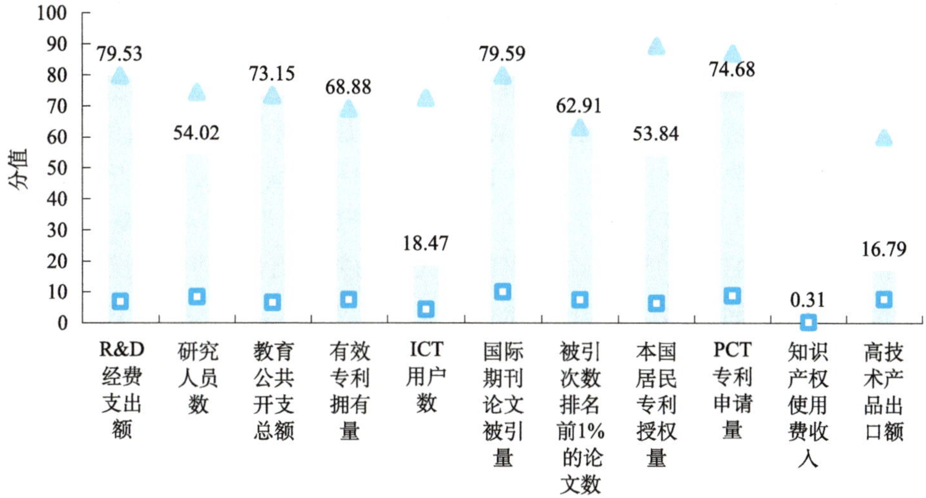

图 8-3　美国创新实力指数三级指标分值比较（2021 年）

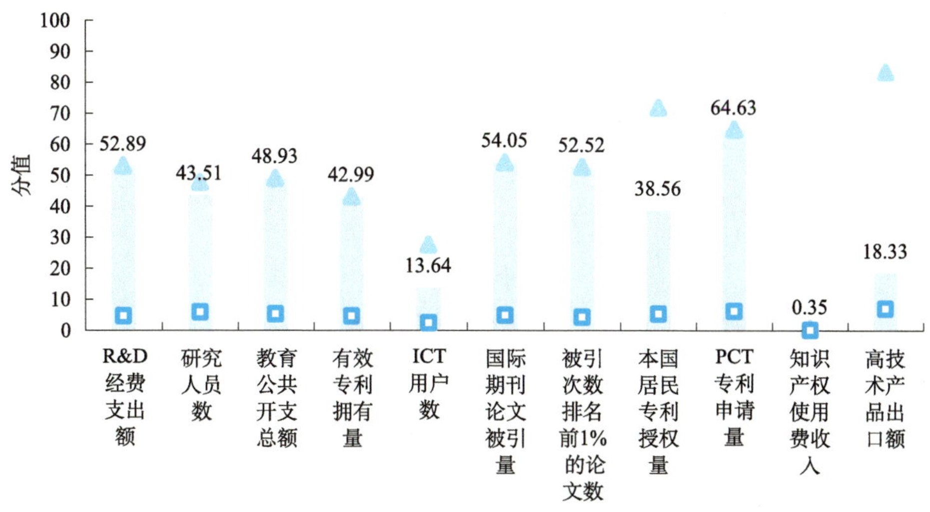

图 8-4　美国创新实力指数三级指标分值比较（2012 年）

（二）创新效力指数

2021 年，美国创新投入效力指数值为 48.47，高于 40 个国家的平均值（27.01），低于 40 个国家的最大值（59.44），排名第 3 位；相较于 2012 年，指数值略有提升，排名上升了 5 位，与 40 个国家的最大值的差距有所缩小。创新条件效力指数值为 32.61，高于 40 个国家的平均值（28.63），低于 40 个国家的最大值（44.66），排名第 13 位；相较于 2012 年，指数值有明显提升，排名上升了 4 位，与 40 个国家的最大值的差距有所缩小。创新产出效力指数值为 16.99，高于 40 个国家的平均值（15.23），低于 40 个国家的最大值（33.29），排名第 19 位；相较于 2012 年，指数值略有下降，且排名下降了 11 位，与 40 个国家的最大值的差距有所缩小。创新影响效力指数值为 7.34，低于 40 个国家的平均值（9.45），低于 40 个国家的最大值（18.30），排名第 28 位；相较于 2012 年，指数值有小幅增加，排名下降了 4 位，与 40 个国家的最大值的差距进一步拉大。如图 8-5 和图 8-6 所示。

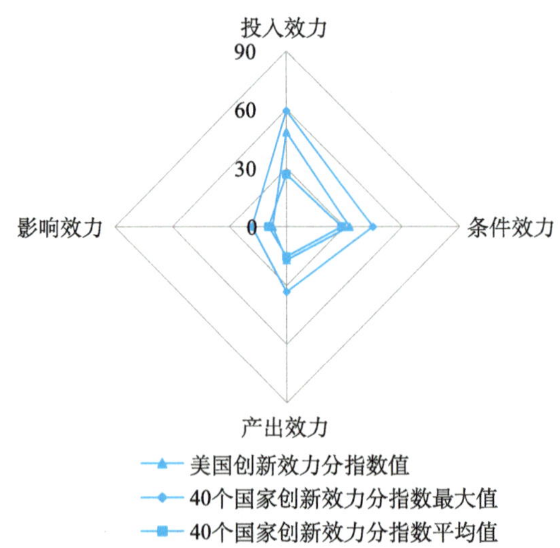

图 8-5 美国创新效力分指数与 40 个国家的最大值、平均值比较（2021 年）

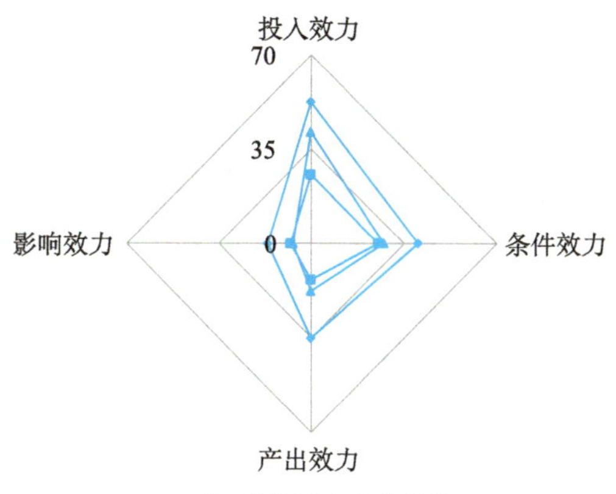

图 8-6　美国创新效力分指数与 40 个国家的最大值、平均值比较（2012 年）

2021 年美国创新效力指数三级指标中，除每百万美元 R&D 经费被引次数排名前 10% 的论文数、每百万美元 R&D 经费 PCT 专利申请量及单位能耗对应的 GDP 产出这 3 个指标得分低于 40 个国家相应指标得分的平均值外，其余指标得分均高于 40 个国家相应指标得分的平均值，且研究人员人均 R&D 经费指标得分为 40 个国家相应指标得分的最大值。相较于

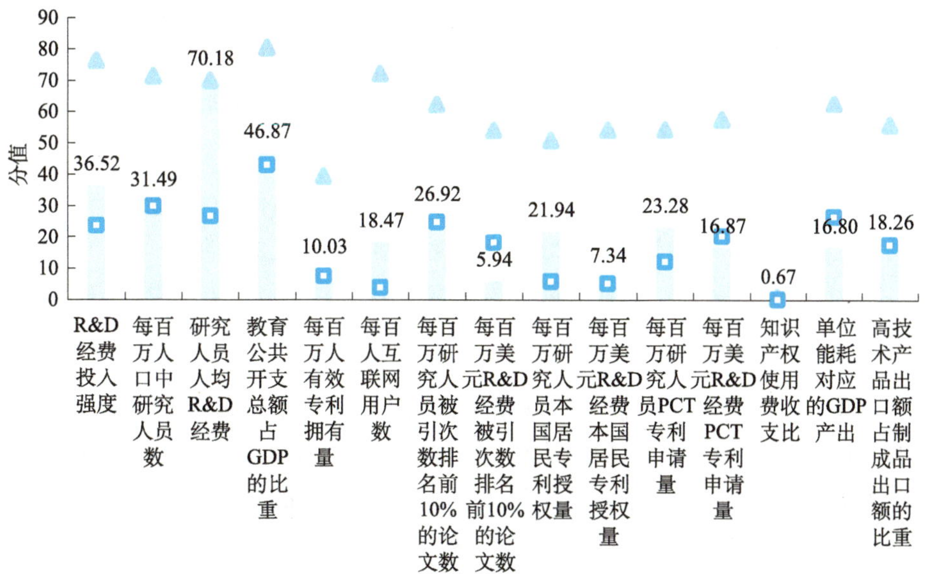

图 8-7　美国创新效力指数三级指标分值比较（2021 年）

2012 年创新效力指数三级指标，2021 年美国大部分创新效力指数三级指标均有一定程度的进步，但每百万美元 R&D 经费被引次数排名前 10% 的论文数、每百万美元 R&D 经费本国居民专利授权量、每百万研究人员 PCT 专利申请量、每百万美元 R&D 经费 PCT 专利申请量、知识产权使用费收支比及高技术产品出口额占制成品出口额的比重这 6 个指标得分出现了下降。2012 ～ 2021 年，美国每百万美元 R&D 经费被引次数排名前 10% 的论文数和单位能耗对应的 GDP 产出指标得分均小于 40 个国家相应指标得分平均值，同时与 40 个国家相应指标得分平均值的差距进一步扩大。如图 8-7 和图 8-8 所示。

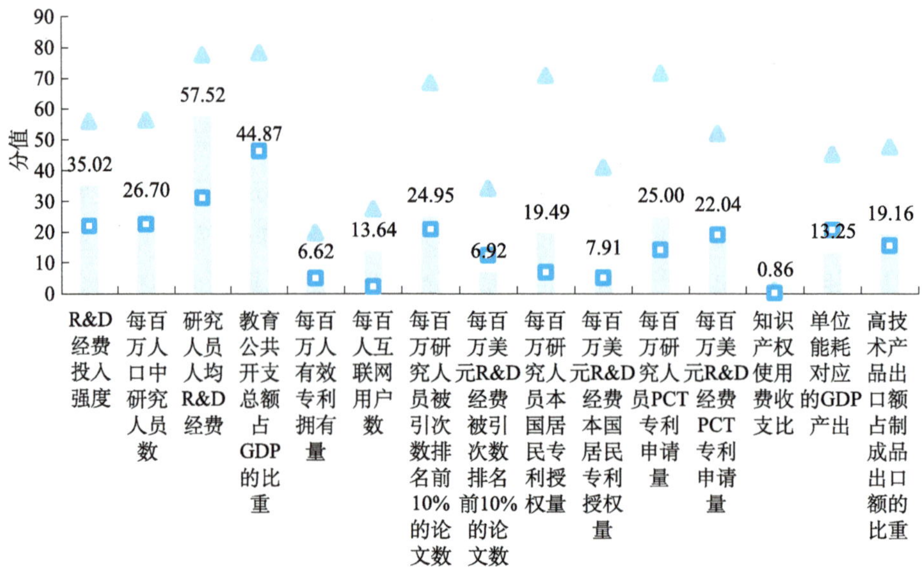

图 8-8 美国创新效力指数三级指标分值比较（2012 年）

（三）创新发展指数

2021 年，美国科学技术发展指数值为 23.45，高于 40 个国家的平均值（14.94），低于 40 个国家的最大值（34.35），排名第 8 位；相较于 2012 年，指数值略有提升，排名下降了 1 位，与 40 个国家的最大值的差距有所增加。产业创新发展指数值为 47.28，高于 40 个国家的平均值（34.39），低于 40 个国家的最大值（58.15），排名第 2 位；相较于 2012 年，指数值有所增加，排名保持不变，与 40 个国家的最大值的差距扩大。社会创新发展指数值为

58.98，高于40个国家的平均值（52.50），低于40个国家的最大值（66.44），排名第15位；相较于2012年，指数值略有下降，排名下降了9位，与40个国家的最大值的差距扩大。环境创新发展指数值为38.90，低于40个国家的平均值（43.20），低于40个国家的最大值（61.11），排名第28位；相较于2012年，指数值有明显提升，排名上升了6位，与40个国家的最大值的差距扩大。如图8-9和图8-10所示。

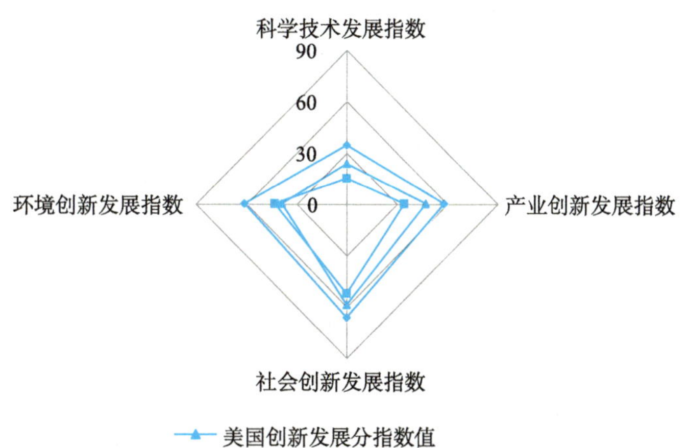

图8-9 美国创新发展分指数与40个国家的最大值、平均值比较（2021年）

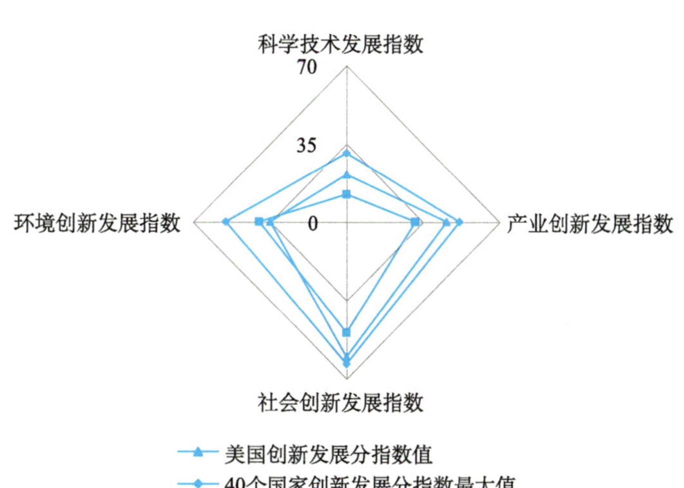

图8-10 美国创新发展分指数与40个国家的最大值、平均值比较（2012年）

2021年，美国创新发展指数三级指标中，除被引次数排名前1%的论文百分比、知识产权使用费收入占GDP的比重、公共医疗卫生支出占医疗总支出的比重、出生人口预期寿命、单位能耗对应的GDP产出及单位CO_2对应的GDP产出这6个指标得分低于40个国家相应指标得分的平均值外，其他指标得分均高于40个国家相应指标得分的平均值。服务业附加值占GDP的比重和医疗卫生总支出占GDP的比重指标得分为40个国家相应指标得分的最大值。2012～2021年，美国创新发展指数大部分三级指标得分均有一定幅度的提高，仅被引次数排名前1%的论文百分比、每百万研究人员PCT专利申请量、知识产权使用费收入占GDP的比重、高技术产品出口额占制成品出口额的比重、出生人口预期寿命及高等教育毛入学率这6个指标得分出现了小幅下降。知识产权使用费收入占GDP的比重和出生人口预期寿命指标得分，分别由2012年的0.61和53.99，减少到2021年的0.38和49.82，均低于了40个国家相应指标得分的平均值。单位能耗对应的GDP产出和单位CO_2对应的GDP产出指标得分均小于40个国家相应指标得分平均值，同时与40个国家相应指标得分平均值的差距进一步扩大。如图8-11和图8-12所示。

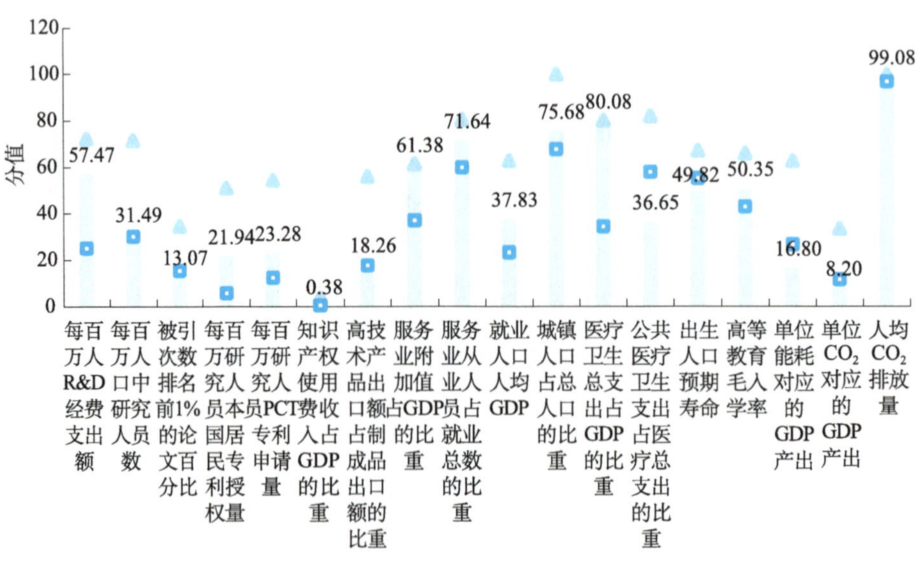

图8-11 美国创新发展指数三级指标分值比较（2021年）

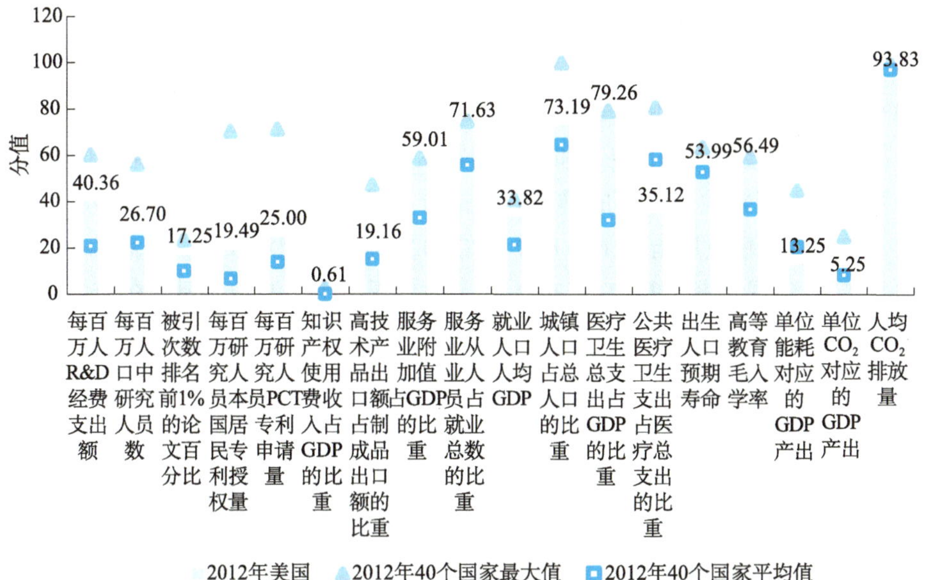

图 8-12 美国创新发展指数三级指标分值比较（2012 年）

第二节 日 本

一、指数的相对优势比较

如表 8-2 所示，日本创新能力指数排名变化较大，2021 年居第 6 位，在 10 年观测期（2012 ～ 2021 年）内下降 3 位。创新实力指数 2021 年表现相对较好，排名第 3 位，分指数中，除创新影响实力指数（第 8 位）外，创新投入实力指数（第 3 位）、创新条件实力指数（第 3 位）、创新产出实力指数（第 3 位）均有突出表现，且 10 年观测期（2012 ～ 2021 年）内未出现明显波动。

日本创新效力指数表现稍逊于创新实力指数，2021 年排名第 10 位，10 年观测期（2012 ～ 2021 年）内下降 7 位。从分指数看，与 2012 年相比，2021 年创新投入效力指数（第 10 位）未出现明显波动，创新条件效力指数（第 30 位）和创新产出效力指数（第 4 位）排名有所下降，创新影响效力指数（第 15 位）排名有小幅提升。

日本创新发展指数的排名和表现均低于其创新能力指数，2021 年排名第 10 位，且在 10 年观测期（2012 ～ 2021 年）内下降了 6 位。分指数中，产业创新发展指数（第 15 位）和环境创新发展指数（第 15 位）表现相对较差，拉低了日本创新发展指数的排名。其他分指数中，科学技术发展指数（第 4 位）和社会创新发展指数（第 6 位）在 2021 年表现相对较好，虽然两个指数排名在 10 年观测期（2012 ～ 2021 年）内出现了小幅波动，但仍在前 10 位。

表 8-2　日本 2012 ～ 2021 年各指数排名及其变化

指数名称	2012 年	2016 年	2012 ～ 2016 年排名变化	2017 年	2021 年	2017 ～ 2021 年排名变化	2012 ～ 2021 年排名变化
创新能力指数	3	3	→	3	6	↓ 3	↓ 3
创新实力指数	3	3	→	3	3	→	→
创新投入实力指数	3	3	→	3	3	→	→
创新条件实力指数	3	3	→	3	3	→	→
创新产出实力指数	2	3	↓ 1	3	3	→	↓ 1
创新影响实力指数	9	9	→	9	8	↑ 1	↑ 1
创新效力指数	3	6	↓ 3	6	10	↓ 4	↓ 7
创新投入效力指数	10	9	↑ 1	9	10	↓ 1	→
创新条件效力指数	19	20	↓ 1	22	30	↓ 8	↓ 11
创新产出效力指数	2	3	↓ 1	3	4	↓ 1	↓ 2
创新影响效力指数	17	18	↓ 1	18	15	↑ 3	↑ 2
创新发展指数	4	7	↓ 3	6	10	↓ 4	↓ 6
科学技术发展指数	2	3	↓ 1	3	4	↓ 1	↓ 2
产业创新发展指数	12	15	↓ 3	15	15	→	↓ 3
社会创新发展指数	4	2	↑ 2	2	6	↓ 4	↓ 2
环境创新发展指数	25	22	↑ 3	21	15	↑ 6	↑ 10

二、分指数的相对优势研究

（一）创新实力指数

2021 年日本创新投入实力指数值为 21.67，远高于 40 个国家的平均值（7.25），低于 40 个国家的最大值（69.87），排名第 3 位；相较于 2012 年，指数值有明显提升，排名保持不变，与 40 个国家的最大值的差距扩大。创新条件实力指数值为 19.65，远高于 40 个国家的平均值（6.23），低于 40 个国家的最大值（60.51），排名第 3 位；相较于 2012 年，指数值有明显提升，排名始终保持在第 3 位，与 40 个国家的最大值的差距扩大。创新产出实力指数值为 31.22，排第 3 位，远高于 40 个国家的平均值（7.92），低于 40 个国家的最大值（69.06）；相较于 2012 年，指数值略有下降，且排名下降了 1 位，与 40 个国家的最大值的差距扩大。创新影响实力指数值为 2.41，排第 8 位，高于 40 个国家的平均值（1.52），低于 40 个国家的最大值（12.14）；相较于 2012 年，指数值略有上升，排名上升了 1 位，与 40 个国家的最大值的差距有所缩小。如图 8-13 和图 8-14 所示。

2021 年日本创新实力指数三级指标表现均相对较好，除被引次数排名前 1% 的论文数指标外，其他指标得分均高于 40 个国家的平均值，但仍与相应指标的 40 个国家的最大值有一定的差距。具体指标方面，有效专利拥有

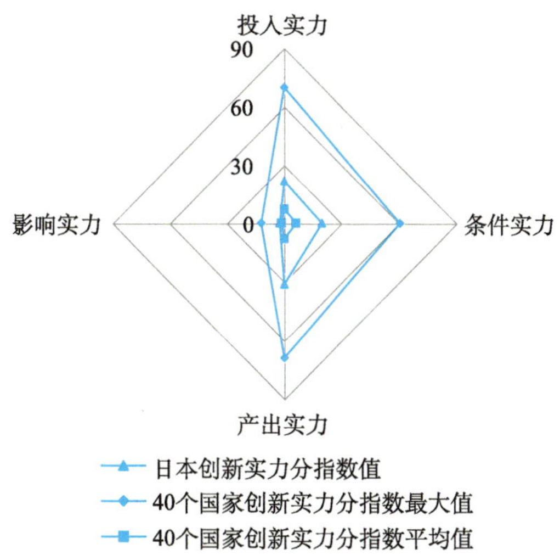

图 8-13　日本创新实力分指数与 40 个国家的最大值、平均值比较（2021 年）

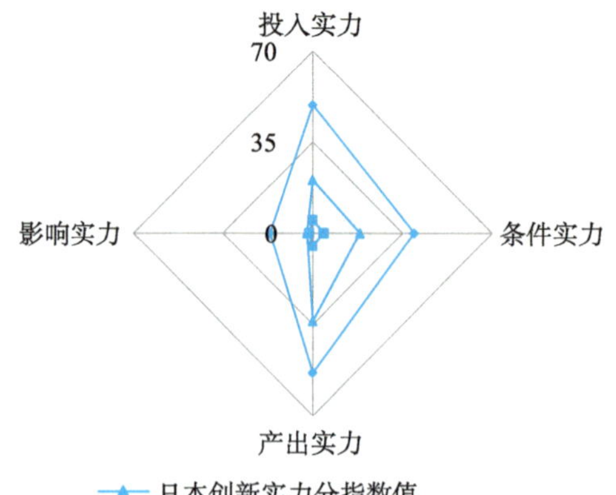

图 8-14 日本创新实力分指数与 40 个国家的最大值、平均值比较（2012 年）

量、本国居民专利授权量、PCT 专利申请量、知识产权使用费收入均相对较好。日本 2012 年创新实力指数三级指标得分均高于 40 个国家的平均值，但 R&D 经费支出额、研究人员数、ICT 用户数、被引次数排名前 1% 的论文数、知识产权使用费收入和高技术产品出口额这 6 个指标得分在 10 年间未有明显提升，其分值与 40 个国家的最大值至今仍存在较大的差距。如图 8-15 和图 8-16 所示。

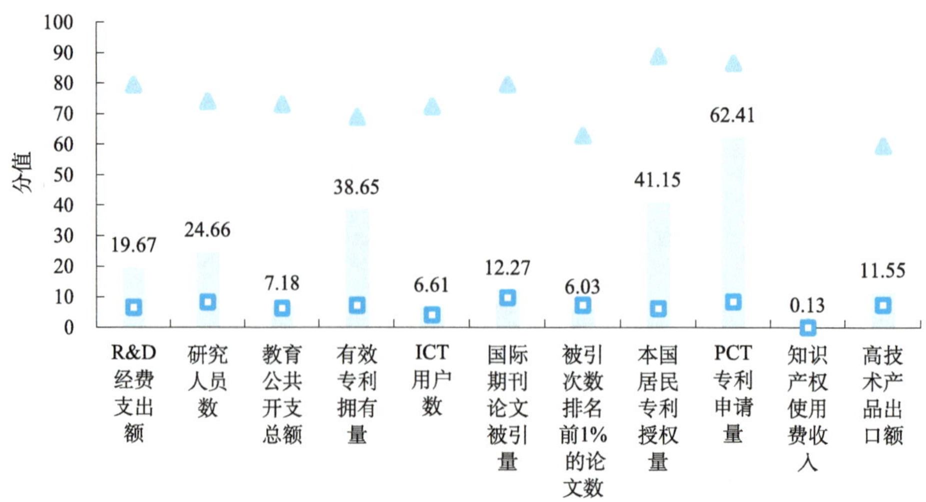

图 8-15 日本创新实力指数三级指标分值比较（2021 年）

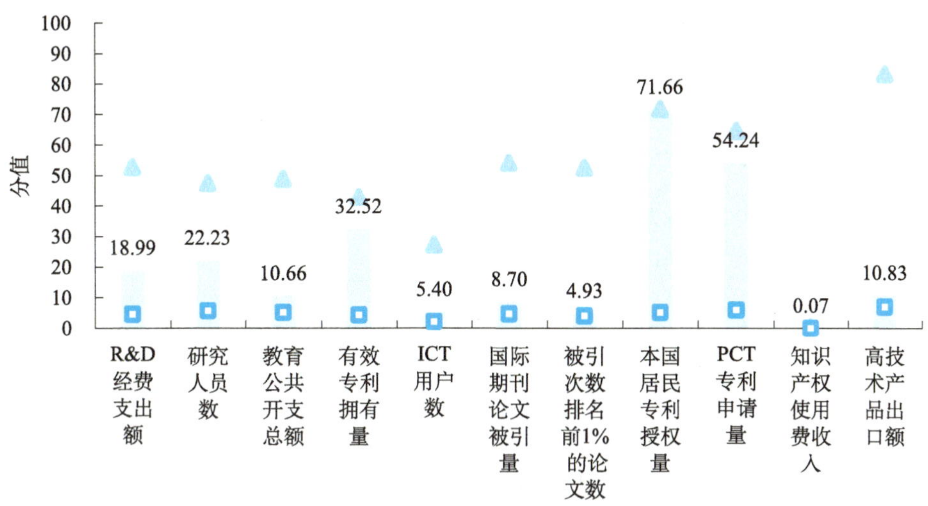

图 8-16　日本创新实力指数三级指标分值比较（2012 年）

（二）创新效力指数

2021 年，日本创新投入效力指数值为 38.11，高于 40 个国家的平均值（27.01），低于 40 个国家的最大值（59.44），排名第 10 位；相较于 2012 年，指数值略有下降，但排名保持不变，与 40 个国家的最大值的差距有所增加。创新条件效力指数值为 23.23，低于 40 个国家的平均值（28.63），低于 40 个国家的最大值（44.66），排名第 30 位；相较于 2012 年，指数值有明显下降，排名下降了 11 位，与 40 个国家的最大值的差距明显增大。创新产出效力指数值为 25.11，高于 40 个国家的平均值（15.23），低于 40 个国家的最大值（33.29），排名第 4 位；相较于 2012 年，指数值明显下降，且排名下降了 2 位，与 40 个国家的最大值的差距明显增加。创新影响效力指数值为 10.79，高于 40 个国家的平均值（9.45），低于 40 个国家的最大值（18.30），排名第 15 位；相较于 2012 年，指数值有小幅增加，排名上升了 2 位，与 40 个国家的最大值的差距无明显变化。如图 8-17 和图 8-18 所示。

2021 年，日本创新效力指数三级指标得分两极分化严重。每百万美元 R&D 经费 PCT 专利申请量指标表现相对较好，为 40 个国家的最大值，但每百万美元 R&D 经费被引次数排名前 10% 的论文数得分仅为 1.32；同期 40 个国家的平均值为 18.31，最大值为 54.14，说明日本单位研发投入的高水平专利

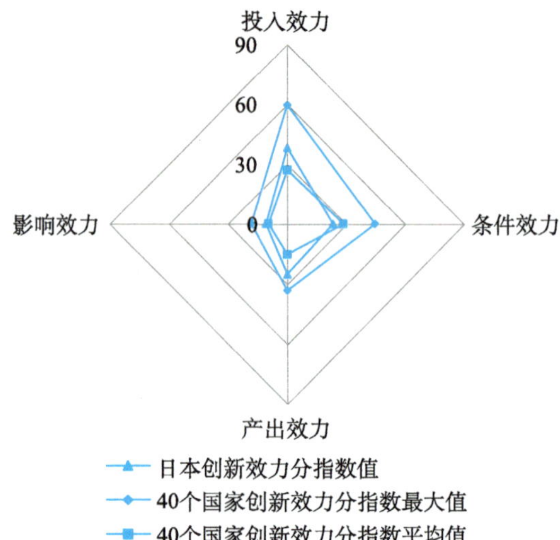

图 8-17　日本创新效力分指数与 40 个国家的最大值、平均值比较（2021 年）

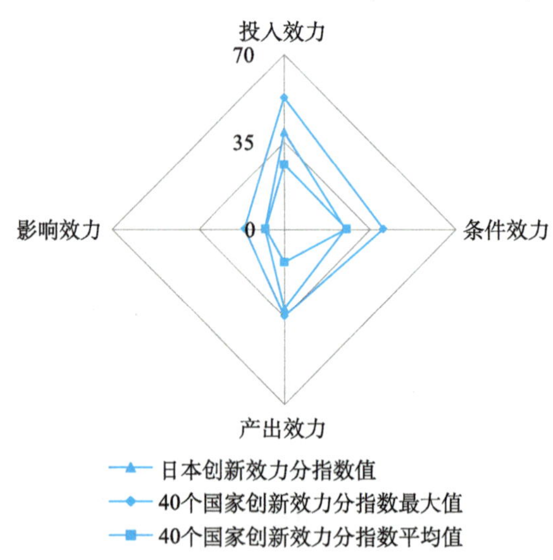

图 8-18　日本创新效力分指数与 40 个国家的最大值、平均值比较（2012 年）

产出和单位研发投入的高水平论文产出表现显著落后。2012 年日本每百万美元 R&D 经费被引次数排名前 10% 的论文数得分仅为 1.37，每百万研究人员被引次数排名前 10% 的论文数指标得分与 40 个国家的平均值之间存在较大差距，且这一差距在 2021 年进一步扩大。如图 8-19 和图 8-20 所示。

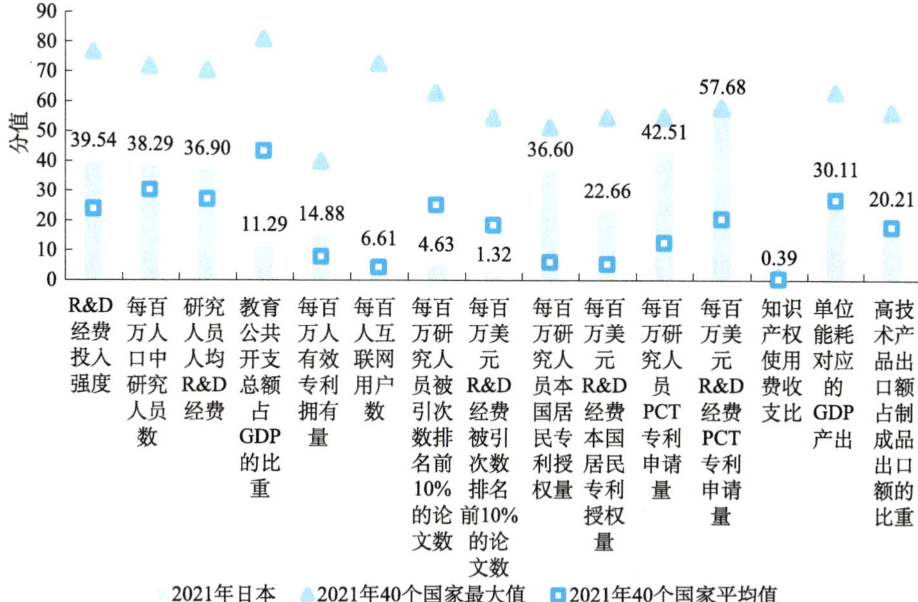

图 8-19　日本创新效力指数三级指标分值比较（2021 年）

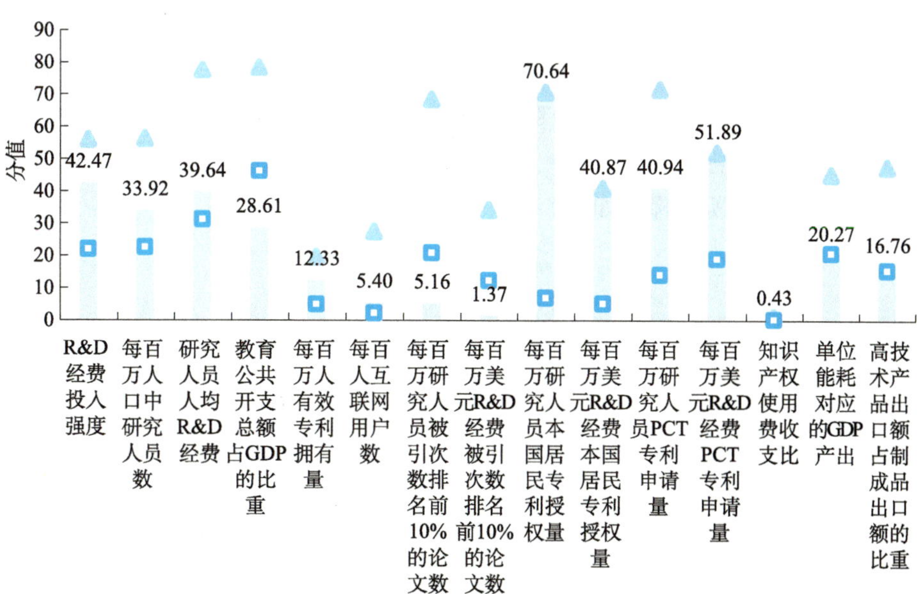

图 8-20　日本创新效力指数三级指标分值比较（2012 年）

（三）创新发展指数

2021 年，日本科学技术发展指数值为 25.24，高于 40 个国家的平均值（14.94），低于 40 个国家的最大值（34.35），排名第 4 位；相较于 2012 年，指数值略有下降，排名下降了 2 位，与 40 个国家的最大值的差距有所增加。产业创新发展指数值为 37.32，高于 40 个国家的平均值（34.39），低于 40 个国家的最大值（58.15），排名第 15 位；相较于 2012 年，指数值无明显变化，排名下降了 3 位，与 40 个国家的最大值的差距扩大。社会创新发展指数值为 63.39，高于 40 个国家的平均值（52.50），低于 40 个国家的最大值（66.44），排名第 6 位；相较于 2012 年，指数值略有增加，排名下降了 2 位，与 40 个国家的最大值的差距扩大。环境创新发展指数值为 44.55，高于 40 个国家的平均值（43.20），低于 40 个国家的最大值（61.11），排名第 15 位；相较于 2012 年，指数值有明显提升，排名上升了 10 位，与 40 个国家的最大值的差距略微扩大。如图 8-21 和图 8-22 所示。

2021 年，日本创新发展指数各三级指标表现总体上相对较好，除被引次数排名前 1% 的论文百分比、就业人口人均 GDP、高等教育毛入学率和单位 CO_2 对应的 GDP 产出这 4 个指标得分低于 40 个国家相应指标得分平均值外，其余指标得分均高于 40 个国家的平均值。2012 ～ 2021 年，每百万研究人员本国居民专利授权量、服务业附加值占 GDP 的比重、就业人口人均 GDP、医疗卫生总支出占 GDP 的比重、公共医疗卫生支出占医疗总支出的比重这 5 个指标得分均有所下降。如图 8-23 和图 8-24 所示。

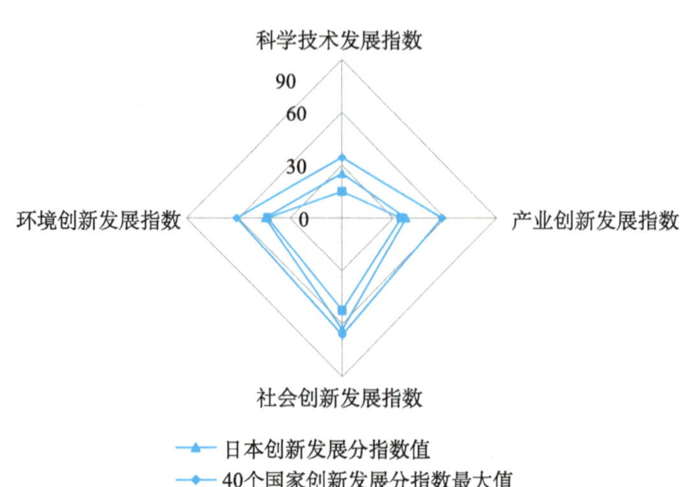

图 8-21　日本创新发展分指数与 40 个国家的最大值、平均值比较（2021 年）

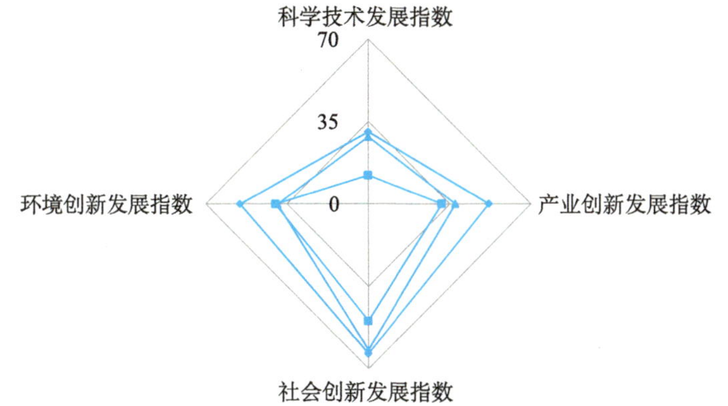

图 8-22 日本创新发展分指数与 40 个国家的最大值、平均值比较（2012 年）

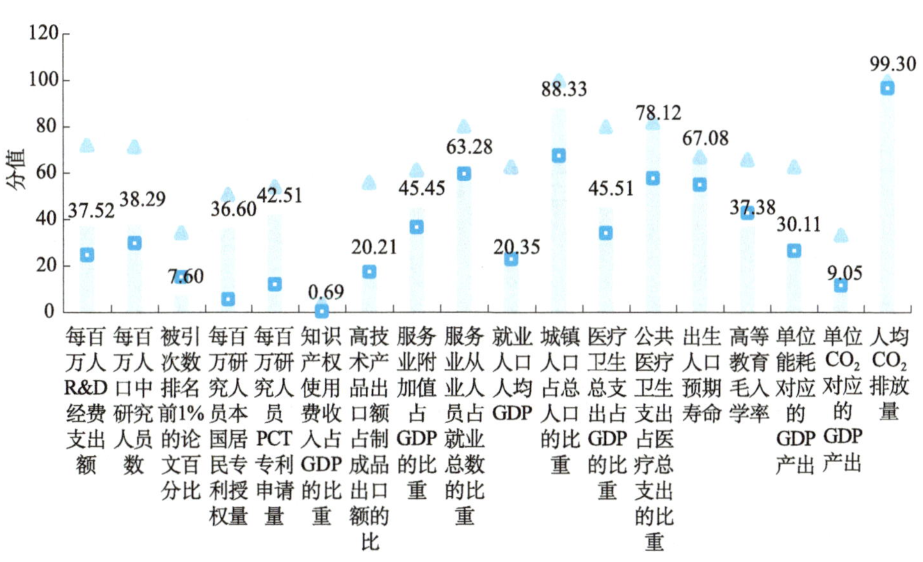

图 8-23 日本创新发展指数三级指标分值比较（2021 年）

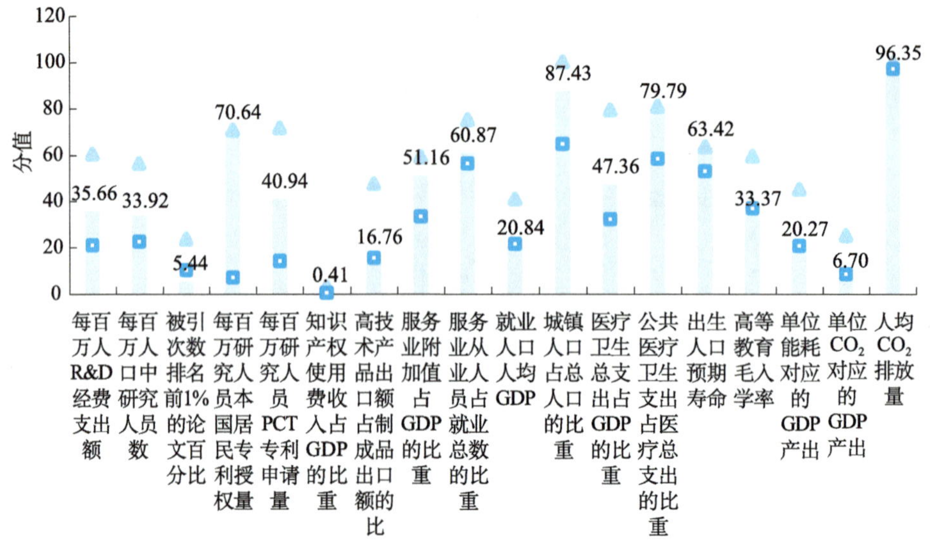

图 8-24　日本创新发展指数三级指标分值比较（2012 年）

第三节　英　　国

一、指数的相对优势比较

如表 8-3 所示，英国的创新能力指数排名第 11 位，且在 10 年观测期（2012 ～ 2021 年）内有小幅波动，但总体平稳。英国创新实力指数 2021 年排在第 6 位，较 2012 年上升了 1 位。从创新实力分指数来看，除创新影响实力指数外（第 11 位），2021 年英国创新投入实力指数、创新条件实力指数和创新产出实力指数均位于前 10 名。

英国创新效力指数在 2021 年排名第 15 位，且在 10 年观测期（2012 ～ 2021 年）内排名波动较小。从分指数来看，创新影响效力指数表现相对较好，在 2021 年排名第 4 位，但创新投入效力指数、创新条件效力指数和创新产出效力指数表现相对较差，在 2021 年仅排名第 18 位、第 15 位和第 14 位。

从创新发展指数来看，其表现与创新能力指数大体相当，在 2021 年排名第 7 位，且在 10 年观测期（2012 ～ 2021 年）内有较大波动。分指数中，2021 年英国科学技术发展指数和社会创新发展指数的表现要稍逊于其他指数，分别排在第 18 位和第 17 位；其他两项创新发展分指数在 2021 年均排在前 10 位，尤其是环境创新发展指数进步明显，由 2012 年的第 8 位上升至 2021 年的第 4 位。

表 8-3　英国 2012 ～ 2021 年各指数排名及其变化

指数名称	2012 年	2016 年	2012 ～ 2016 年排名变化	2017 年	2021 年	2017 ～ 2021 年排名变化	2012 ～ 2021 年排名变化
创新能力指数	11	10	↑ 1	10	11	↓ 1	→
创新实力指数	7	6	↑ 1	6	6	→	↑ 1
创新投入实力指数	8	7	↑ 1	7	7	→	↑ 1
创新条件实力指数	7	7	→	7	7	→	→
创新产出实力指数	6	6	→	6	6	→	→
创新影响实力指数	11	11	→	11	11	→	→
创新效力指数	16	14	↑ 2	14	15	↓ 1	↑ 1
创新投入效力指数	21	18	↑ 3	19	18	↑ 1	↑ 3
创新条件效力指数	11	11	→	12	15	↓ 3	↓ 4
创新产出效力指数	10	11	↓ 1	9	14	↓ 5	↓ 4
创新影响效力指数	5	5	→	5	4	↑ 1	↑ 1
创新发展指数	13	10	↑ 3	10	7	↑ 3	↑ 6
科学技术发展指数	19	18	↑ 1	18	18	→	↑ 1
产业创新发展指数	7	6	↑ 1	6	7	↓ 1	→
社会创新发展指数	17	17	→	18	17	↑ 1	→
环境创新发展指数	8	4	↑ 4	4	4	→	↑ 4

二、分指数的相对优势研究

（一）创新实力指数

2021 年英国创新投入实力指数值为 9.15，高于 40 个国家的平均值（7.25），低于 40 个国家的最大值（69.87），排名第 7 位；相较于 2012 年，指数值有明显提升，排名上升 1 位，与 40 个国家的最大值的差距扩大。创新条件实力指数值为 10.21，高于 40 个国家的平均值（6.23），低于 40 个国家的最大值（60.51），排名第 7 位；相较于 2012 年，指数值有明显提升，排名始终保持在第 7 位，与 40 个国家的最大值的差距扩大。创新产出实力指数值为 15.02，排第 6 位，远高于 40 个国家的平均值（7.92），低于 40 个国家的最大值（69.06）；相较于 2012 年，指数值有明显上升，且排名保持不变，与 40 个国家的最大值的差距扩大。创新影响实力指数值为 1.48，排第 11 位，低于 40 个国家的平均值（1.52），低于 40 个国家的最大值（12.14）；相较于 2012 年，指数值略有下降，排名保持不变，与 40 个国家的最大值的差距有所缩小。如图 8-25 和图 8-26 所示。

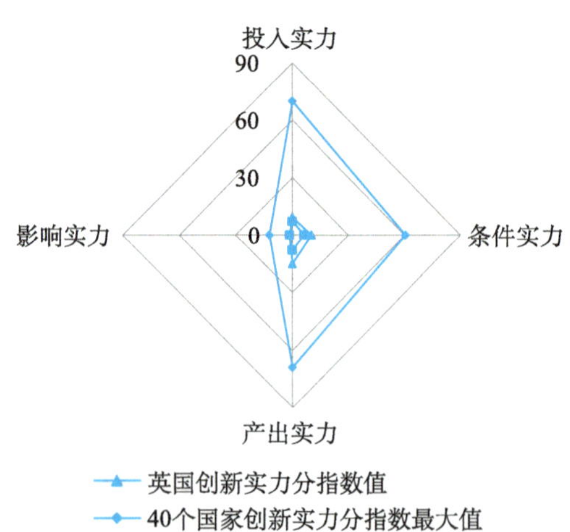

图 8-25　英国创新实力分指数与 40 个国家的最大值、平均值比较（2021 年）

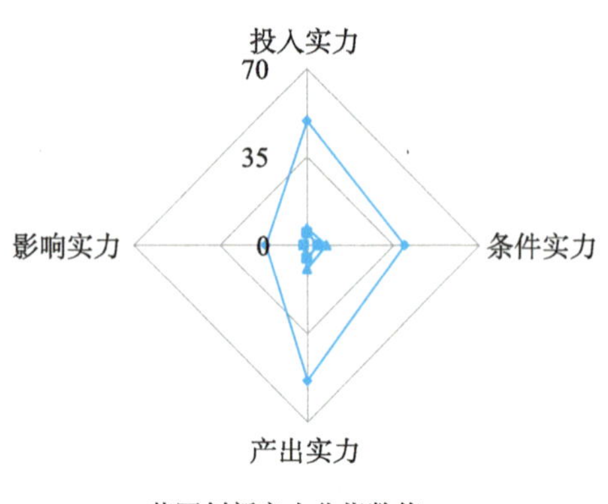

图 8-26　英国创新实力分指数与 40 个国家的最大值、平均值比较（2012 年）

2021 年，英国创新实力指数三级指标表现并不突出，除 ICT 用户数、本国居民专利授权量、PCT 专利申请量、高技术产品出口额 4 个指标得分低于相应指标 40 个国家的平均值外，其他指标得分均高于相应指标 40 个国家的平均值，但均显著低于相应指标 40 个国家的最大值。对比来看，2012 年英国创新实力指数三级指标表现与 2021 年表现大体一致，仅有本国居民专利授权量这 1 个指标得分低于 40 个国家的平均值（5.13）。PCT 专利申请量指标得分高于相应指标 40 个国家的平均值（6.02），但在 10 年观测期（2012 ～ 2021 年）内提升相对缓慢。如图 8-27 和图 8-28 所示。

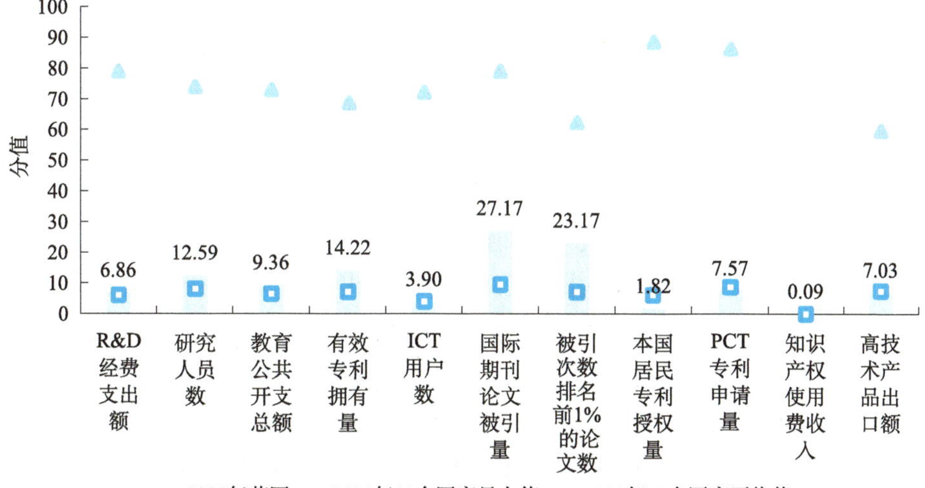

图 8-27　英国创新实力指数三级指标分值比较（2021 年）

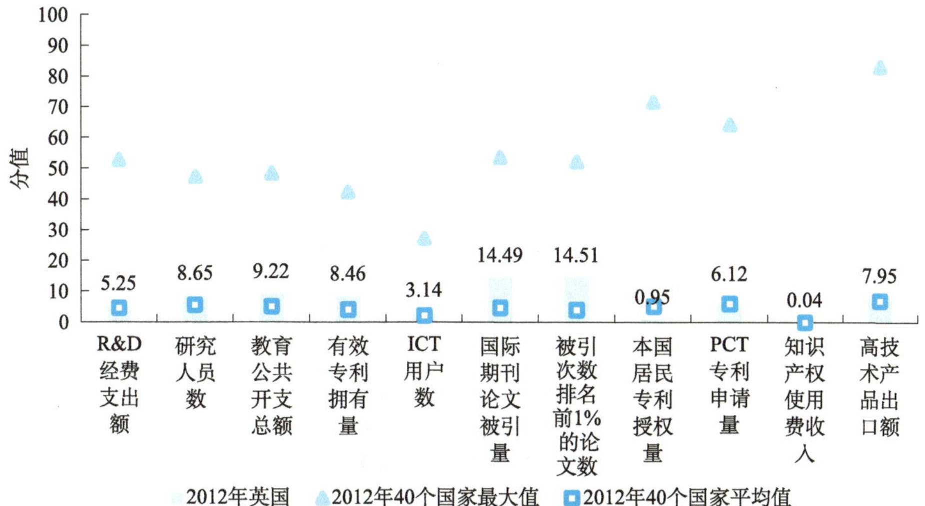

图 8-28　英国创新实力指数三级指标分值比较（2012 年）

（二）创新效力指数

2021 年，英国创新投入效力指数值为 27.29，高于 40 个国家的平均值（27.01），低于 40 个国家的最大值（59.44），排名第 18 位；相较于 2012 年，指数值明显上升，排名上升了 3 位，与 40 个国家的最大值的差距有所增加。创新条件效力指数值为 32.31，高于 40 个国家的平均值（28.63），低于 40 个国家的最大值（44.66），排名第 15 位；相较于 2012 年，指数值有小幅上升，排名下降了 4 位，与 40 个国家的最大值的差距有所增加。创新产出效力指数值为 17.99，高于 40 个国家的平均值（15.23），低于 40 个国家的最大值（33.29），排名第 14 位；相较于 2012 年，指数值有所增加，排名下降了 4 位，与 40 个国家的最大值的差距有所减小。创新影响效力指数值为 15.95，高于 40 个国家的平均值（9.45），低于 40 个国家的最大值（18.30），排名第 4 位；相较于 2012 年，指数值有明显增加，排名上升了 1 位，与 40 个国家的最大值的差距有小幅减小。如图 8-29 和图 8-30 所示。

2021 年，英国创新效力指数三级指标得分出现较大的两极分化现象。每百万人口中研究人员数、每百万人有效专利拥有量、每百万研究人员被引次数排名前 10% 的论文数、每百万美元 R&D 经费被引次数排名前 10% 的论文数、单位能耗对应的 GDP 产出及高技术产品出口额占制成品出口额的比重这 6 个指标得分均超出相应指标 40 个国家的平均值，但 R&D 经费投入强度、研究人员人均 R&D 经费、每百万研究人员本国居民专利授权量、每百万美元 R&D

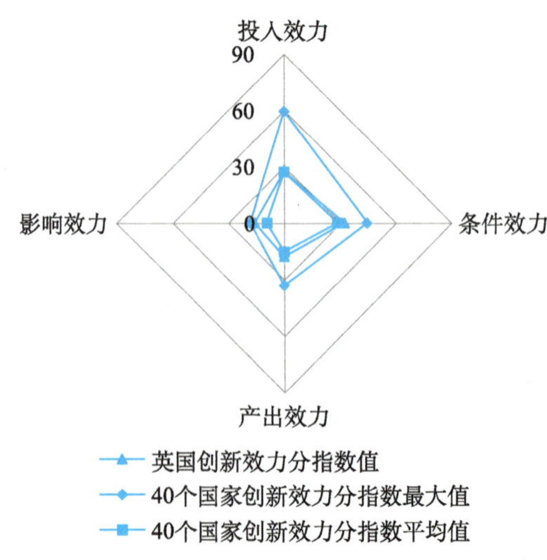

图 8-29　英国创新效力分指数与 40 个国家的最大值、平均值比较（2021 年）

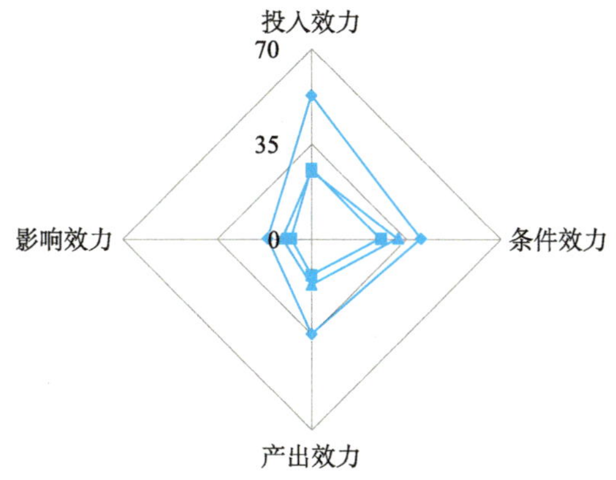

图 8-30 英国创新效力分指数与 40 个国家的最大值、平均值比较（2012 年）

经费本国居民专利授权量、每百万研究人员 PCT 专利申请量等指标 2012 年和 2021 年得分均小于相应指标 40 个国家的平均值。2012 ～ 2021 年，研究人员人均 R&D 经费、教育公共开支总额占 GDP 的比重、每百万研究人员 PCT 专利申请量、每百万美元 R&D 经费 PCT 专利申请量和高技术产品出口额占制成品出口额的比重这 5 个指标得分一定幅度下降。如图 8-31 和图 8-32 所示。

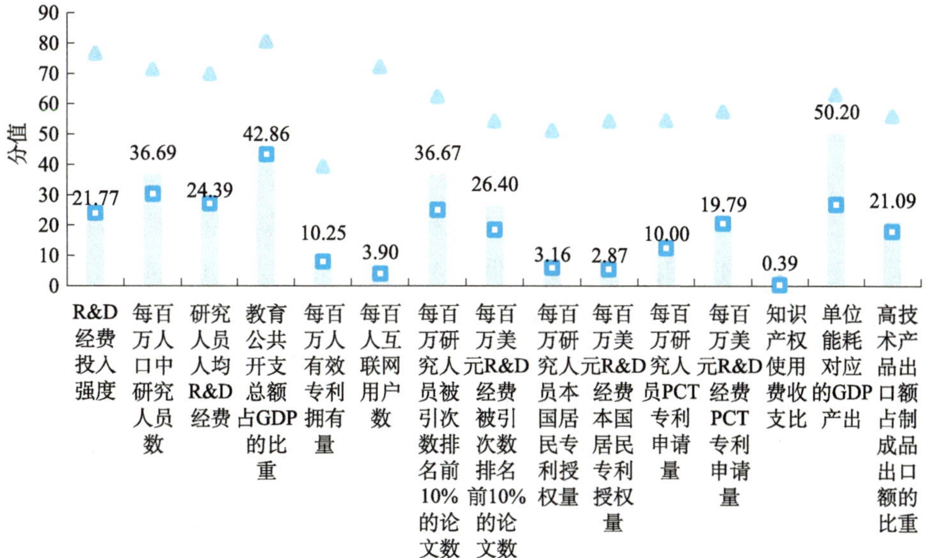

图 8-31 英国创新效力指数三级指标分值比较（2021 年）

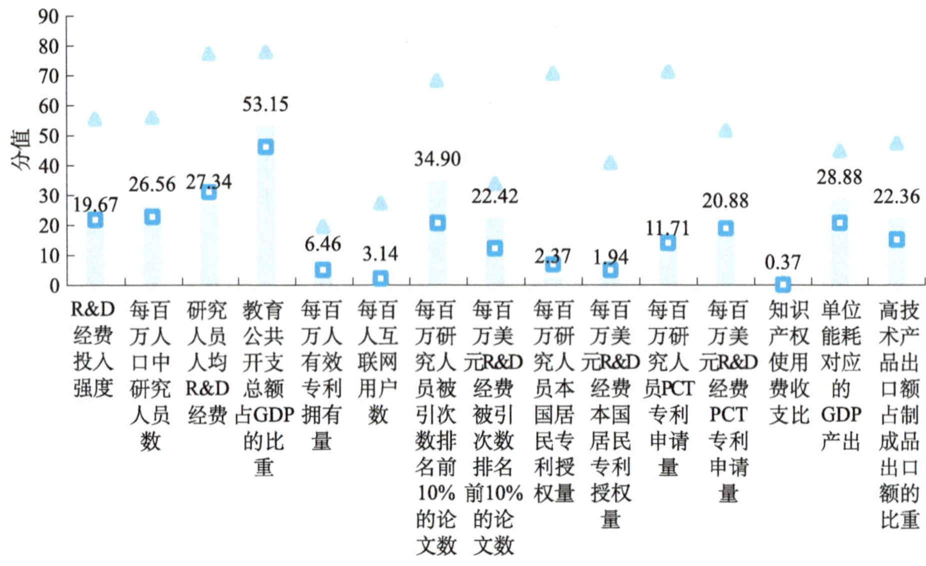

图 8-32　英国创新效力指数三级指标分值比较（2012 年）

（三）创新发展指数

2021 年，英国科学技术发展指数值为 15.77，高于 40 个国家的平均值（14.94），低于 40 个国家的最大值（34.35），排名第 18 位；相较于 2012 年，指数值小幅增加，排名上升了 1 位，与 40 个国家的最大值的差距有所增加。产业创新发展指数值为 43.28，高于 40 个国家的平均值（34.39），低于 40 个国家的最大值（58.15），排名第 7 位；相较于 2012 年，指数值小幅增加，排名保持不变，与 40 个国家的最大值的差距扩大。社会创新发展指数值为 58.84，高于 40 个国家的平均值（52.50），低于 40 个国家的最大值（66.44），排名第 17 位；相较于 2012 年，指数值略有增加，排名保持不变，与 40 个国家的最大值的差距无明显变化。环境创新发展指数值为 55.51，高于 40 个国家的平均值（43.20），低于 40 个国家的最大值（61.11），排名第 4 位；相较于 2012 年，指数值有明显提升，排名上升了 4 位，与 40 个国家的最大值的差距略微缩小。如图 8-33 和图 8-34 所示。

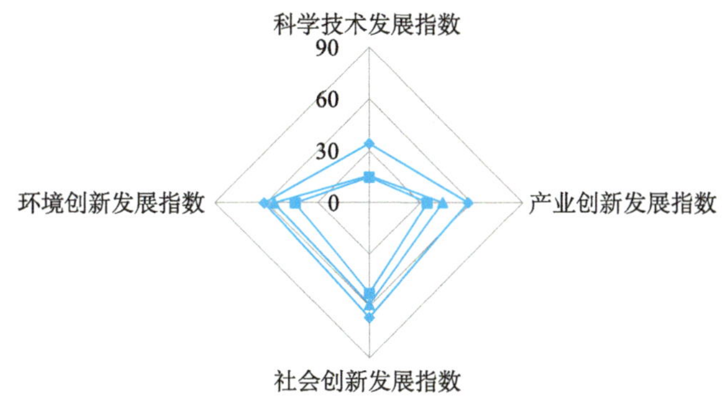

图 8-33　英国创新发展分指数与 40 个国家的最大值、平均值比较（2021 年）

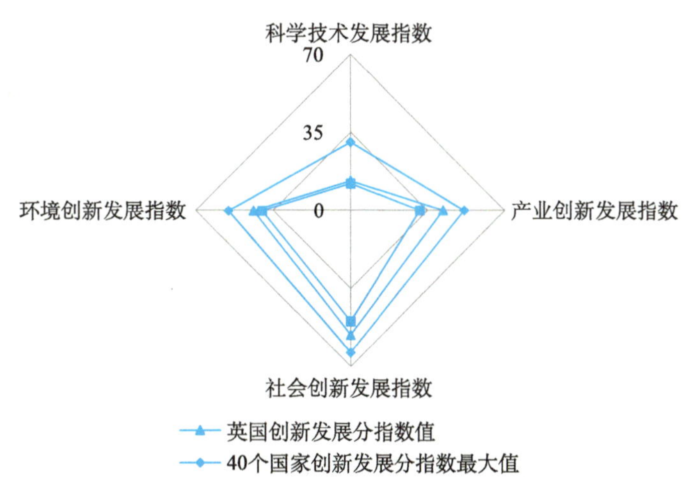

图 8-34　英国创新发展分指数与 40 个国家的最大值、平均值比较（2012 年）

2021 年，英国创新发展指数三级指标中，每百万研究人员 PCT 专利申请量、高技术产品出口额占制成品出口额的比重、就业人口人均 GDP、公共医疗卫生支出占医疗总支出的比重、出生人口预期寿命这 5 个指标得分较 2012 年有所下降，其余指标得分较 2012 年均有一定程度增长。其中，服务业附加值占 GDP 的比重、服务业从业人员占就业总数的比重等指标表现较好，每百万研究人员本国居民专利授权量、每百万研究人员 PCT 专利申请量和高等教育毛入学率这 3 个指标表现仍然不佳，如图 8-35 和图 8-36 所示。

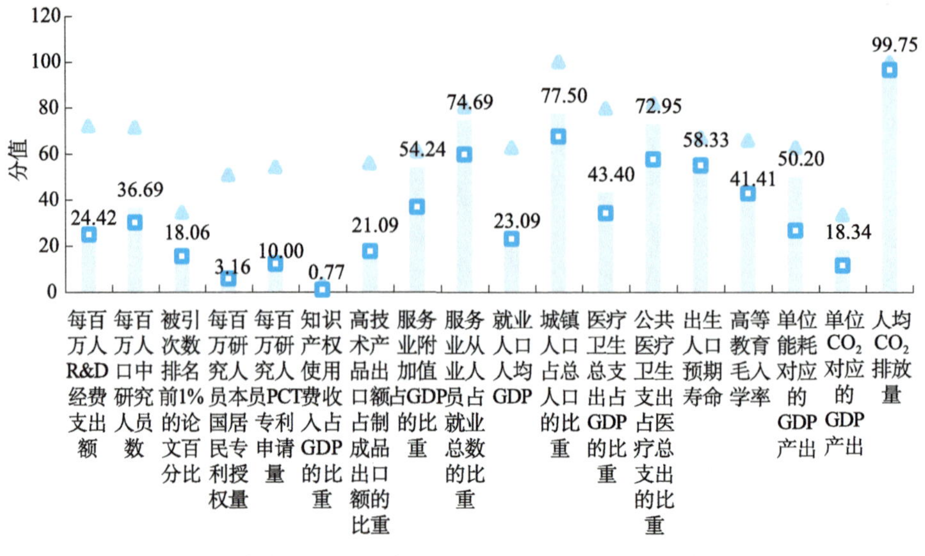

图 8-35　英国创新发展指数三级指标分值比较（2021 年）

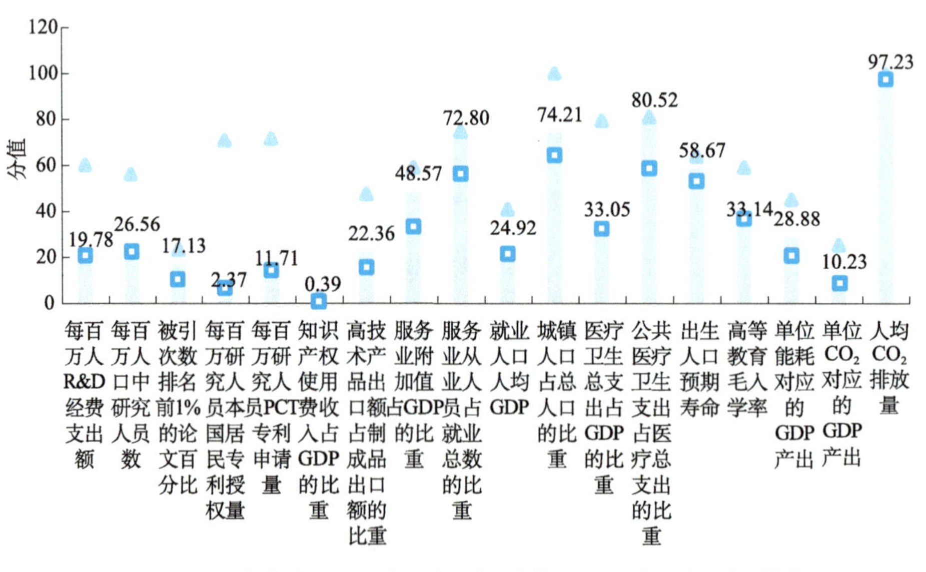

图 8-36　英国创新发展指数三级指标分值比较（2012 年）

第四节 法 国

一、指数的相对优势比较

如表 8-4 所示，2012 ～ 2021 年，法国的创新能力指数排名处于中上游，但呈现出下降趋势，2021 年居第 19 位，在 10 年观测期（2012 ～ 2021 年）内下降了 9 位。2021 年，法国创新实力指数表现相对较好，排第 7 位，同 2012 年相比仅下降 1 位。从分指数来看，创新投入实力指数（第 6 位）、创新条件实力指数（第 6 位）、创新产出实力指数（第 7 位）和创新影响实力指数（第 10 位）在 10 年观测期（2012 ～ 2021 年）内波动较小。

法国创新效力指数表现较逊于创新实力指数，2021 年排在第 19 位，10 年观测期（2012 ～ 2021 年）内排名下降了 4 位。从分指数来看，2021 年创新产出效力指数仅排名第 25 位，创新投入效力指数排名第 14 位，创新影响效力指数排名第 19 位，三个指数在 10 年观测期（2012 ～ 2021 年）内排名均有所下降，在一定程度上拉低了创新效力指数总体排名；创新条件效力指数表现相对较好，排在第 7 位，相较于 2012 年上升了 3 位。

法国创新发展指数 2021 年排在第 14 位。从分指数来看，产业创新发展指数在 2021 年排在第 8 位，表现相对突出；科学技术发展指数、社会创新发展指数与环境创新发展指数在 2021 年分别排在第 15 位、第 19 位和第 16 位，表现相对较差。

表 8-4 法国 2012 ～ 2021 年各指数排名及其变化

指数名称	2012 年	2016 年	2012 ～ 2016 年排名变化	2017 年	2021 年	2017 ～ 2021 年排名变化	2012 ～ 2021 年排名变化
创新能力指数	10	14	↓ 4	15	19	↓ 4	↓ 9
创新实力指数	6	7	↓ 1	7	7	→	↓ 1
创新投入实力指数	6	6	→	6	6	→	→
创新条件实力指数	5	6	↓ 1	6	6	→	↓ 1
创新产出实力指数	7	7	→	7	7	→	→
创新影响实力指数	7	8	↓ 1	8	10	↓ 2	↓ 3

续表

指数名称	2012年	2016年	2012～2016年排名变化	2017年	2021年	2017～2021年排名变化	2012～2021年排名变化
创新效力指数	15	17	↓ 2	17	19	↓ 2	↓ 4
创新投入效力指数	13	15	↓ 2	15	14	↑ 1	↓ 1
创新条件效力指数	10	12	↓ 2	9	7	↑ 2	↑ 3
创新产出效力指数	22	23	↓ 1	24	25	↓ 1	↓ 3
创新影响效力指数	7	11	↓ 4	14	19	↓ 5	↓ 12
创新发展指数	9	11	↓ 2	12	14	↓ 2	↓ 5
科学技术发展指数	15	15	→	16	15	↑ 1	→
产业创新发展指数	5	5	→	5	8	↓ 3	↓ 3
社会创新发展指数	16	13	↑ 3	13	19	↓ 6	↓ 3
环境创新发展指数	11	12	↓ 1	15	16	↓ 1	↓ 5

二、分指数的相对优势研究

（一）创新实力指数

2021 年，法国创新投入实力指数值为 9.77，高于 40 个国家的平均值（7.25），低于 40 个国家的最大值（69.87），排名第 6 位；相较于 2012 年，指数值有小幅提升，排名无变化，与 40 个国家的最大值的差距扩大。创新条件实力指数值为 10.44，高于 40 个国家的平均值（6.23），低于 40 个国家的最大值（60.51），排名第 6 位；相较于 2012 年，指数值有小幅提升，但排名下降了 1 位，与 40 个国家的最大值的差距扩大。创新产出实力指数值为 9.71，高于 40 个国家的平均值（7.92），低于 40 个国家的最大值（69.06），排名第 7 位；相较于 2012 年，指数值有小幅提升，排名始终保持在第 7 位，与 40 个国家的最大值的差距扩大。创新影响实力指数值为 2.14，高于 40 个国家的平均值（1.52），低于 40 个国家的最大值（12.14），排名第 10 位；相较于 2012 年，指数值有所下降，排名也下降了 3 位，与 40 个国家的最大值的差距缩小。如图 8-37 和图 8-38 所示。

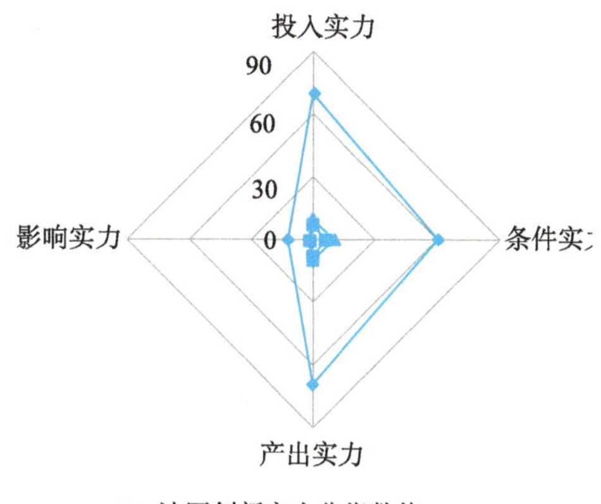

图 8-37 法国创新实力分指数与 40 个国家的最大值、平均值比较（2021 年）

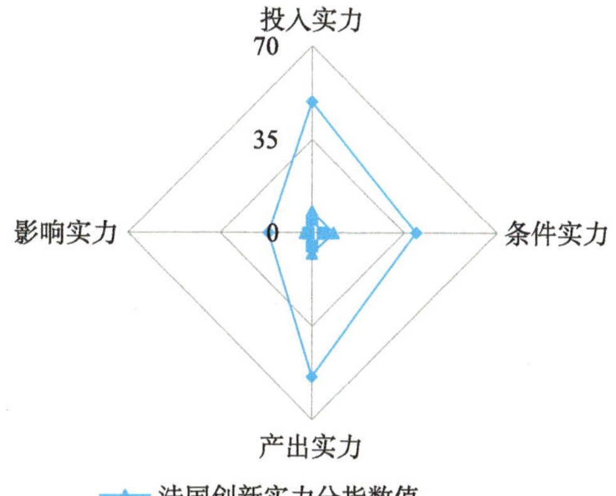

图 8-38 法国创新实力分指数与 40 个国家的最大值、平均值比较（2012 年）

2021 年，在法国创新实力指数三级指标中，除本国居民专利授权量这个指标得分略低于同期相应指标 40 个国家的平均值外，其他指标得分均高于 40 个国家的平均值，但均与 40 个国家的最大值之间存在较大差距。对比发现，2012 年，法国创新实力指数各三级指标也仅有本国居民专利授权量这一个指标得分低于同期相应指标 40 个国家的平均值（5.13），其他指标得分均高于 40 个国家的平均值，但差距相对较小。可以看出在 10 年观测期（2012 ～ 2021 年）内，法国本国居民专利授权量等指标得分的提升速度要慢于 40 个国家的平均值，如图 8-39 和图 8-40 所示。

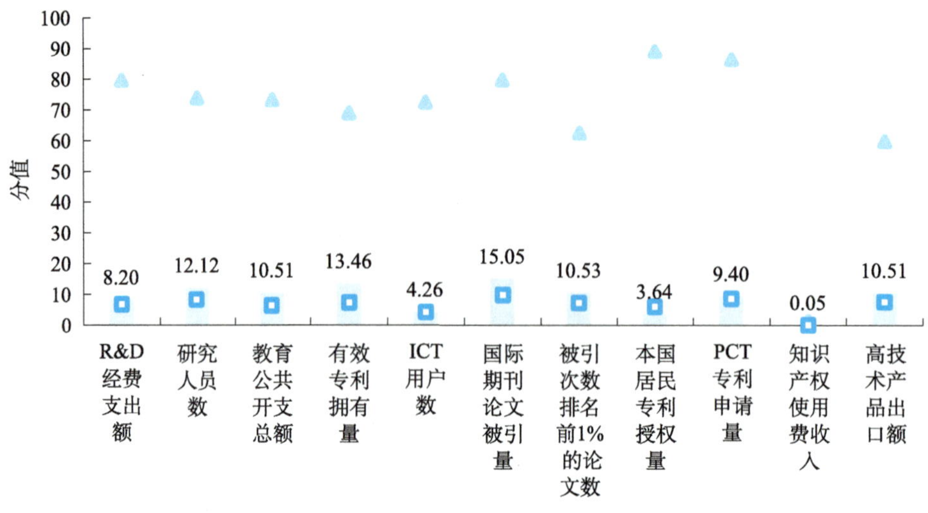

图 8-39　法国创新实力指数三级指标分值比较（2021 年）

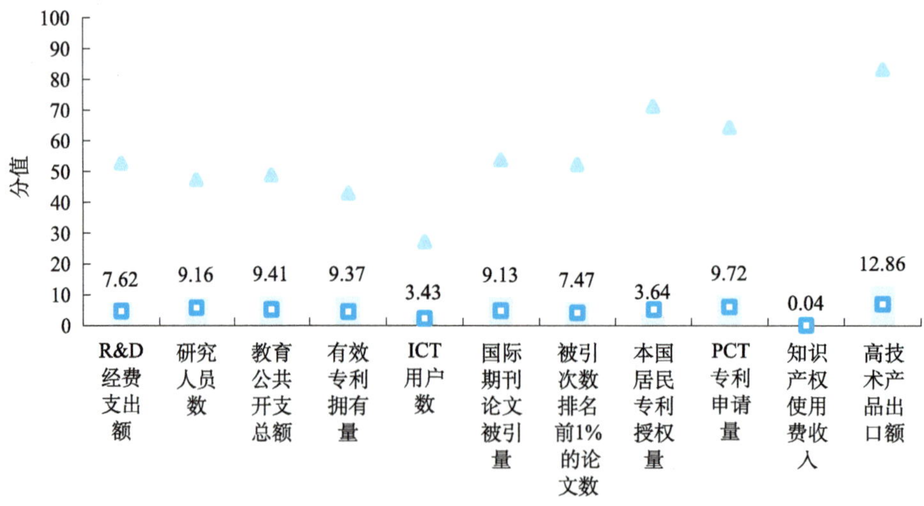

图 8-40　法国创新实力指数三级指标分值比较（2012 年）

（二）创新效力指数

2021 年，法国创新投入效力指数值为 31.00，高于 40 个国家的平均值（27.01），低于 40 个国家的最大值（59.44），排名第 14 位；相较于 2012 年，指数值略有下降，排名下降了 1 位，与 40 个国家的最大值的差距进一步扩大。创新条件效力指数值为 35.28，高于 40 个国家的平均值（28.63），低于 40 个国家的最大值（44.66），排名第 7 位；相较于 2012 年，指数值略有提升，排名上升了 3 位，与 40 个国家的最大值的差距无明显变化。创新产出效力指数值为 11.99，低于 40 个国家的平均值（15.23），低于 40 个国家的最大值（33.29），排名第 25 位；相较于 2012 年，指数值略有下降，排名下降了 3 位，与 40 个国家的最大值的差距无明显变化。创新影响效力指数值为 9.02，低于 40 个国家的平均值（9.45），低于 40 个国家的最大值（18.30），排名第 19 位；相较于 2012 年，指数值有小幅下降，排名下降了 12 位，与 40 个国家的最大值的差距进一步扩大。如图 8-41 和图 8-42 所示。

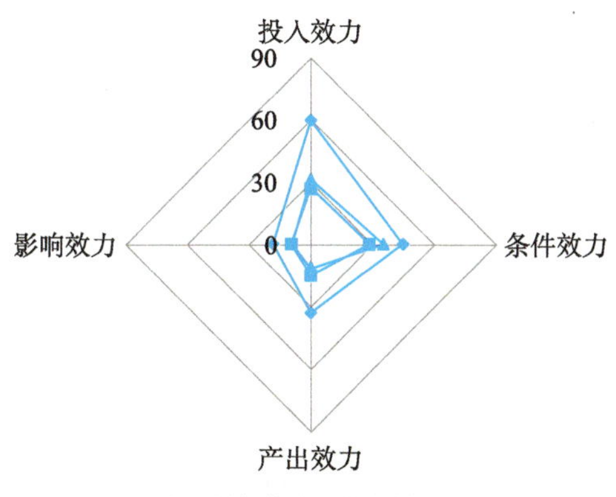

图 8-41 法国创新效力分指数与 40 个国家的最大值、平均值比较（2021 年）

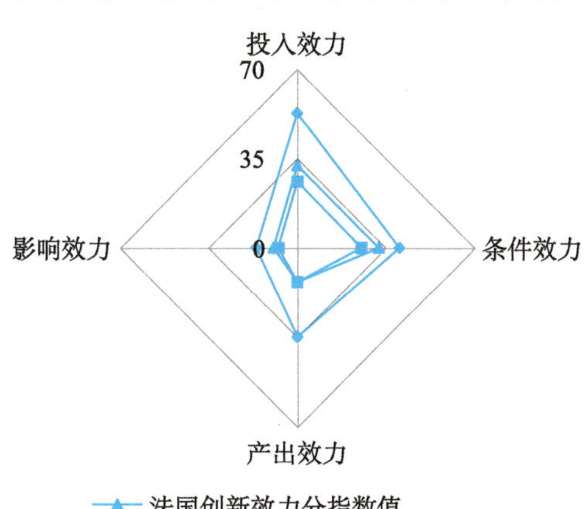

图 8-42 法国创新效力分指数与 40 个国家的最大值、平均值比较（2012 年）

2021 年，在法国创新效力指数三级指标中，除每百万研究人员被引次数排名前 10% 的论文数、每百万美元 R&D 经费被引次数排名前 10% 的论文数、每百万美元 R&D 经费本国居民专利授权量和单位能耗对应的 GDP 产出这 4 个指标得分低于相应指标 40 个国家的平均值外，其他指标均高于相应指标 40 个国家的平均值。2012 年，单位能耗对应的 GDP 产出指标得分略高于同期相应指标 40 个国家的平均值，10 年观测期（2012 ～ 2021 年）内这一指标得分有所下降，同时与 40 个国家的平均值之间的差距持续扩大：如图 8-43 和图 8-44 所示。

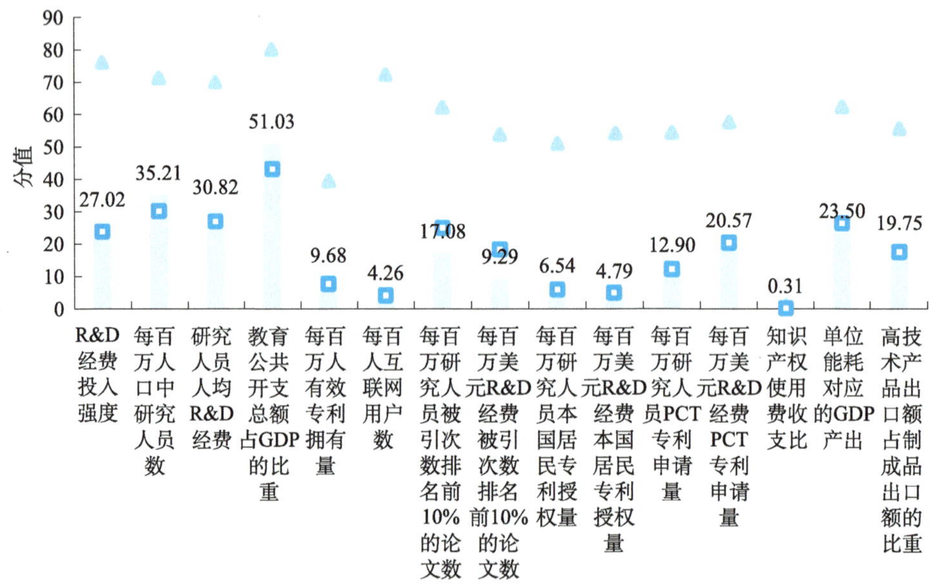

图 8-43　法国创新效力指数三级指标分值比较（2021 年）

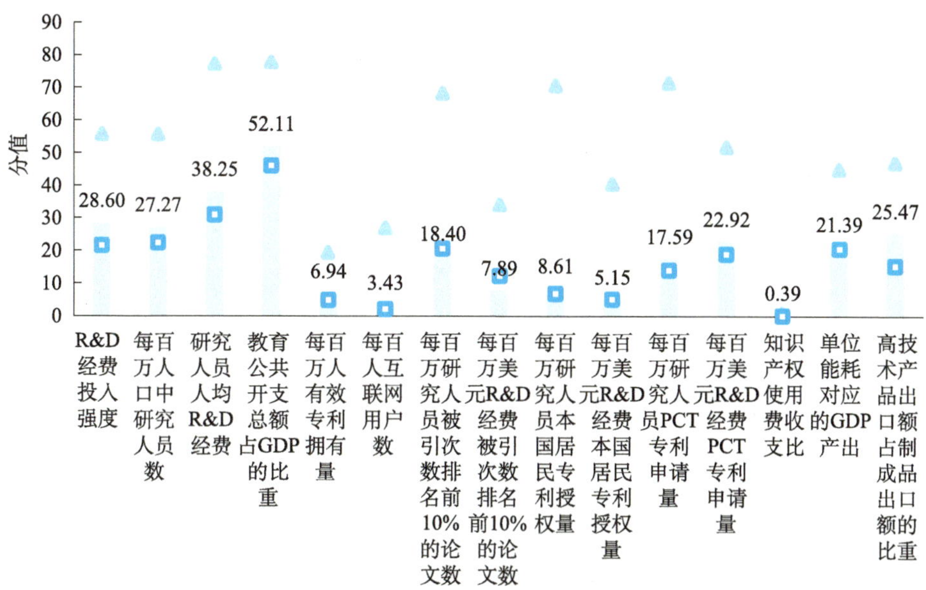

图 8-44 法国创新效力指数三级指标分值比较（2012 年）

（三）创新发展指数

2021 年，法国科学技术发展指数值为 16.58，高于 40 个国家的平均值（14.94），低于 40 个国家的最大值（34.35），排名第 15 位；相较于 2012 年，指数值略有提升，排名保持不变，与 40 个国家的最大值的差距进一步扩大。产业创新发展指数值为 42.02，高于 40 个国家的平均值（34.39），低于 40 个国家的最大值（58.15），排名第 8 位；相较于 2012 年，指数值无明显变化，排名下降了 3 位，与 40 个国家的最大值的差距扩大。社会创新发展指数值为 58.21，高于 40 个国家的平均值（52.50），低于 40 个国家的最大值（66.44），排名第 19 位；相较于 2012 年，指数值略有提升，但排名下降了 3 位，与 40 个国家的最大值的差距无明显变化。环境创新发展指数值为 44.33，高于 40 个国家的平均值（43.20），低于 40 个国家的最大值（61.11），排名第 16 位；相较于 2012 年，指数值有小幅上升，排名下降了 5 位，与 40 个国家的最大值的差距进一步扩大。如图 8-45 和图 8-46 所示。

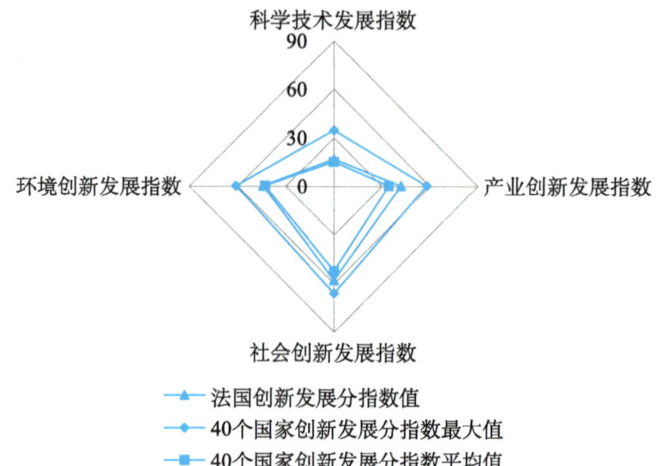

图 8-45 法国创新发展分指数与 40 个国家的最大值、平均值比较（2021 年）

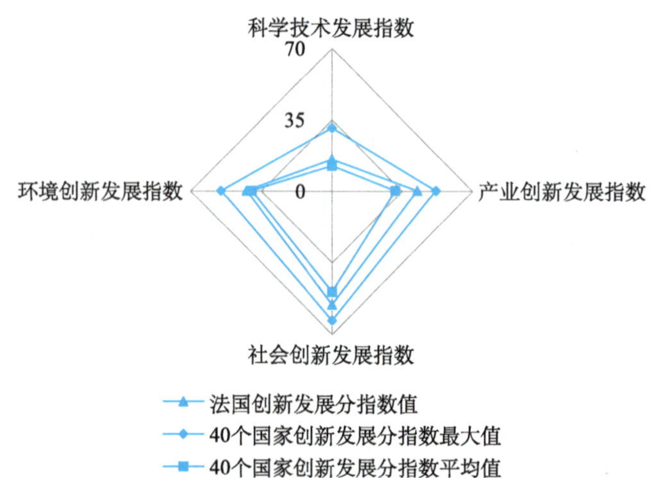

图 8-46 法国创新发展分指数与 40 个国家的最大值、平均值比较（2012 年）

2021 年，法国创新发展指数各三级指标总体上表现较好，除知识产权使用费收入占 GDP 的比重、高等教育毛入学率和单位能耗对应的 GDP 产出这 3 个指标得分稍低于相应指标 40 个国家的平均值外，其他指标均有较好表现，其中服务业从业人员占就业总数的比重、出生人口预期寿命等指标得分与相应指标 40 个国家的最大值的差距很小。2012 ～ 2021 年，大部分指标得分均有一定幅度的增加，仅有每百万研究人员本国居民专利授权量、每百万研究人员 PCT 专利申请量、高技术产品出口额占制成品出口额的比重、就业人口人均 GDP、医疗卫生总支出占 GDP 的比重、公共医疗卫生支出占医疗总支出的比重和出生人口预期寿命这 7 个指标得分略有下降，但在 2021 年大部分高于 40 个国家的平均值。如图 8-47 和图 8-48 所示。

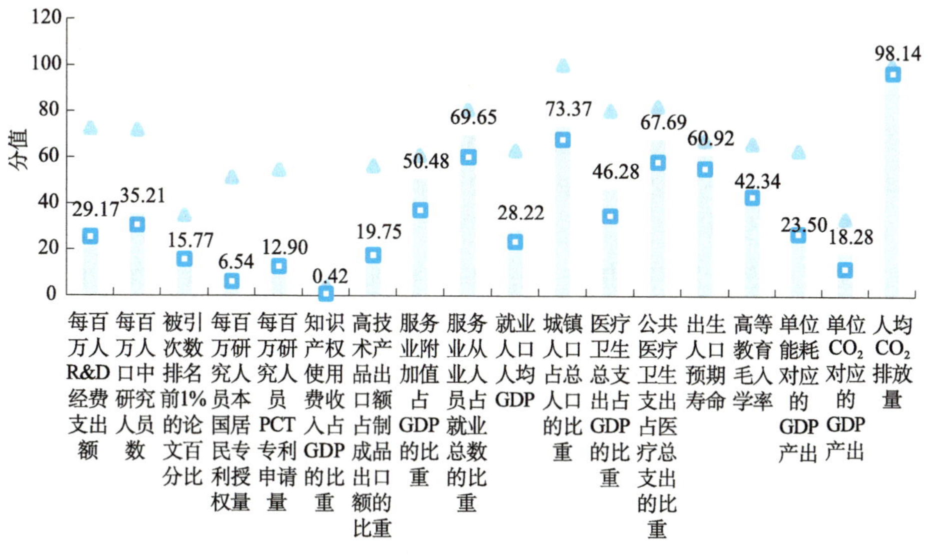

图 8-47 法国创新发展指数三级指标分值比较（2021 年）

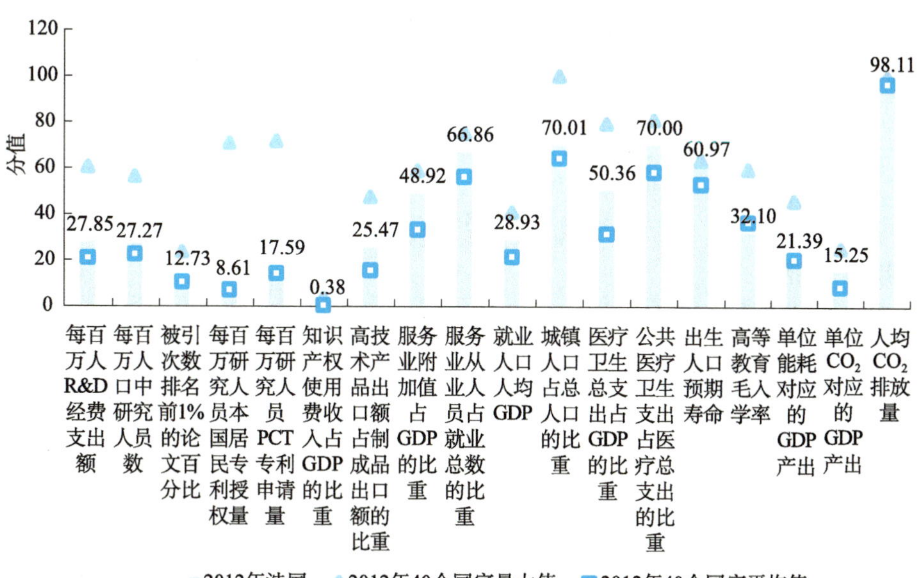

图 8-48 法国创新发展指数三级指标分值比较（2012 年）

第五节　德　　国

一、指数的相对优势比较

如表 8-5 所示，德国创新能力指数排名居前列，2021 年居第 8 位，在 10 年观测期（2012 ～ 2021 年）内下降 2 位。2021 年，德国创新实力指数表现相对较好，排第 4 位，其创新投入实力指数（第 4 位）、创新条件实力指数（第 4 位）、创新产出实力指数（第 5 位）和创新影响实力指数（第 3 位）表现均较为突出，且 10 年观测期（2012 ～ 2021 年）内波动较小。

与创新实力指数相比，德国创新效力指数排名稍差，2021 年排在第 13 位，在 10 年观测期（2012 ～ 2021 年）内下降 5 位。从分指数来看，2021 年创新投入效力指数（第 6 位）有突出表现；创新条件效力指数排在第 16 位，创新产出效力指数排在第 24 位，创新影响效力指数排在第 16 位，较 2012 年分别下降了 1 位、10 位和 5 位，拉低了德国创新效力指数的排名。

2021 年，德国创新发展指数排在第 15 位，未能跻身于前 10 位。从分指数来看，产业创新发展指数与社会创新发展指数在 2021 年均排在第 18 位，是创新发展指数中的一大短板；其他分指数中，2021 年科学技术发展指数排名第 11 位，环境创新发展指数排名第 14 位，与 2012 年相比均下降了 1 位。

表 8-5　德国 2012 ～ 2021 年各指数排名及其变化

指数名称	2012 年	2016 年	2012 ～ 2016 年排名变化	2017 年	2021 年	2017 ～ 2021 年排名变化	2012 ～ 2021 年排名变化
创新能力指数	6	9	↓ 3	8	8	→	↓ 2
创新实力指数	4	4	→	4	4	→	→
创新投入实力指数	4	4	→	4	4	→	→
创新条件实力指数	4	4	→	4	4	→	→
创新产出实力指数	4	4	→	4	5	↓ 1	↓ 1
创新影响实力指数	2	2	→	2	3	↓ 1	↓ 1
创新效力指数	8	11	↓ 3	10	13	↓ 3	↓ 5
创新投入效力指数	7	8	↓ 1	7	6	↑ 1	↑ 1

续表

指数名称	2012 年	2016 年	2012 ～ 2016 年排名变化	2017 年	2021 年	2017 ～ 2021 年排名变化	2012 ～ 2021 年排名变化
创新条件效力指数	15	15	→	15	16	↓ 1	↓ 1
创新产出效力指数	14	20	↓ 6	20	24	↓ 4	↓ 10
创新影响效力指数	11	10	↑ 1	12	16	↓ 4	↓ 5
创新发展指数	14	14	→	14	15	↓ 1	↓ 1
科学技术发展指数	10	11	↓ 1	10	11	↓ 1	↓ 1
产业创新发展指数	18	18	→	18	18	→	→
社会创新发展指数	19	15	↑ 4	16	18	↓ 2	↑ 1
环境创新发展指数	13	13	→	14	14	→	↓ 1

二、分指数的相对优势研究

（一）创新实力指数

2021 年，德国创新投入实力指数值为 17.65，高于 40 个国家的平均值（7.25），低于 40 个国家的最大值（69.87），排名第 4 位；相较于 2012 年，指数值有小幅提升，但排名无变化，与 40 个国家的最大值的差距扩大。创新条件实力指数值为 12.70，高于 40 个国家的平均值（6.23），低于 40 个国家的最大值（60.51），排名第 4 位；相较于 2012 年，指数值有小幅提升，排名保持不变，与 40 个国家的最大值的差距扩大。创新产出实力指数值为 17.17，高于 40 个国家的平均值（7.92），低于 40 个国家的最大值（69.06），排名第 5 位；相较于 2012 年，指数值有小幅提升，排名下降了 1 位，与 40 个国家的最大值的差距扩大。创新影响实力指数值为 4.61，高于 40 个国家的平均值（1.52），低于 40 个国家的最大值（12.14），排名第 3 位；相较于 2012 年，指数值有所下降，排名下降了 1 位，与 40 个国家的最大值的差距缩小。如图 8-49 和图 8-50 所示。

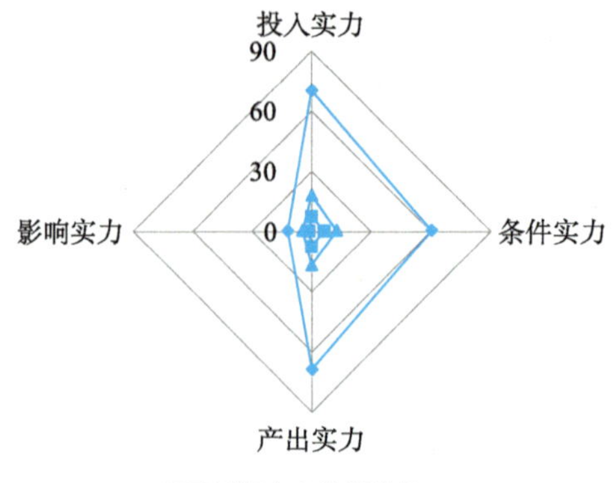

图 8-49 德国创新实力分指数与 40 个国家的最大值、平均值比较（2021 年）

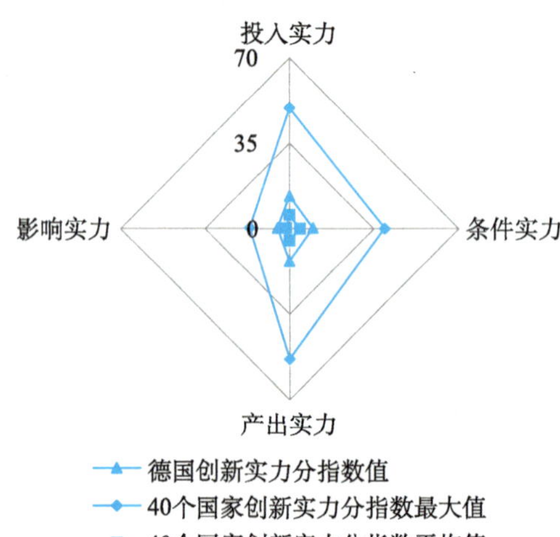

图 8-50 德国创新实力分指数与 40 个国家的最大值、平均值比较（2012 年）

2021 年，德国创新实力指数三级指标得分除了本国居民专利授权量外，其他指标得分均高于 40 个国家的平均值，但与 40 个国家的最大值之间仍存在较大差距。其中，ICT 用户数和知识产权使用费收入指标得分仅略高于 40 个国家的平均值。对比 2021 年和 2012 年，德国创新实力指数各三级指标表现相对较为均衡。2012 年，德国 PCT 专利申请量得分为 23.36，虽与 40 个国家的最大值之间存在较大差距，但其表现要优于本国居民专利授权量，如图 8-51 和图 8-52 所示。

（二）创新效力指数

2021 年，德国创新投入效力指数值为 45.19，高于 40 个国家的平均值

图 8-51　德国创新实力指数三级指标分值比较（2021 年）

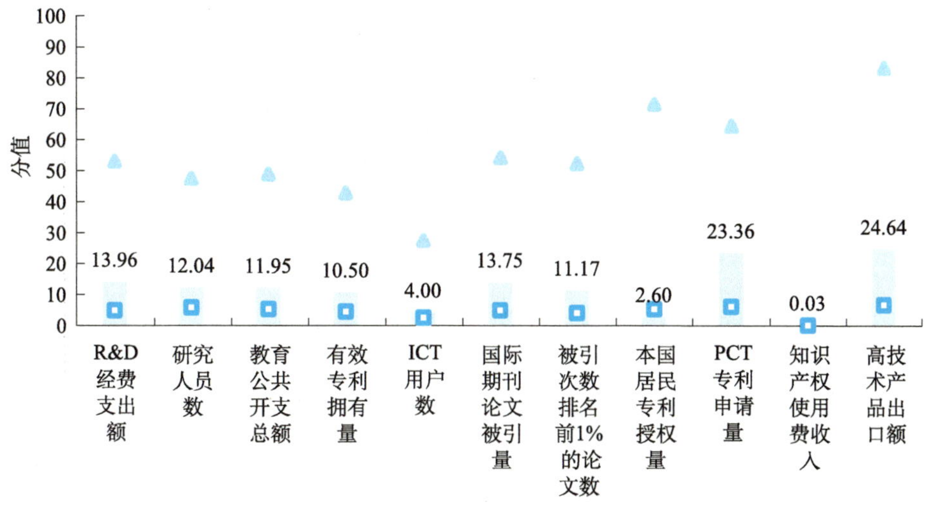

图 8-52　德国创新实力指数三级指标分值比较（2012 年）

（27.01），低于 40 个国家的最大值（59.44），排名第 6 位；相较于 2012 年，指数值有小幅上升，排名上升了 1 位，但与 40 个国家的最大值的差距进一步扩大。创新条件效力指数值为 31.82，高于 40 个国家的平均值（28.63），低于 40 个国家的最大值（44.66），排名第 16 位；相较于 2012 年，指数值略有提升，但排名下降了 1 位，与 40 个国家的最大值的差距也进一步扩大。创新产出效力指数值为 12.87，低于 40 个国家的平均值（15.23），低于 40 个国家的最大值（33.29），排名第 24 位；相较于 2012 年，指数值略有下降，排名下降了 10 位，与 40 个国家的最大值的差距进一步扩大。创新影响效力指数值为 10.21，高于 40 个国家的平均值（9.45），低于 40 个国家的最大值（18.30），排名第 16 位；相较于 2012 年，指数值有小幅提升，但排名下降了 5 位，与 40 个国家的最大值的差距也进一步扩大。如图 8-53 和图 8-54 所示。

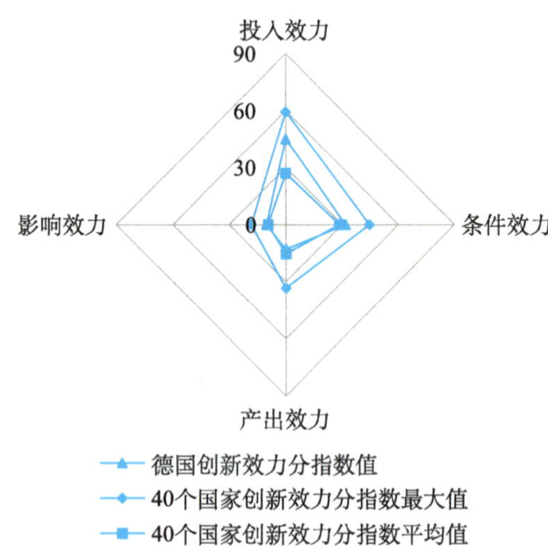

图 8-53 德国创新效力分指数与 40 个国家的最大值、平均值比较（2021 年）

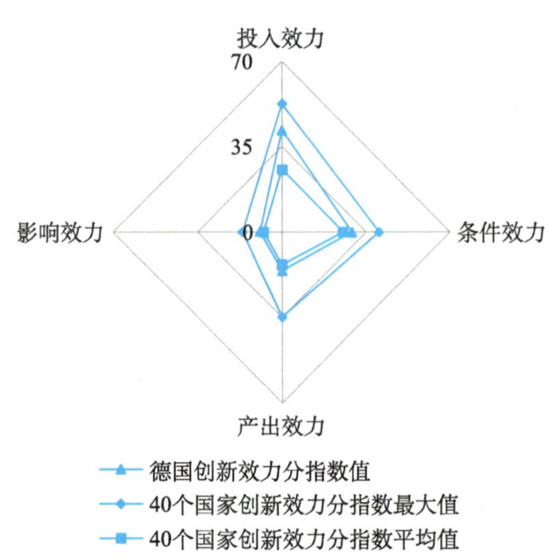

图 8-54 德国创新效力分指数与 40 个国家的最大值、平均值比较（2012 年）

2021 年，德国创新效力指数三级指标得分两极分化现象严重，教育公共开支总额占 GDP 的比重、每百万研究人员被引次数排名前 10% 的论文数、每百万美元 R&D 经费被引次数排名前 10% 的论文数、每百万研究人员本国居民专利授权量、每百万美元 R&D 经费本国居民专利授权量和高技术产品出口额占制成品出口额的比重这 6 个指标的得分低于相应指标 40 个国家的平均值，R&D 经费投入强度、每百万人口中研究人员数、研究人员人均 R&D 经费、每百万人有效专利拥有量、每百人互联网用户数、每百万研究人员 PCT 专利申请量、每百万美元 R&D 经费 PCT 专利申请量、知识产权使用费收支比、单位能耗对应的 GDP 产出这 9 个指标得分高于相应指标 40 个国家的平均值。2012 ～ 2021 年，研究人员人均 R&D 经费、教育公共开支总额占 GDP 的比重、每百万研究人员被引次数排名前 10% 的论文数、每百万美元 R&D 经费被引次数排名前 10% 的论文数、每百万研究人员本国居民专利授权量、每百万研究人员 PCT 专利申请量、每百万美元 R&D 经费 PCT 专利申请量及高技术产品出口额占制成品出口额的比重这 8 个指标得分较 2012 年均有不同程度的下降。如图 8-55 和图 8-56 所示。

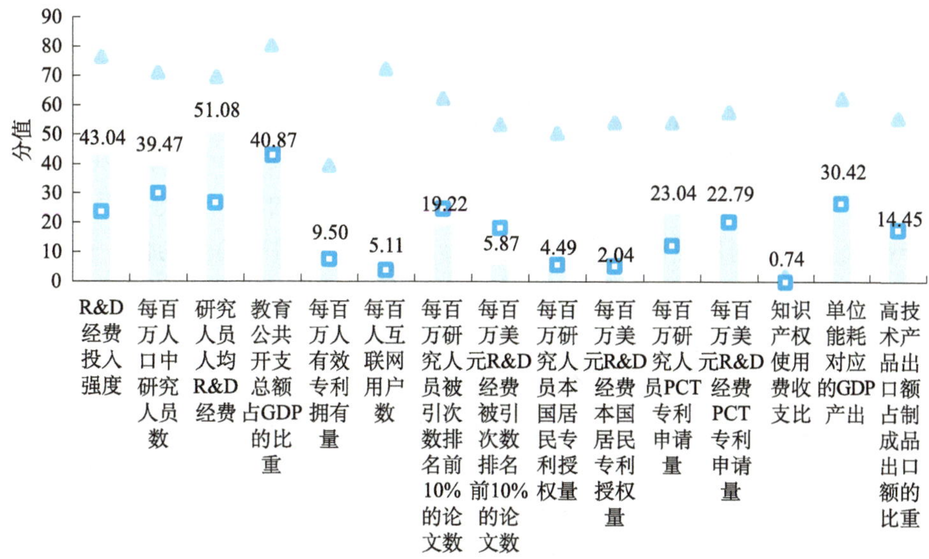

图 8-55 德国创新效力指数三级指标分值比较（2021 年）

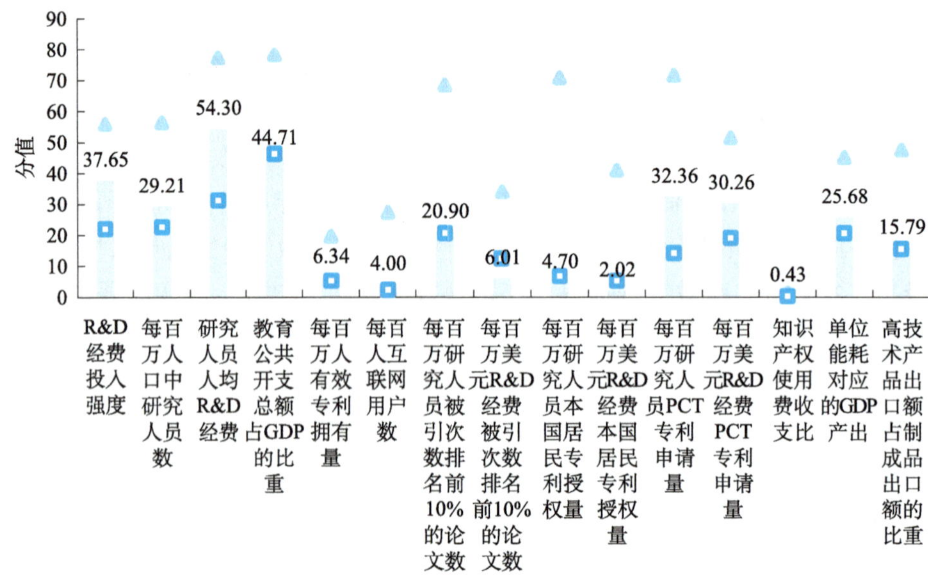

图 8-56 德国创新效力指数三级指标分值比较（2012 年）

（三）创新发展指数

2021 年，德国科学技术发展指数值为 21.66，高于 40 个国家的平均值（14.94），低于 40 个国家的最大值（34.35），排名第 11 位；相较于 2012 年，指数值略有提升，但排名下降了 1 位，与 40 个国家的最大值的差距也进一步扩大。产业创新发展指数值为 35.13，高于 40 个国家的平均值（34.39），低于 40 个国家的最大值（58.15），排名 18 位；相较于 2012 年，指数值略有上升，但排名保持不变，与 40 个国家的最大值的差距扩大。社会创新发展指数值为 58.80，高于 40 个国家的平均值（52.50），低于 40 个国家的最大值（66.44），排名第 18 位；相较于 2012 年，指数值略有小幅上升，排名上升了 1 位，但与 40 个国家的最大值的差距进一步扩大。环境创新发展指数值为 44.89，高于 40 个国家的平均值（43.20），低于 40 个国家的最大值（61.11），排名第 14 位；相较于 2012 年，指数值有小幅上升，但排名下降了 1 位，与 40 个国家的最大值的差距进一步扩大。如图 8-57 和图 8-58 所示。

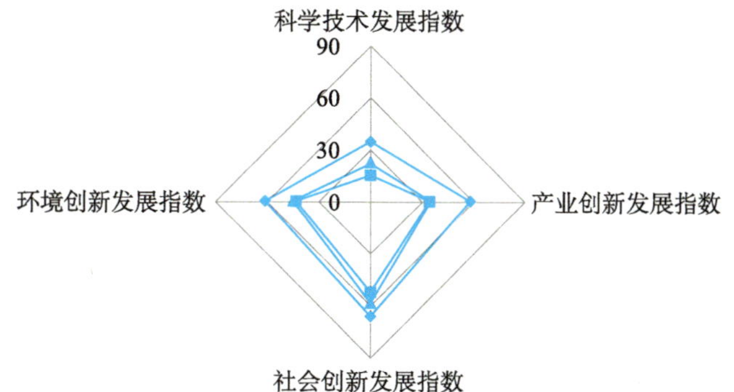

图 8-57　德国创新发展分指数与 40 个国家的最大值、平均值比较（2021 年）

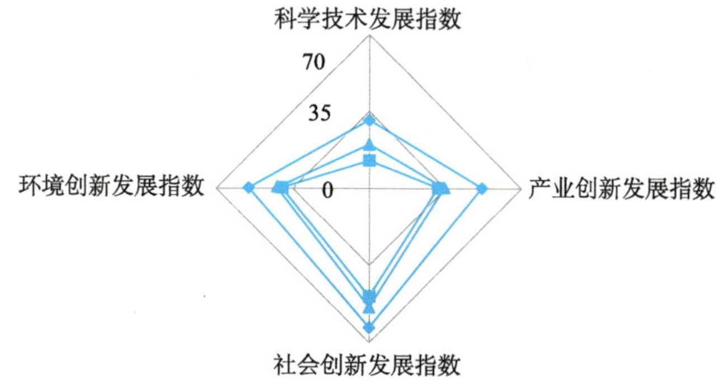

图 8-58　德国创新发展分指数与 40 个国家的最大值、平均值比较（2012 年）

2021 年，德国创新发展指数各三级指标表现总体较好，绝大部分指标得分超出或接近相应指标 40 个国家的平均值。然而，被引次数排名前 1% 的论文百分比、每百万研究人员本国居民专利授权量、高技术产品出口额占制成品出口额的比重、高等教育毛入学率这 4 个指标得分低于相应指标 40 个国家的平均值。2012 ～ 2021 年，大部分指标表现未见明显差异。如图 8-59 和图 8-60 所示。

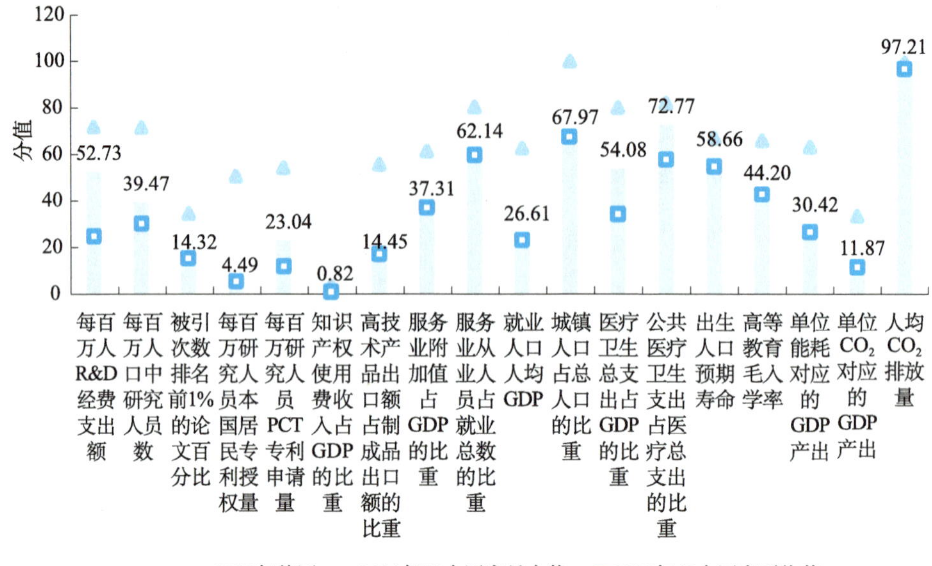

图 8-59　德国创新发展指数三级指标分值比较（2021 年）

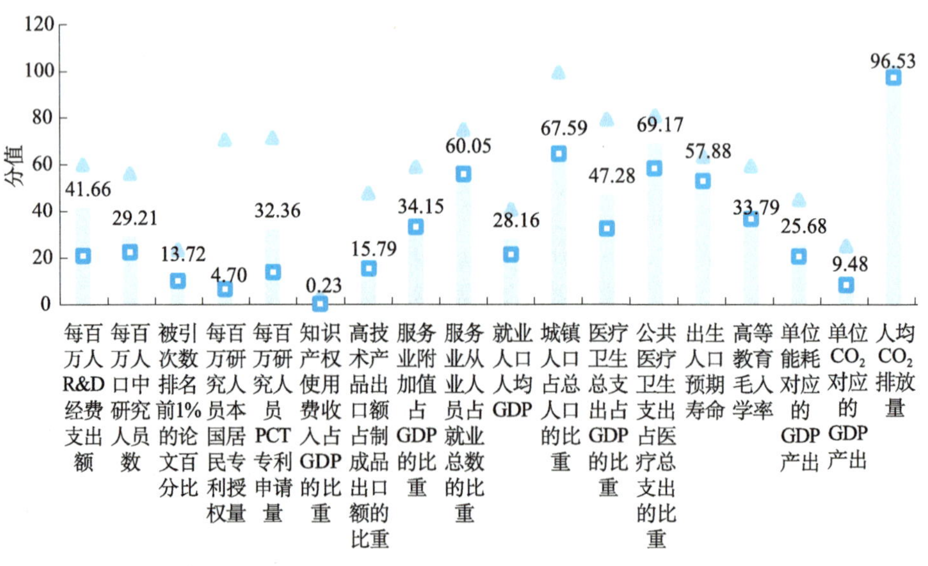

图 8-60　德国创新发展指数三级指标分值比较（2012 年）

第六节　韩　　国

一、指数的相对优势比较

如表 8-6 所示，韩国的创新能力指数排名位居前列，2021 年排名第 3 位，且在 10 年观测期（2012 ～ 2021 年）内上升了 2 位。韩国创新实力指数表现较为均衡，2021 年排在第 5 位，保持了 2012 年的排名水平。其中创新投入实力指数（第 5 位）、创新条件实力指数（第 5 位）、创新产出实力指数（第 4 位）和创新影响实力指数（第 4 位）均处于前 5 位的行列。韩国创新效力指数表现较好，2021 年居第 3 位，相较于 2012 年上升 2 位。从分指数来看，其 2021 年的创新影响效力指数仅排第 24 位，成为创新效力指数中最大的短板。创新投入效力指数在 10 年观测期（2012 ～ 2021 年）内表现突出，排名第 1 位。创新条件效力指数与创新产出效力指数在 10 年观测期（2012 ～ 2021 年）内也表现较为出色，均位于第 8 位。创新发展指数表现较逊于创新能力指数，2021 年排在第 12 位，在 10 年观测期（2012 ～ 2021 年）内上升了 5 位。分指数中，2021 年科学技术发展指数排名第 1 位，较 2012 年上升了 2 位；产业创新发展指数、社会创新发展指数和环境创新发展指数分别在 2021 年排在第 17 位、第 9 位和第 35 位，相较于 2012 年分别上升了 6 位、9 位和 1 位。

表 8-6　韩国 2012 ～ 2021 年各指数排名及其变化

指数名称	2012 年	2016 年	2012 ～ 2016 年排名变化	2017 年	2021 年	2017 ～ 2021 年排名变化	2012 ～ 2021 年排名变化
创新能力指数	5	4	↑ 1	4	3	↑ 1	↑ 2
创新实力指数	5	5	→	5	5	→	→
创新投入实力指数	5	5	→	5	5	→	→
创新条件实力指数	6	5	↑ 1	5	5	→	↑ 1
创新产出实力指数	5	5	→	5	4	↑ 1	↑ 1
创新影响实力指数	3	3	→	3	4	↓ 1	↓ 1
创新效力指数	5	4	↑ 1	4	3	↑ 1	↑ 2

续表

指数名称	2012年	2016年	2012～2016年排名变化	2017年	2021年	2017～2021年排名变化	2012～2021年排名变化
创新投入效力指数	4	3	↑1	2	1	↑1	↑3
创新条件效力指数	12	9	↑3	8	8	→	↑4
创新产出效力指数	5	4	↑1	5	8	↓3	↓3
创新影响效力指数	27	24	↑3	22	24	↓2	↑3
创新发展指数	17	18	↓1	16	12	↑4	↑5
科学技术发展指数	3	2	↑1	2	1	↑1	↑2
产业创新发展指数	23	23	→	21	17	↑4	↑6
社会创新发展指数	18	18	→	17	9	↑8	↑9
环境创新发展指数	36	36	→	36	35	↑1	↑1

二、分指数的相对优势研究

（一）创新实力指数

2021 年，韩国创新投入实力指数值为 15.45，高于 40 个国家的平均值（7.25），低于 40 个国家的最大值（69.87），排名第 5 位；相较于 2012 年，指数值有明显上升，排名无变化，与 40 个国家的最大值的差距进一步扩大。创新条件实力指数值为 11.58，高于 40 个国家的平均值（6.23），低于 40 个国家的最大值（60.51），排名第 5 位；相较于 2012 年，指数值有小幅提升，排名上升了 1 位，但与 40 个国家的最大值的差距扩大。创新产出实力指数值为 18.60，高于 40 个国家的平均值（7.92），低于 40 个国家的最大值（69.06），排名第 4 位；相较于 2012 年，指数值有明显提升，排名上升了 1 位，但与 40 个国家的最大值的差距扩大。创新影响实力指数值为 4.60，高于 40 个国家的平均值（1.52），低于 40 个国家的最大值（12.14），排名第 4 位；相较于 2012 年，指数值有小幅上升，但排名下降了 1 位，与 40 个国家的最大值的差距缩小，如图 8-61 和图 8-62 所示。

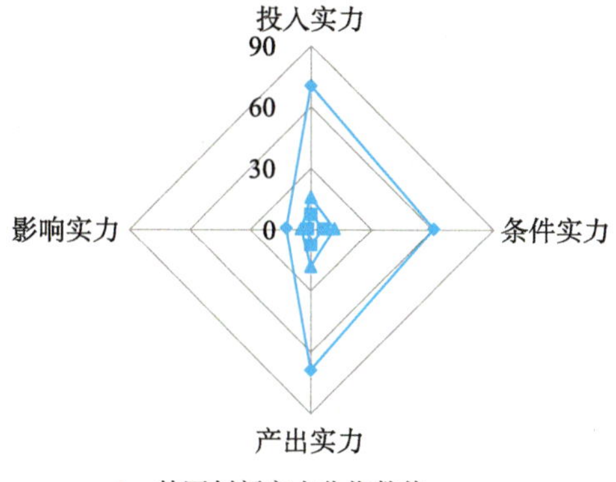

图 8-61 韩国创新实力分指数与 40 个国家的最大值、平均值比较（2021 年）

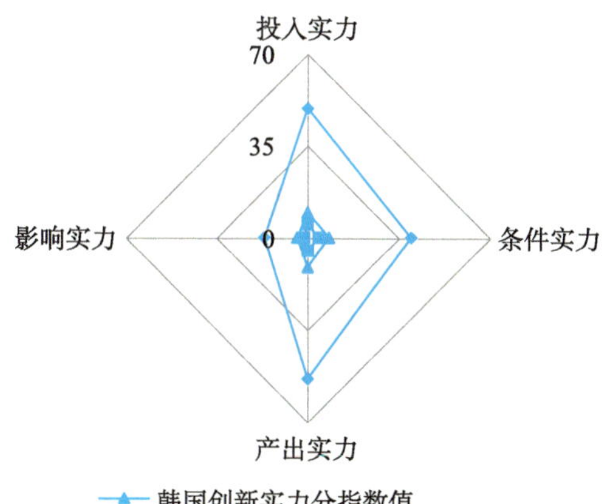

图 8-62 韩国创新实力分指数与 40 个国家的最大值、平均值比较（2012 年）

2021 年，韩国创新实力指数大部分三级指标表现均相对较好，除教育公共开支总额、ICT 用户数、被引次数排名前 1% 的论文数及知识产权使用费收入这 4 个指标得分低于相应指标 40 个国家的平均值外，其他指标均高于相应指标 40 个国家的平均值；其中，有效专利拥有量、本国居民专利授权量、PCT 专利申请量和高技术产品出口额这 4 个专利指标得分均远高于相应指标 40 个国家的平均值。对比来看，2012 年韩国创新实力指数各三级指标表现较为突出的仍是有效专利拥有量、本国居民专利授权量、PCT 专利申请量、高技术产品出口额这 4 个指标，但其得分与相应指标 40 个国家的最大值之间的差距仍然相对较大。知识产权使用费收入指标虽然在 10 年观测期（2012 ～ 2021 年）内得分上升，但仍与相应指标 40 个国家的平均值有一定差距。如图 8-63 和图 8-64 所示。

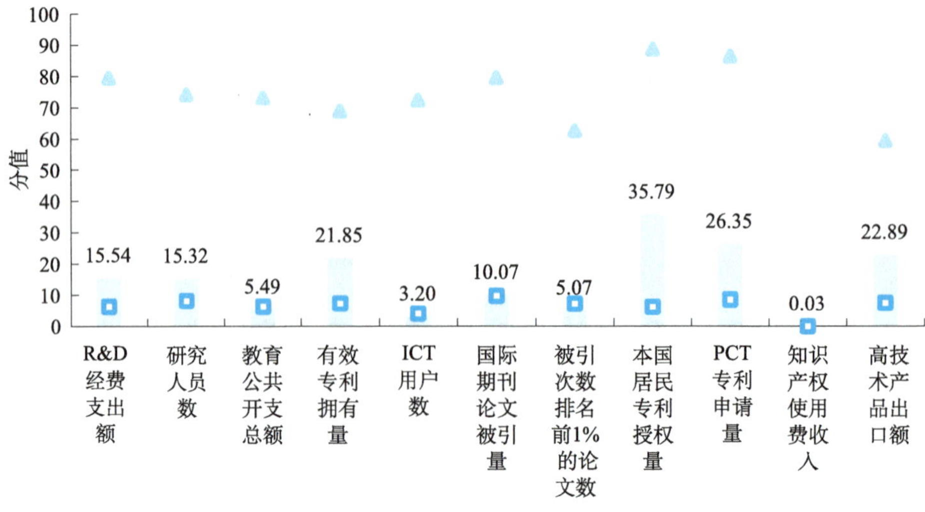

图 8-63　韩国创新实力指数三级指标分值比较（2021 年）

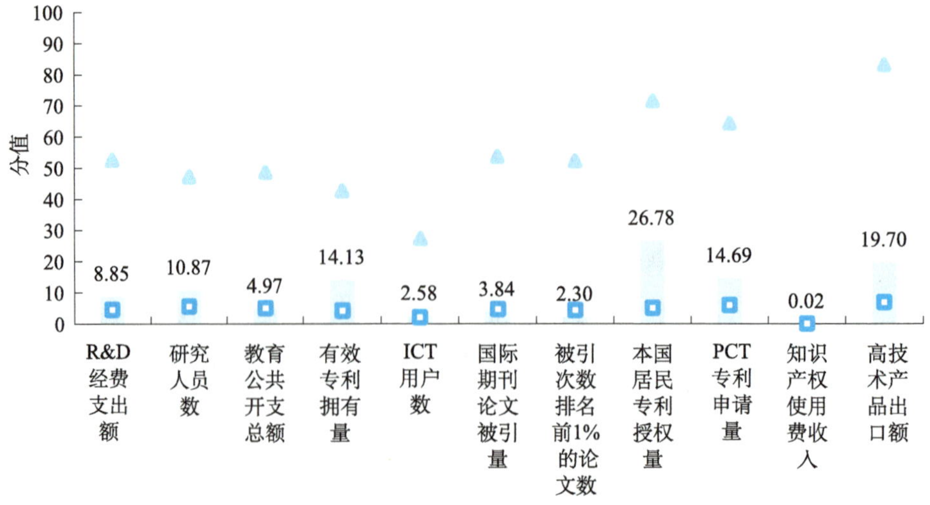

图 8-64　韩国创新实力指数三级指标分值比较（2012 年）

（二）创新效力指数

2021 年，韩国创新投入效力指数值为 59.44，高于 40 个国家的平均值（27.01），排名第 1 位；相较于 2012 年，指数值有明显上升，排名上升了 3 位，与 40 个国家的最大值的差距缩小。创新条件效力指数值为 34.64，高于 40 个国家的平均值（28.63），低于 40 个国家的最大值（44.66），排名第 8 位；相较于 2012 年，指数值略有提升，排名上升了 4 位，与 40 个国家的最大值的差距略有扩大。创新产出效力指数值为 22.02，高于 40 个国家的平均值（15.23），低于 40 个国家的最大值（33.29），排名第 8 位；相较于 2012 年，指数值无明显变化，排名下降了 3 位，与 40 个国家的最大值的差距略有缩小。创新影响效力指数值为 8.31，低于 40 个国家的平均值（9.45），低于 40 个国家的最大值（18.30），排名第 24 位；相较于 2012 年，指数值有小幅提升，排名上升了 3 位，与 40 个国家的最大值的差距无明显变化，如图 8-65 和图 8-66 所示。

2021 年，韩国创新效力指数三级指标得分两极分化现象较为严重，R&D 经费投入强度、每百万研究人员本国居民专利授权量这 2 个指标得分已达到 40 个国家的最高水平，但教育公共开支总额占 GDP 的比重、每百人互联网用户数、每百万研究人员被引次数排名前 10% 的论文数、每百万美元 R&D 经费被引次数排名前 10% 的论文数、知识产权使用费收支比和单位能耗对应的 GDP 产出这 6 个指标得分仍低于相应指标 40 个国家的平均值。2012 年

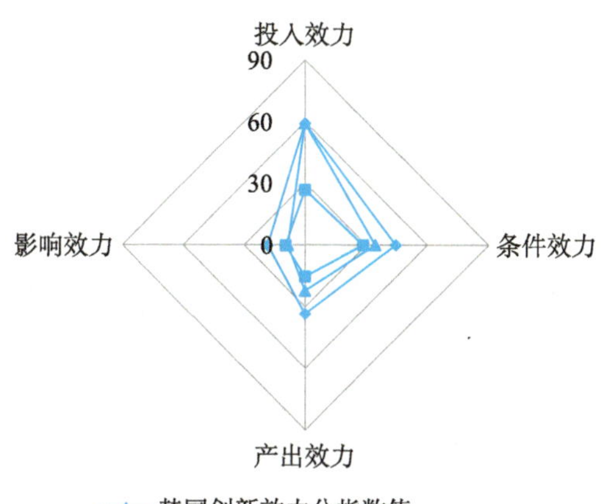

图 8-65　韩国创新效力分指数与 40 个国家的最大值、平均值比较（2021 年）

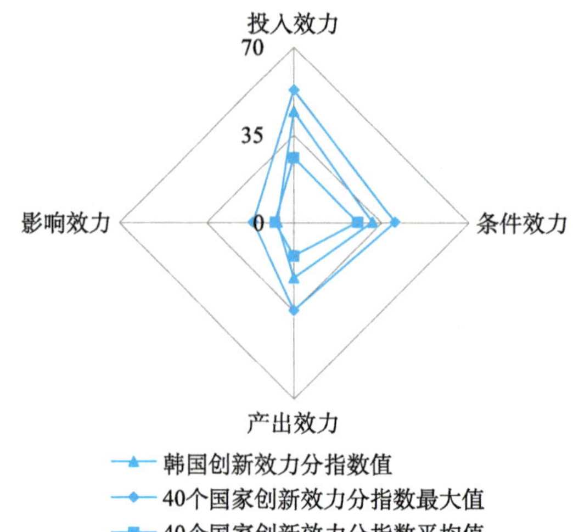

图 8-66 韩国创新效力分指数与 40 个国家的最大值、平均值比较（2012 年）

各指标表现与 2021 年大体一致，其中，每百万研究人员被引次数排名前 10% 的论文数和每百万美元 R&D 经费被引次数排名前 10% 的论文数这 2 个指标得分依然相对较低，与 40 个国家的平均值的差距较大。如图 8-67 和图 8-68 所示。

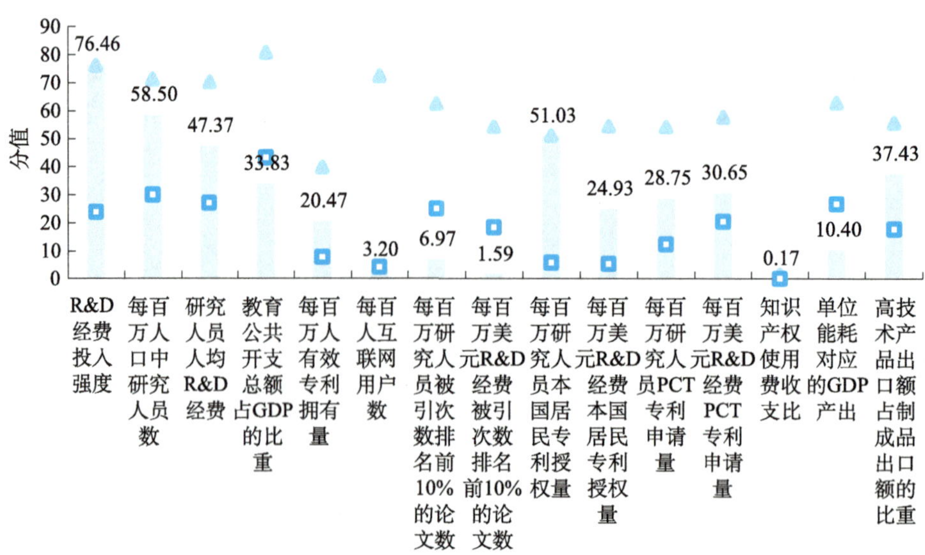

图 8-67 韩国创新效力指数三级指标分值比较（2021 年）

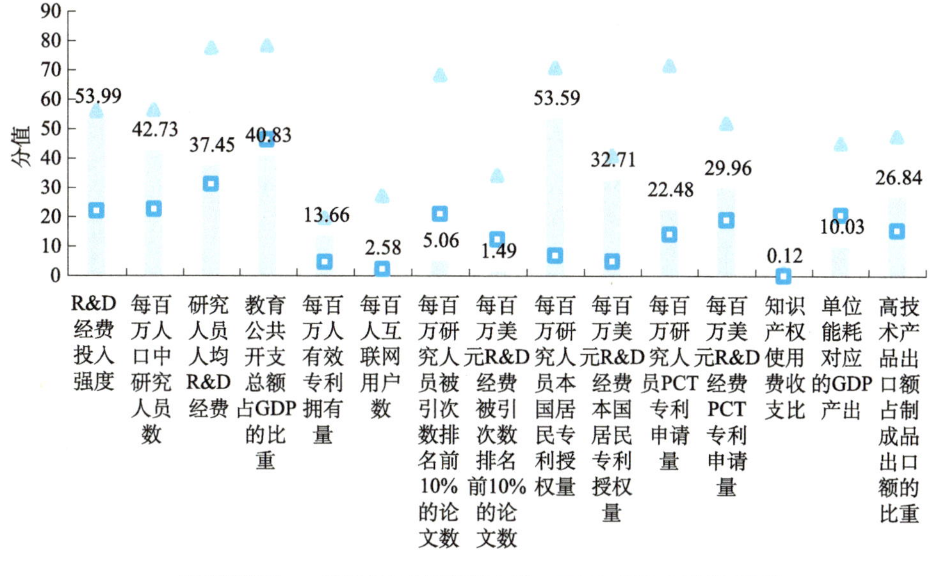

图 8-68　韩国创新效力指数三级指标分值比较（2012 年）

（三）创新发展指数

2021 年，韩国科学技术发展指数值为 34.35，高于 40 个国家的平均值（14.94），排名第 1 位；相较于 2012 年，指数值明显上升，排名上升了 2 位，与 40 个国家的最大值的差距缩小。产业创新发展指数值为 36.34，高于 40 个国家的平均值（34.39），低于 40 个国家的最大值（58.15），排名 17 位；相较于 2012 年，指数值明显上升，排名上升了 6 位，与 40 个国家的最大值的差距扩大。社会创新发展指数值为 61.69，高于 40 个国家的平均值（52.50），低于 40 个国家的最大值（66.44），排名第 9 位；相较于 2012 年，指数值明显上升，排名上升了 9 位，与 40 个国家的最大值的差距缩小。环境创新发展指数值为 35.25，低于 40 个国家的平均值（43.20），低于 40 个国家的最大值（61.11），排名第 35 位；相较于 2012 年，指数值有小幅上升，排名上升了 1 位，与 40 个国家的最大值的差距进一步扩大。如图 8-69 和图 8-70 所示。

2021 年，韩国创新发展指数各三级指标表现差距相对较大，其中每百万人 R&D 经费支出额、每百万研究人员本国居民专利授权量、出生人口预期寿命、高等教育毛入学率和人均 CO_2 排放量指标得分为相应指标 40 个国家的最大值，但被引次数排名前 1% 的论文百分比、知识产权使用费收入占

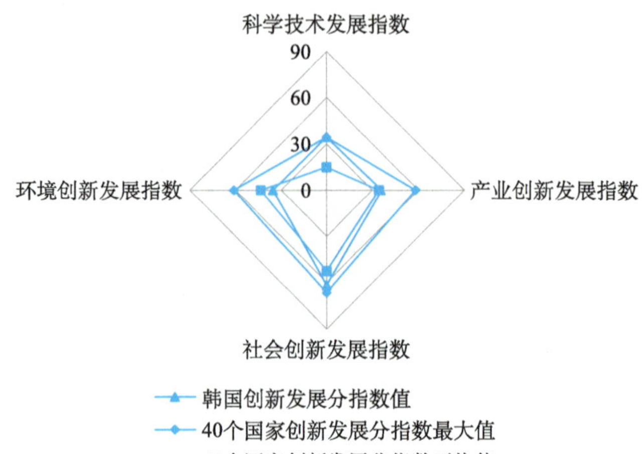

图 8-69 韩国创新发展分指数与 40 个国家的最大值、平均值比较（2021 年）

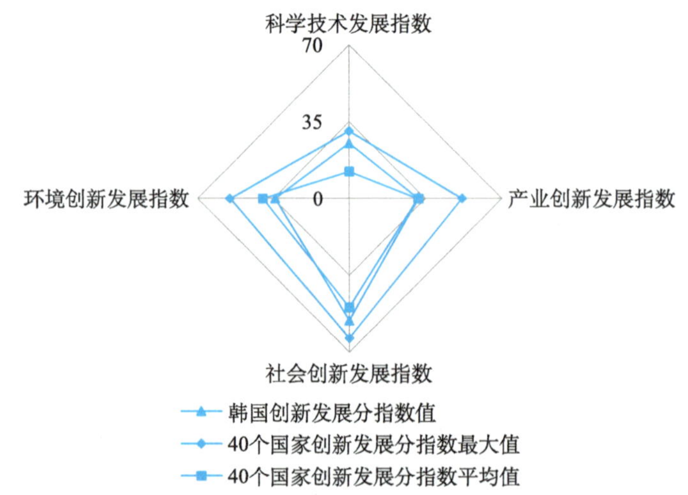

图 8-70 韩国创新发展分指数与 40 个国家的最大值、平均值比较（2012 年）

GDP 的比重、服务业附加值占 GDP 的比重、服务业从业人员占就业总数的比重、就业人口人均 GDP、公共医疗卫生支出占医疗总支出的比重、单位能耗对应的 GDP 产出和单位 CO_2 对应的 GDP 产出这 8 个指标得分均低于相应指标 40 个国家的平均值。2012 ～ 2021 年，韩国每百万研究人员 PCT 专利申请量得分要低于每百万研究人员本国居民专利授权量，且其被引次数排名前 1% 的论文百分比指标得分在 10 年观测期（2012 ～ 2021 年）内的涨幅也相对较小，仍低于 40 个国家的平均值。如图 8-71 和图 8-72 所示。

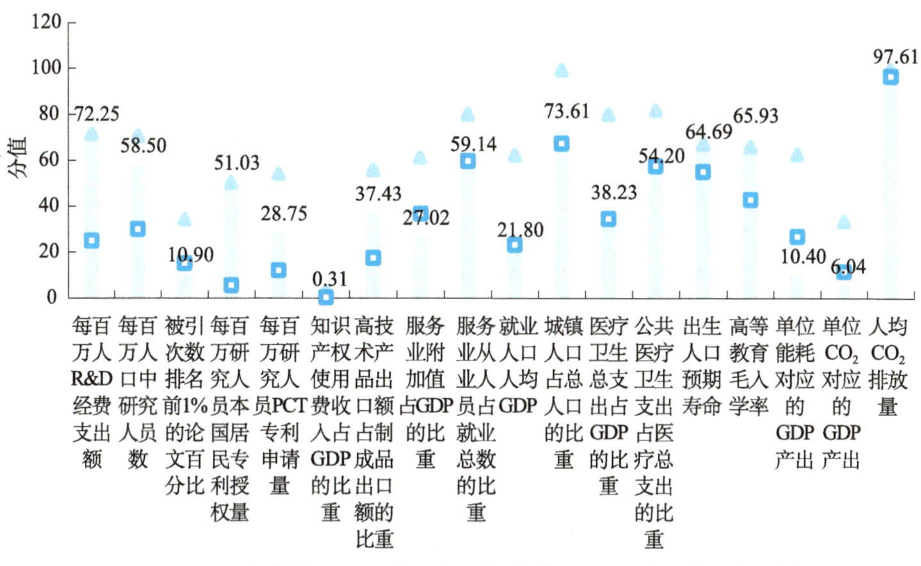

图 8-71　韩国创新发展指数三级指标分值比较（2021 年）

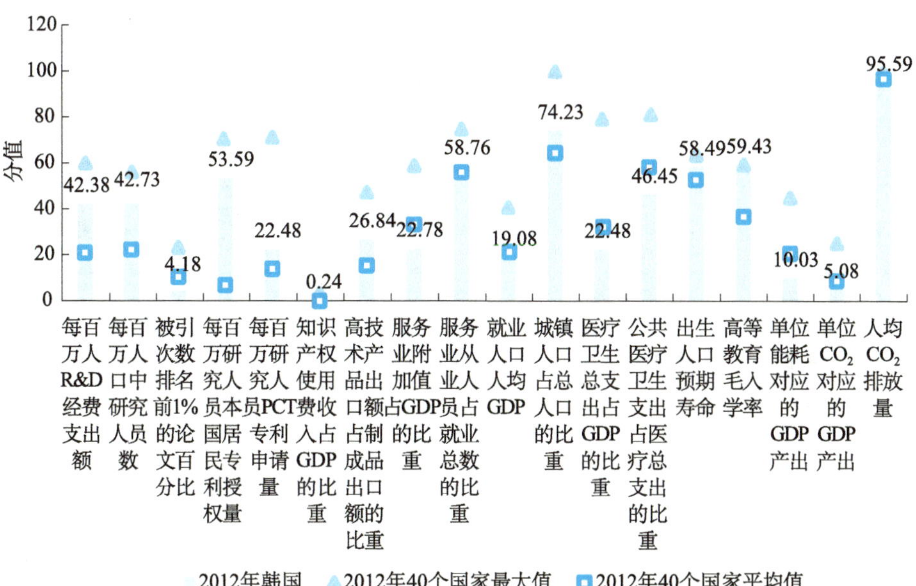

图 8-72　韩国创新发展指数三级指标分值比较（2012 年）

附　　录

附录一：十步骤方法

本报告建立了国家创新发展绩效评估过程，依次包括评估问题界定、评估框架构建、指标体系构建、基础数据收集与样本选择、缺失数据处理、指标度量、数据标准化、权重确定、指数集成、结果分析十个步骤，如附图 1-1 所示。

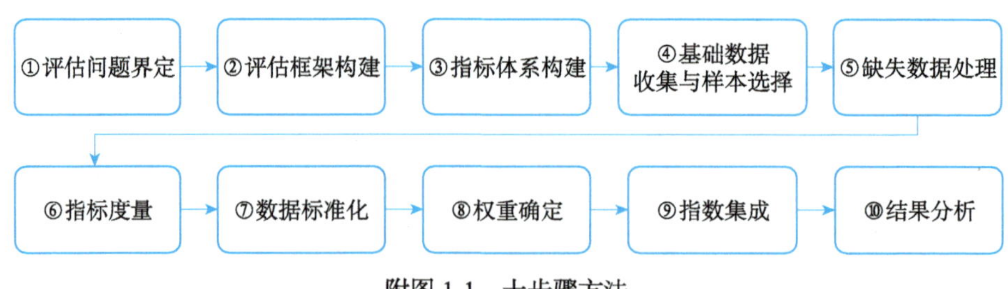

附图 1-1　十步骤方法

（一）评估问题界定

为有效落实作为五大发展理念之首的创新发展，充分发挥创新引领发展的作用，迫切需要对中国与世界主要国家创新发展绩效进行监测与评估，以支撑政策和决策的需要。基于此，在《2009 中国创新发展报告》《2019 国家创新发展报告》和《2020 国家创新发展报告》的基础上，启动《2021 国家创新发展报告——创新驱动绿色低碳转型》。本报告试图通过国际比较把握中国与世界主要国家的创新发展绩效现状，分析比较中国创新发展绩效各方面的优劣势。结合创新驱动发展的内涵，本报告将专注国家创新发展绩效的整体情况监测与评估。如何有效地、科学地和全面地呈现包括中国在内的世界主要国家的创新发展绩效成为本报告的核心研究问题。

（二）评估框架构建

全面监测评估国家创新发展绩效需要研究比较国家创新能力和国家创新发展水平。本报告在《2009 中国创新发展报告》部分研究和《2019 国家创新发展报告》《2020 国家创新发展报告》研究的基础上，借鉴国内外关于国家创新活动监测与评估方面的理论和方法，率先从国家创新能力指数和国家创新发展指数综合设计国家创新发展指数分析框架，其中国家创新能力指数从实力指数和效力指数两个维度度量。

为了对国家创新发展绩效进行全面监测，从投入、条件、产出和影响四个维度对国家创新能力进行评估，从科学技术发展、产业创新发展、社会创新发展、环境创新发展四个维度对国家创新发展水平进行评估。从实力和效力不同层面设计指标，有利于考虑国家间经济和人口规模的差异性，客观地分析中国的创新发展现状和国际相对水平。从发展层面设计指标，有利于在创新能力评估的基础上评估国家创新活动在改善国家经济社会发展中的成效。

（三）指标体系构建

在评估框架的基础上，根据国家创新能力和国家创新发展各维度的内涵，构建国家创新能力指数和国家创新发展指数的指标体系。在具体指标选择上遵循如下 3 个原则：①相关性原则。选择直接的且关联度高的指标进行计算，从本质上反映各指标的内涵与侧重点。②可比性原则。指标选择上，不仅要考虑能反映各国自身特征的指标，同时要涵盖国际认可度较高、国家间可比性较强的指标，从而符合本报告的分析目的。③操作性原则。所选择的指标易于得到持续性强的可度量数据，便于当期实践操作与后续持续监测；一共选择 44 个可度量的指标（11 个用于测度创新实力指数，15 个用于测度创新效力指数，18 个用于测度创新发展指数）。

（四）基础数据收集与样本选择

本报告数据均来源于权威数据库。专利资料来源于世界知识产权组织；被引次数排名前 1% 的论文数、被引次数排名前 10% 的论文数和被引次数排名前 1% 的论文百分比等数据来源于科睿唯安 InCites 数据库；高等教育毛入学率数据来源于联合国教科文组织统计研究所（UIS）；其他基础资料来源于世界银行。

为了比较各国创新发展绩效并刻画中国在世界创新发展绩效格局中的位置，依据国家经济规模、人口总量、数据可得性等因素筛选出 40 个主要国家。在国家的选取上，参考世界主要经济组织如金砖国家、二十国集团（G20）国家、经济合作与发展组织（OECD）国家等，包含了英国、法国、美国、日本等发达国家以及与中国发展阶段相近的发展中国家。去除基础数据不可得的国家后，本报告最终包含阿根廷、澳大利亚、奥地利、比利时、巴西、加拿大、智利、中国、捷克、丹麦、芬兰、法国、德国、希腊、匈牙利、印度、爱尔兰、以色列、意大利、日本、马来西亚、墨西哥、荷兰、新西兰、挪威、波兰、葡萄牙、罗马尼亚、俄罗斯、新加坡、斯洛伐克、南非、韩国、西班牙、瑞典、瑞士、泰国、土耳其、英国、美国共 40 个国家。OECD 数据显示，这 40 个国家的 GDP 总量占世界所有国家 GDP 总量的 87% 以上。

（五）缺失数据处理

对个别国家在某些指标上个别年份数据缺失的情况，采用缺失值两侧相邻年份的平均值代替缺失值。这种方法的优点是可以使相邻年份数值产生承接，使数据不突兀。此外，由于数据统计存在一定的滞后性，并且不同的指标滞后长度和统计结果公布时间不同，个别指标数据有从某一年起持续缺失的情况，此时根据前五年的数据用趋势外推的方法对该年份进行预测。2020 ～ 2025 年的基础数据是基于历史数据预测得到的。

（六）指标度量

（1）直接获得的指标：部分指标如有效专利拥有量、PCT 专利申请量直接用基础数据度量，即可从国家层面的数据库中直接获取，无须进一步计算。

（2）计算获得的指标：部分指标度量的数据无法从数据库中直接获得，通过其他指标计算获得。

（七）数据标准化

获得指标度量值后，为使不同度量单位的指标间可以相互比较和集成，分别对 40 个国家的 44 个基础指标度量值面向 2025 年进行数值标准化处理，得到 2012 ～ 2021 年的标准化指标值 Z_{ijt}。采用直线型无量纲标准化方法，标准化值规定的值域是 [0,100]。用 Z_{ijt} 表示第 i 个国家第 j 项指标在 t 年的度量值，计算如下：

1. 正效指标

Z_{ijt} 表示第 i 个国家第 j 项指标在 t 年的度量值，其中：i=1，2，…，40；j=1，2，…，44；$t \in$ [2012，2021]；

$\max Z_{ijt}$（i=1，2，…，40；$t \in$ [2012，2025]）表示第 j 项指标 2012 ～ 2025 年 40 个国家的最大值；

$\min Z_{ijt}$（i=1，2，…，40；$t \in$ [2012，2025]）表示第 j 项指标 2012 ～ 2025 年 40 个国家的最小值。

记 $\bar{Z}_{ijt}$（i=1，2，…，40；j=1，2，…，44；$t \in$ [2012，2021]）表示第 i 个国家第 j 项指标在 t 年的标准化值，即指标得分，它的计算公式：

$$\bar{Z}_{ijt} = \frac{Z_{ijt} - \min Z_{ijt}}{\max Z_{ijt} - \min Z_{ijt}} * 100$$

正效指标是指该指标越大对一国评价越有利，如 GDP 等。

2. 负效指标

负效指标是指该指标越小对一国评价越有利，如人均 CO_2 排放量等。对这类指标的处理方法如下：

$$\bar{Z}_{ijt} = \frac{\max Z_{ijt} - Z_{ijt}}{\max Z_{ijt} - \min Z_{ijt}} * 100$$

（八）权重确定

指数和指标权重确定依据的基本原则是各指标在国家创新发展中的重要性。权重确定基于两类信息，即专家判断和项目组的认识。首先邀请多个相关领域的专家组进行判断，给出权重，项目执行人员基于各专家的判断，剔除异常的判断，计算出平均意义的权重值，然后结合项目组讨论，最终确定每个指标权重和每个分指数的权重。

（九）指数集成

（1）创新实力指数由创新投入实力指数、创新条件实力指数、创新产出实力指数和创新影响实力指数加权求和得到。

（2）创新效力指数由创新投入效力指数、创新条件效力指数、创新产出效力指数和创新影响效力指数加权求和得到。

（3）创新发展指数由科学技术发展指数、产业创新发展指数、社会创新发展指数和环境创新发展指数加权求和得到。

（4）创新投入实力指数、创新条件实力指数、创新产出实力指数、创新影响实力指数、创新投入效力指数、创新条件效力指数、创新产出效力指数、创新影响效力指数、科学技术发展指数、产业创新发展指数、社会创新发展指数、环境创新发展指数分别由所属指标的标准化数据加权求和得到。

（十）结果分析

在对中国进行全面分析的基础上，对其他金砖国家（印度、巴西、俄罗斯和南非）以及主要发达国家（美国、日本、英国、法国、德国和韩国）进行了单独分析，并与 40 个国家的平均值及最高值进行了比较，具体包括趋势分析、比较分析、格局分析和相关分析。

1. 趋势分析

根据各国 2012 ～ 2021 年数据对指数进行趋势分析，以及面向 2025 年进行预测分析，旨在刻画创新能力指数和创新发展指数的变化趋势。具体包括中国及各主要发达国家、其他金砖国家的创新实力指数、创新效力指数和创新发展指数的趋势分析，并与 40 个国家的指数平均值的趋势进行了对比分析。

2. 比较分析

在计算出分指数值的基础上，采用蛛网图等可视化方式以国家为单位，对有代表性国家创新实力、创新效力和创新发展指数进行了比较分析，旨在探究各国自身创新实力指数、创新效力指数以及创新发展指数的短板，使其有针对性地进行提升。

3. 格局分析

在对各国分指数进行分析的基础上，采用二象限图，探究被测国相关分指数组合表现。通过 40 个国家的二象限图分布情况不仅可以反映一国自身分指数的长短板，而且可以在更大范围内探究一国分指数表现的相对优劣势，尤其可为中国在被测国中的格局判断提供依据。格局分析还有助于印证指数之间的相关性，进一步佐证理论框架构建的合理性。

4. 相关分析

利用二象限图关系，讨论国家创新能力指数与国家创新发展指数、创新实力指数与创新效力指数之间的相关关系；并探究国家创新实力指数、国家创新效力指数与主要外部变量（GDP 或人均 GDP）之间的关系，反映指数与外部变量的相关关系。

附录二：指标解释

（一）创新实力指标解释

1. 创新投入实力指数

1）R&D 经费支出额

指标说明：R&D 即研究与开发，包括基础研究、应用研究和试验开发。R&D 经费支出额是指系统性创新工作的经常支出和资本支出（国家和私人），其目的在于提升知识水平，包括人文、文化、社会知识，并将知识用于新的应用。

指标度量：R&D 经费支出额用 R&D 支出占 GDP 的比重与 GDP（2017 年不变价购买力平价美元）相乘得到。

资料来源：世界银行。

2）研究人员数

指标说明：研究人员是指参与新知识、新产品、新流程、新方法或新系统的概念成形或创造，以及相关项目管理的专业人员，包括相关博士研究生（ISCED97 第 6 级）。

指标度量：研究人员数等于每百万人口中的研究人员与总人口数的乘积。

资料来源：世界银行。

2. 创新条件实力指数

1）教育公共开支总额

指标说明：教育公共开支由教育方面的公共经常性支出和资本支出构成，包括政府在教育机构（公立和私立）、教育管理以及私人实体（学生 / 家庭和其他私人实体）补贴方面的支出。

指标度量：教育公共开支总额由教育公共开支总额，总数（占 GDP 的比例）与 GDP（2017 年不变价购买力平价美元）相乘得到。

资料来源：世界银行。

2）有效专利拥有量

指标说明：有效专利是指专利申请被授权后，仍处于有效状态的专利。

指标度量：有效专利拥有量由世界知识产权组织数据库直接获得。

资料来源：世界知识产权组织。

3）ICT 用户数

指标说明：ICT 用户数是指接入国际互联网的人数以及固定宽带订阅人数。

指标度量：ICT 用户数等于每百人中的互联网用户数与每百人固定宽带订阅的加权平均值乘以总人口数。

资料来源：世界银行。

3. 创新产出实力指数

1）国际期刊论文被引量

指标说明：国际期刊论文被引量是指国际期刊论文的被引用总数。国际期刊论文被引量是国际期刊论文在发表 5 年之内的平均被引用数。

指标度量：国际期刊论文被引量由科睿唯安 InCites 数据库“被引频次”指标除以 5 获得。

资料来源：科睿唯安 InCites 数据库。

2）被引次数排名前 1% 的论文数

指标说明：被引次数排名前 1% 的论文是按类别、出版年和文献类型进行引文统计，排名前 1% 的论文。

指标度量：被引次数排名前 1% 的论文数由科睿唯安 InCites 数据库“被引次数排名前 1% 的论文数”指标直接获得。

资料来源：科睿唯安 InCites 数据库。

3）本国居民专利授权量

指标说明：本国居民专利授权量是指在一个国家内由在本国长期从事生产和消费的人或法人递交专利申请后，经知识产权管理机构审批通过后授权的专利数量。

指标度量：本国居民专利授权量由世界知识产权组织数据库直接获得。

资料来源：世界知识产权组织。

4）PCT 专利申请量

指标说明：PCT 专利申请是符合《专利合作条约》的专利申请。

指标度量：PCT 专利申请量由世界知识产权组织数据库直接获得。

资料来源：世界知识产权组织。

4. 创新影响实力指数

1）知识产权使用费收入

指标说明：知识产权使用费收入是指国家通过知识产权获得的收益。知识产权指“权利人对其所创作的智力劳动成果所享有的财产权利”。

指标度量：知识产权使用费收入等于世界银行知识产权使用费，接收（国际收支平衡，现价美元）乘以 GDP（2017 年不变价购买力平价美元）再除以 GDP（现价美元）。

资料来源：世界银行。

2）高技术产品出口额

指标说明：高技术产品是指具有高研发强度的产品，如航空航天、计算机、医药、科学仪器、电气机械等产品。

指标度量：高技术产品出口额等于世界银行高技术产品出口（现价美元）乘以 GDP（2017 年不变价购买力平价美元）再除以 GDP（现价美元）。

资料来源：世界银行。

（二）创新效力指标解释

1. 创新投入效力指数

1）R&D 经费投入强度

指标说明：R&D 经费投入强度是 R&D 经费支出额占 GDP 的比重。

指标度量：R&D 经费投入强度由世界银行“研发支出（占 GDP 的比重）”指标直接获得。

资料来源：世界银行。

2）每百万人口中研究人员数

指标说明：研究人员是指参与新知识、新产品、新流程、新方法或新系统的概念成形或创造，以及相关项目管理的专业人员，包括相关博士研究生（ISCED97 第 6 级）。

指标度量：每百万人口中研究人员数由世界银行“研究人员（每百万人）”指标直接获得。

资料来源：世界银行。

3）研究人员人均 R&D 经费

指标说明：研究人员人均 R&D 经费是平均每单位研究人员支出的 R&D 经费。

指标度量：研究人员人均 R&D 经费由 R&D 经费强度与 GDP（2017 年不变价购买力平价美元）相乘，再除以总研究人员数得到。

资料来源：世界银行。

2. 创新条件效力指数

1）教育公共开支总额占 GDP 的比重

指标说明：教育公共开支由教育方面的公共经常性支出和资本支出构成，包括政府在教育机构（公立和私立）、教育管理以及私人实体（学生 / 家庭和其他私人实体）补贴方面的支出。

指标度量：教育公共开支总额占 GDP 的比重由世界银行“教育公共开支总额，总数（占 GDP 的比例）”指标直接获得。

资料来源：世界银行。

2）每百万人有效专利拥有量

指标说明：有效专利是指专利申请被授权后，仍处于有效状态的专利。

指标度量：每百万人有效专利拥有量等于一国有效专利拥有量与人口的比值。

资料来源：有效专利数来源于世界知识产权组织；人口数来源于世界银行。

3）每百人互联网用户数

指标说明：每百人互联网用户数是指每百人中接入国际互联网的人数以及固定宽带订阅人数。

指标度量：每百人互联网用户数等于每百人中的互联网用户数与每百人固定宽带订阅的加权平均值。

资料来源：世界银行。

3. 创新产出效力指数

1）每百万研究人员被引次数排名前 10% 的论文数

指标说明：每百万研究人员被引次数排名前 10% 的论文数是指平均每百万研究人员拥有的被引次数排名前 10% 的论文数。被引次数排名前 10% 的论文是按类别、出版年和文献类型进行引文统计，排名前 10% 的论文。

指标度量：每百万研究人员被引次数排名前 10% 的论文数由被引次数排名前 10% 的论文数除以研究人员总数得到。

资料来源：被引次数排名前 10% 的论文数来源于科睿唯安 InCites 数据库；研究人员数来源于世界银行。

2）每百万美元 R&D 经费被引次数排名前 10% 的论文数

指标说明：每百万美元 R&D 经费被引次数排名前 10% 的论文数是指平均每百万美元 R&D 经费取得被引次数排名前 10% 的论文数量。被引次数排名前 10% 的论文是按类别、出版年和文献类型进行引文统计，排名前 10% 的论文。

指标度量：每百万美元 R&D 经费被引次数排名前 10% 的论文数由被引次数排名前 10% 的论文数除以 R&D 经费总额得到。

资料来源：被引次数排名前 10% 的论文数来源于科睿唯安 InCites 数据库；R&D 经费数来源于世界银行。

3）每百万研究人员本国居民专利授权量

指标说明：每百万研究人员本国居民专利授权量指平均每百万研究人员取得授权的专利数量。本国居民专利授权量是指在一个国家内由在本国长期从事生产和消费的人或法人递交专利申请后，经知识产权管理机构审批通过后授权的专利数量。

指标度量：每百万研究人员本国居民专利授权量由本国居民专利授权量总数与研究人员总数相比得到。

资料来源：本国居民专利授权量来源于世界知识产权组织；研究人员数来源于世界银行。

4）每百万美元 R&D 经费本国居民专利授权量

指标说明：每百万美元 R&D 经费本国居民专利授权量指平均每百万美元 R&D 经费取得授权的专利数量。本国居民专利申请是指在一个国家内由在本国长期从事生产和消费的人或法人所递交的专利申请。

指标度量：每百万美元 R&D 经费本国居民专利授权量由本国居民专利授权量总数与 R&D 经费总额相比得到。

资料来源：本国居民专利授权量来源于世界知识产权组织；R&D 经费总数来源于世界银行。

5）每百万研究人员 PCT 专利申请量

指标说明：每百万研究人员 PCT 专利申请量是指平均每百万研究人员申请的 PCT 专利数。PCT 专利是符合《专利合作条约》的专利。

指标度量：每百万研究人员 PCT 专利申请量由 PCT 专利申请量总数与研究人员总数相比得到。

资料来源：PCT 专利数来源于世界知识产权组织；研究人员数来源于世界银行。

6）每百万美元 R&D 经费 PCT 专利申请量

指标说明：每百万美元 R&D 经费 PCT 专利申请量是指平均每百万美元 R&D 经费所对应的 PCT 专利申请量。PCT 专利是符合《专利合作条约》的专利。

指标度量：每百万美元 R&D 经费 PCT 专利申请量由 PCT 专利申请量总数与 R&D 经费总额相比得到。

资料来源：PCT 专利数来源于世界知识产权组织；R&D 经费数来源于世界银行。

4. 创新影响效力指数

1）知识产权使用费收支比

指标说明：知识产权使用费收支比是指国家通过知识产权获得的收益与支付的钱款的比值。知识产权指“权利人对其所创作的智力劳动成果所享有的财产权利”。

指标度量：知识产权使用费收支比由世界银行的知识产权使用费，接收指标与知识产权使用费，支付指标相比得到。

资料来源：世界银行。

2）单位能耗对应的 GDP 产出

指标说明：单位能耗对应的 GDP 产出是指平均每千克石油当量的能源消耗所产生的 GDP。

指标度量：单位能耗对应的 GDP 产出由世界银行“GDP 单位能源消耗（2017 年不变价购买力平价美元 / 千克石油当量）”指标直接获得。

资料来源：世界银行。

3）高技术产品出口额占制成品出口额的比重

指标说明：高技术产品是指具有高研发强度的产品，如航空航天、计算机、医药、科学仪器、电气机械等产品。

指标度量：高技术产品出口额占制成品出口额的比重由世界银行“高技术出口（占制成品出口的百分比）”指标直接获得。

资料来源：世界银行。

（三）创新发展指数指标解释

1. 科学技术发展指数

1）每百万人 R&D 经费支出额

指标说明：每百万人 R&D 经费支出额是平均每百万人口支出的 R&D 经费。

指标度量：每百万人 R&D 经费支出额由 R&D 经费占 GDP 的比重与 GDP（2017 年不变价购买力平价美元）相乘后除以人口得到。

资料来源：世界银行。

2）每百万人口中研究人员数

指标说明：研究人员是指参与新知识、新产品、新流程、新方法或新系统的概念成形或创造，以及相关项目管理的专业人员，包括相关博士研究生（ISCED97 第 6 级）。

指标度量：每百万人口中研究人员数由世界银行“研究人员（每百万人）”指标直接获得。

资料来源：世界银行。

3）被引次数排名前 1% 的论文百分比

指标说明：被引次数排名前 1% 的论文百分比是按类别、出版年和文献类型进行引文统计，排名前 1% 的论文百分比。

指标度量：被引次数排名前 1% 的论文百分比由科睿唯安 InCites 数据库“被引次数排名前 1% 的论文百分比”指标直接获得。

资料来源：科睿唯安 InCites 数据库。

4）每百万研究人员本国居民专利授权量

指标说明：每百万研究人员本国居民专利授权量是指平均每百万研究人员取得授权的专利数量。本国居民专利授权量是指在一个国家内由在本国长期从事生产和消费的人或法人递交专利申请后，经知识产权管理机构审批通过后授权的专利数量。

指标度量：每百万研究人员本国居民专利授权量由本国居民专利授权量总数与研究人员总数相比得到。

资料来源：本国居民专利授权量来源于世界知识产权组织；研究人员数来源于世界银行。

5）每百万研究人员 PCT 专利申请量

指标说明：每百万研究人员 PCT 专利申请量是指平均每百万研究人员申请的 PCT 专利数目。PCT 专利是符合《专利合作条约》的专利。

指标度量：每百万研究人员 PCT 专利申请量由 PCT 专利申请量总数与研究人员总数相比得到。

资料来源：PCT 专利数来源于世界知识产权组织；研究人员数来源于世界银行。

6）知识产权使用费收入占 GDP 的比重

指标说明：知识产权使用费收入占 GDP 的比重是指国家通过知识产权获得的收益占 GDP 的比重。知识产权指“权利人对其所创作的智力劳动成果所享有的财产权利”。

指标度量：知识产权使用费收入占 GDP 的比重由世界银行“知识产权

使用费，接收（国际收支平衡，现价美元）”指标除以“GDP（现价美元）”得到。

资料来源：世界银行。

2. 产业创新发展指数

1）高技术产品出口额占制成品出口额的比重

指标说明：高技术产品是指具有高研发强度的产品，如航空航天、计算机、医药、科学仪器、电气机械等产品。

指标度量：高技术产品出口额占制成品出口额的比重由世界银行“高技术出口（占制成品出口的百分比）”指标直接获得。

资料来源：世界银行。

2）服务业附加值占 GDP 的比重

指标说明：服务业附加值占 GDP 的比重中，服务是与 ISIC（international standard industrial classification）第 50 类到第 99 类相对应的服务，包括产生附加值的批发和零售贸易（包括酒店和饭店），运输、政府、金融、专业和个人服务等。

指标度量：服务业附加值占 GDP 的比重由世界银行“服务等，附加值（占 GDP 的比重）”指标直接获得。

资料来源：世界银行。

3）服务业从业人员占就业总数的比重

指标说明：就业是指在法定年龄内的有劳动能力和劳动愿望的人们所从事的为获取报酬或经营收入进行的活动；服务是与 ISIC 第 50 类到第 99 类相对应的服务，包括产生附加值的批发和零售贸易（包括酒店和饭店），运输、政府、金融、专业和个人服务等。

指标度量：服务业从业人员占就业总数的比重由世界银行“服务业就业人员（占就业总数的百分比）”指标直接获得。

资料来源：世界银行。

4）就业人口人均 GDP

指标说明：就业人口人均 GDP 是 GDP 除以经济体中的就业人口总数。

指标度量：就业人口人均 GDP 由世界银行“就业人口的人均 GDP（2017 年不变价购买力平价美元）”指标直接获得。

资料来源：世界银行。

3. 社会创新发展指数

1）城镇人口占总人口的比重

指标说明：城镇人口占总人口的比重是指城镇人口占当地总人口的比重。

指标度量：城镇人口占总人口的比重由世界银行“城镇人口（占总人口比重）”指标直接获得。

资料来源：世界银行。

2）医疗卫生总支出占 GDP 的比重

指标说明：医疗卫生总支出占 GDP 的比重是指国家医疗卫生支出占 GDP 的比重。医疗卫生总支出为公共医疗卫生支出与私营医疗卫生支出之和。涵盖医疗卫生服务（预防和治疗）、计划生育、营养项目、紧急医疗救助，但是不包括饮用水和卫生设施提供。

指标度量：医疗卫生总支出占 GDP 的比重由世界银行“医疗卫生总支出（占 GDP 的百分比）”指标直接获得。

资料来源：世界银行。

3）公共医疗卫生支出占医疗总支出的比重

指标说明：公共医疗卫生支出由政府（中央和地方）预算中的经常性支出和资本支出、外部借款和赠款（包括国际机构和非政府组织的捐赠）及社会（或强制）医疗保险基金构成。医疗卫生总支出为公共医疗卫生支出与私营医疗卫生支出之和。涵盖医疗卫生服务（预防和治疗）、计划生育、营养项目、紧急医疗救助，但是不包括饮用水和卫生设施提供。

指标度量：公共医疗卫生支出占医疗总支出的比重由世界银行“公共医疗卫生支出（占医疗总支出的百分比）”指标直接获得。

资料来源：世界银行。

4）出生人口预期寿命

指标说明：出生人口预期寿命是指假定出生时的死亡率模式在一生中保持不变，一名新生儿可能生存的年数。

指标度量：出生人口预期寿命由世界银行“出生时的预期寿命，总体（岁）”指标直接获得。

资料来源：世界银行。

5）高等教育毛入学率

指标说明：高等教育毛入学率是指高等教育在学人数与适龄人口之比。

指标度量：高等教育毛入学率由联合国教科文组织统计研究所“高等教育毛入学率”数据直接获得。

资料来源：联合国教科文组织统计研究所。

4. 环境创新发展指数

1）单位能耗对应的 GDP 产出

指标说明：单位能耗对应的 GDP 产出是指平均每千克石油当量的能源消耗所产生的 GDP。

指标度量：单位能耗对应的 GDP 产出由世界银行“GDP 单位能源消耗（2017 年不变价购买力平价美元 / 千克石油当量）”指标直接获得。

资料来源：世界银行。

2）单位 CO_2 对应的 GDP 产出

指标说明：单位 CO_2 对应的 GDP 产出是指每排放一单位 CO_2 产出的 GDP。CO_2 排放量是化石燃料燃烧和水泥生产过程中产生的排放。它们包括在消费固态、液态和气态燃料及天然气燃除时产生的 CO_2。

指标度量：单位 CO_2 对应的 GDP 产出由 GDP（2017 年不变价购买力平价美元）与 CO_2 排放量（千吨）的比值得到。

资料来源：世界银行。

3）人均 CO_2 排放量

指标说明：人均 CO_2 排放量是指平均每个人的 CO_2 排放量。CO_2 排放量是化石燃料燃烧和水泥生产过程中产生的排放。它们包括在消费固态、液态和气态燃料及天然气燃除时产生的 CO_2。

指标度量：人均 CO_2 排放量由世界银行“CO_2 排放量（人均吨数）”指标直接获得。

资料来源：世界银行。